日本古代史料学

日本古代史料学

東野治之

岩波書店

目次

挿図目次

図1 『日本書紀』巻二十二(部分) 『秘籍大観 日本書紀』大阪毎日新聞社、一九二六年……15
2 東院造営関係者系図……39
3 吉備池廃寺と若草伽藍の軒瓦 奈良文化財研究所『吉備池廃寺発掘調査報告』二〇〇三年、法隆寺昭和資財帳編集委員会『法隆寺の至宝』一五、小学館、一九九二年……41
4 楽浪彩篋漆画(部分) 朝鮮古蹟研究会『楽浪彩篋塚』一九三四年……73
5 草書体の比較 法書会編輯部『五体字類』西東書房、一九一六年……84
6 『訪書余録』の試字……99
7 写一切経所装潢紙充帳 『大日本古文書』一〇……100
8 東大寺封戸処分勅書 正倉院事務所『正倉院寶物』四、毎日新聞社、一九九四年……113
9 御筆勅書箱 奈良国立博物館『平成十三年 正倉院展目録』二〇〇一年……116
10 南都所伝宮城図残欠 京都市参事会『平安通志』一八九五年……121
11 宮城図 奈良国立文化財研究所『平城宮発掘調査報告』Ⅶ、一九七六年……122
12 太政官符案 『大和文華』一〇四号、二〇〇〇年……140
13 『梅園奇賞』の官符……142
14 『梅園奇賞』の官符の「太政官印」……144
15 延暦二年の「太政官印」 木内武男『日本の古印』二玄社、一九六五年……144
16 延暦十三年の「太政官印」 同右『日本の官印』東京美術、一九七四年……144
17 居延漢簡の冊書 労榦『居延漢簡』図版之部、中央研究院歴史語言研究所、一九五七年……155
18 長屋王家木簡 奈良国立文化財研究所『平城宮発掘調査出土木簡概報』二一、一九八九年……157
19 同右……159
20 飛鳥京苑池遺構の木簡 奈良県立橿原考古学研究所『奈良県遺跡調査概報二〇〇一年度』……177

21 韓国金海市鳳凰洞遺跡『論語』木簡……185
22 長屋王家木簡88—91号　奈良国立文化財研究所『平城京木簡』一、一九九五年……191
23 伊場遺跡84号木簡……199
24 王羲之の法帖の文字　飯島太千雄編『王羲之大字典』東京美術、一九八〇年……200
25 橘夫人厨子　図3前掲『法隆寺の至宝』一二、一九九三年……216
26 同右須弥座墨書　秋山光和『玉虫厨子と橘夫人厨子』「奈良の寺」六、岩波書店、一九七五年……217
27 法隆寺五重塔天井組子落書　『書道全集』九、平凡社、一九五四年……217
28 如意輪陀羅尼経　巻尾　石山寺文化財綜合調査団『石山寺古経聚英』法蔵館、一九八五年……225
29 富本銭と開元通宝銭　『奈良国立文化財研究所年報 1999–Ⅱ』、国家文物局『中国古銭譜』文物出版社、一九八九年……241
30 五銖銭の通用銭と厭勝銭　a同右『中国古銭譜』、ｂｃ余榴梁他『中国花銭』上海古籍出版社、一九九二年……245
31 中国鏡にみえる厭勝銭　センチュリー文化財団『鏡——その神秘と美』一九九二年……247
32 崇寧通宝(厭勝銭)　図30前掲『中国花銭』……247
33 富本銭と鋳棹　文化庁『発掘された日本列島'99』朝日新聞社、一九九九年……249
34 和同開珎の枝銭　大阪市文化財協会『細工谷遺跡発掘調査報告』一九九九年……249
35 厭勝銭の枝銭　図30前掲『中国花銭』……249
36 光緒重宝の枝銭　東海銀行『貨幣』一九七一年……251
37 揺銭樹　東京国立博物館『特別展 吉祥』一九九八年……251
38 武寧王陵の副葬銭　韓国文化財管理局『武寧王陵』学生社、一九七四年……253
39 法門寺地宮階段の撒銭　法門寺博物館『法門寺』陝西旅遊出版社、一九九四年……254
40 高昌吉利銭　図29前掲『中国古銭譜』……259

41 赤漆文欟木厨子　正倉院事務所『正倉院の漆工』平凡社、一九七五年……266
42 関連皇族系図……267
43 御嶺山古墳の棺台　梅原末治『日本考古学論攷』弘文堂、一九四〇年……275
44 密陀彩絵箱（蓋表）　図41前掲書……284
45 同右（側面）　同右……284
46 玉虫厨子文様　東京美術学校『法隆寺大鏡』一五、一九一五年……285
47 武寧王妃の枕の文様二種　図38前掲書……286
48 密陀彩絵箱の格狭間　宮内省『東瀛珠光』三、審美書院、一九〇八年……288
49 橘夫人厨子の格狭間　図46前掲書一八、一九一五年……288
50 松山古墳鉄鏡の文様復原図　『ＭＵＳＥＵＭ』一三〇号、一九七九年……288
51 買新羅物解……293
52 梵網経　図8前掲書四……293
53 金銅燭鋏　図8前掲書七、一九九五年……296
54 白檀香　東京国立博物館『特別展　法隆寺献納宝物』一九九六年……298
55 釣篝　同右……298
56 十二支八卦背の鏡　図53に同じ……301
57 吉祥天女画像（部分）『日本の仏画』第二期第四巻、学習研究社、一九七八年……306
58 加彩女子俑　岡田譲監修『古宝百珠』三井生命保険、一九七七年……308
59 過去現在絵因果経（部分）　亀田孜編『絵因果経』新修日本絵巻物全集一、角川書店、一九七七年……309
60 伝顧愷之筆『洛神賦図巻』（部分）『洛神賦図』天津人民美術出版社、一九九六年……309
61 唐墓石槨線刻画の仕女（部分）　王子雲編『中国古代石刻画選集』中国古典芸術出版社、一九五七年……310
62 敦煌第98窟　于闐国王后曹氏供養像（五代）模写　奈良県立美術館『中国敦煌展』一九八五年……310

序章　史料学の概念と目的

一　史料と史料学

近年は「史料学」を題名に冠した書籍も刊行されるようになり、この用語も一定の市民権を得つつある。[1] しかしその内容となると、研究者の間でも確たる共通認識があるとはいえず、いまだ形成途上の感が深い。[2] しばらくその概念と目的について、私なりに考えているところを記してみたい。従って本章は、史料学の体系をまとまった形で提示するものではないことを予め断っておく。

歴史の叙述は、一定の世界観や人間観に基づく編纂、著述活動であり、その主体の自主性に応じて様々な内容、形態があってよい。しかし全くの創作とは異なり、その基礎には根拠となる材料がなくてはならない。それが史料である。史料とは、歴史叙述の材料と言いかえてもよいであろう。

この意味では、史料という言葉の含むところは極めて広い。歴史哲学では常に問題とされてきたように、客観的に史料という存在があるわけではなく、叙述する主体によって発見され、選び取られるものであるから、有形無形を問わず、あらゆるものが見方によっては史料となりうる。しかしこれまでの歴史叙述において中心的位置を占めてきた史料は、文字によって記録されたもの、即ちいわゆる文献史料であった。過去の情報を直接に、また幅広く伝えているという点で、これは当然のことといえよう。

しかしその文献史料において特に顕著な特徴でもあるが、それらが歴史叙述の材料として使うに堪えるかどうかということが大きな問題である。実証性を重んずる歴史学にあって、ある史料がどのような性格をもち、いかなる価値を保有しているかを吟味する行為、即ち史料批判が重視されてきたのは、そのためである。史料批判は文献史料に限らず、いやしくも史料として採用するもの全てについて必要であって、造形品や遺跡、考古遺物、無形の伝承、風習等々も例外ではない。それは美術史におけるかつての永仁の壺事件[3]や、近くは考古学における旧石器時代遺跡・遺物捏造事件をみても明らかであろう。

そこで史料学とは何かという問題にたち戻ると、各種の史料を対象とし、その性格や価値を解明しようとする学問分野であり、多様な史料に即した史料批判がその方法となるということになろう。

しかし史料学がこのようなものであるとすると、それは従来、史学研究法などで説かれてきた史料研究といかなる違いがあるのかという疑問が生じる。そもそも歴史関係の学問では、早くから史料への関心のもと、史料批判の方法も練磨されてきた[4]。古文書学などはその典型といってよい。史料学がそれらと異なるのは、より学際的な視点が含まれていることである。史料学という概念は一見新しそうであるが、その創唱は古い。管見では一九五〇年代に、既に角田文衞氏が古代学の体系を提示する中で、史料学の必要性を説かれている[5]。角田氏は、古代を研究する基礎に文献史料と考古遺物があるとし、その各々を対象とする文献学 Philology と遺物学 Periontology が、それを総合した史料学 Historical Materiology に包摂されるという構想を示された。角田氏の古代学が、文献史学や考古学という枠を超えた学問体系を目指しており、その関連でこのような史料学の骨格が発想されていることは、多分に示唆的であろう。角田氏の体系は、当時、唯物史観の最盛期であったことも災いし、正当な評価を受けずに来ているが、その構想は今日でも有効である。

このように早くから唱えられてきた史料学の概念であるが、近年その充実が模索されるようになったのは、ここ二十年ほどの状況変化が作用している。即ちおもに発掘調査の盛行により、史料の範囲は大幅に拡大された。文字のある史料という点で初期において大きな注目を集めたのは、古代遺跡から出土した木簡である。金石文を除くと、古代の文献史料といえばほとんどが地上に伝世され、数量も限定されていた中にあって、木簡は地下から出土する新たな文献史料として、新鮮な驚きをもって迎えられた。今や全国での木簡の出土点数は約三十万点ともなり、従来知られていた八世紀までの古文書の量を、少なくとも件数でははるかに凌駕する。木簡を抜きにした古代史研究は、成り立ちえなくなったといえる。しかし木簡は、内容面では断片的で、価値を引き出すとなると、出土状況の検討や、形態及びそれと密接に関わる機能の考察を欠かすことができない。本来これは他の文献史料についてもいえることではあるが、木簡に対しては特にこうした取り扱いが要求される。木簡研究の進展のみが文献史料への見方を変えたわけではないが、変化の要因の一つとして大きな意味をもったことは確かであろう(6)。

古代史以外での要因としては、中世史から始まった絵画資料、民俗資料等幅広い諸資料への注目がある(7)。古代史においても、絵図が文字部分だけでなく、絵画的要素も含めて本格的な研究対象となってくるのは、その影響を除いて考えにくいであろう。このように史料の多面的な性格を検討しなければならなくなったとき、史料学という概念、名称は最適であり、それがこの用語に光を当てたといえる。

しかし史料学の体系が確立されているかというと、現状は必ずしもそうではない。史料学の樹立を目指す意欲的で真摯な成果が生み出されている一方(8)、それが研究者全体の共有するところとはなっていないのが実情であろう。これには、史料のもつ複雑な性格が影響しているように思われる。たとえばモノとしての側面を重視すればするほど、史料の情報を一般化したり数値化することは困難にならざるをえない。個々の史料の特色に対処する経験的な素養が重要となるが、それは最も客観化しにくい部分であろう。この間の事情は、古文化財の真贋鑑識と比較すればわかりやすいのではあるまいか。真贋の判定について、一般的な考え方や方法を説くことは古くからしばしば行われており、決して困難ではない(9)。しかしそれが実際の判定に役立つかどうかは、優れて実物に対する側の体験に負うところが大きく、最終的には理論、方法、経験知を総合した判断力にまつ以外にないように思われる。史料批判もまた、これと相似た総合的作業といわなければならない。

ただそうであるからといって、史料学を閉鎖的な名人芸の世界としてしまうのは誤っているし、生産的でもない。史料学の最も重要な課題である史料批判が、上記のような極めて奥深い要素をもっているにしても、これをいくつかのステップに分けて考えてみるのは有効であろう。即ち史料には、モノとしての条件を織り込まなければ、その価値が計れない類のものがある一方、極端には内容を文字情報としてみるだけでも、価値を引き出すことのできるものがある。あとのような場合でも、モノとして考えれば、さらに豊かな情報が得られることは少なくなく、その段階まで進んで検討するのが理想であるが、前段階でとどまっても、それなりの意味があることは事実であろう。史料によっては、検討のレベルをさらに細かく設定することもできるであろうが、とりあえず可能なレベルで史料批判を行い、その限界は認識しつつ、結果を利用するよう図るのが、現実的で実り多い方策ではないかと思われる。

本書では、以上のような見通しに立って、おもに文献学における様々なレベルの史料批判の姿を、個々の具体例に即して示すよう試みた。実質的には私がかつて発表した論文を集成した形になっており、体系化を怠っているとの謗りは免れないであろうが、個性を異にする多様な史料を抜きにして史料学も史料批判も考えられない以上、こうした形は史料学の実態を知らせる有効な一方法と考える。次に節を改めて、本書の構成について解説しておく。

二　史料の分類と本書の構成

本書は、古代の文献史料の四つの分野を扱った第一章から第三章、文献史料と広い意味での造形物との関係を主題とする第四章から成っている。

文献史料は、原史料に基づいて編纂、著作されたものと、そのような過程を経ていない、いわば生の史料に大別できる。編纂、著作された史料の代表は、六国史などの正史、寺院の縁起などであり、広くは歌集、漢詩集なども入ってくる。また原史料があるわけではないが、法典や法令の類も、一種の著作としてここに含めるのが妥当であろう。第一章はこの編纂物に関する論を収めている。

生の史料については、これを「古文書」「木簡と銘識」に分け、各一章を充てた。このうち代表的といってよいのは、古文書である。文書《もんじょ》とは、狭義には当事者間で交わされた書き物で、通常差出者と宛先のあるものをいう。しかし本書では、これを広義で用い、当事者の作成した移動を前提としない書類も含めた。それは控えや図面などであって、記録と呼んでも差支えない。このような文書・記録(公私の日記を含む)は、伝統的な歴史学における史料としては、編纂物とともに双璧と位置づけられてきたもので、その重要性は史料学の必要が叫ばれている今日でも動かない。

これに対し木簡は、前節でも言及した通り一九六〇年代以降注目されるようになった新しい史料である。その内容は、文書・記録もあれば、木製品の一種である付札などもあって多岐にわたる。その機能に応じて考察方法も異なるから、本来内容別に分解すべきであるが、木の札を用いるという共通点も重要な特色であるところから、一括して扱われることが多い。ここでもその慣例に従った。

木簡は生の史料の中でも、際だってその性格が明瞭なものの一つである。特に木簡の文書・記録は、短期間の必要から作成され、不要になると廃棄されたものであるから、編纂の手が入ることはなく、記載内容にも虚偽の行われる可能性が極めて低い。先にみた古文書の場合、時に作成時での偽造を懸念しなければならないのとは著しい相違である。ただ木簡は、既述のように記事内容が断片的であるのが欠点といえよう。従って木簡を史料として活用するには、むしろ他の史料への幅広い目配りを欠かすことができない。

次に銘識であるが、ここには仏像の台座、写経などに書き込まれた文字の類を扱った論考を収めた。これらはモノと一体である点に最も大きな特色があり、その意味では木簡と共通する性格をもつ。木簡を細分してとらえるなら、荷札の文字などは銘識と称して何ら問題なかろう。またその当時の生の史料ということでは、古文書とも類似する。ただ銘識を扱う場合に注意を要するのは、その作成動機に記念性を意識したものがしばしば存することである。たとえば後の世に長く伝わるように、といった願旨がその典型である。こうした場合、その内容に修飾や虚偽が入る可能性は充分にある。またそのモノに文字が入れられた時期も、モノの製作時期と同一とは限らない。従ってその検討に当たっては、編纂物におけると同様な史料批判の態度が要求されるといわねばならない。なお銘識の代表といってよい史料に金石文があるが、金石文についての論考は既に別著に収めた。金石文の性格や研究方法についての詳細は、それらを参照されたい[(10)]。

さて第四章は、有形文化財を文献史料から考察した論考を集めている。考古学や美術史の対象となる品も、直接間接の文献史料がある場合、それらと考え合わせることで新たに発明される点が多いのはいうまでもない。ここでは文献史料の果たすそのような役割に焦点を当て、文献史料によってモノの史料としての性格が解明されると同時に、モノを考えることによって文献史料が肉づけされる面のあることを示そうとした。

文献史料をおもな材料とする従来の歴史学は、独自の歴史哲学や歴史観を背景に、他の学問分野を歴史学の補助学として位置づけることが一般的であった。これは文献史料のもつ強い証拠力に依存するところが大きい。しかし歴史哲学や歴史観が相対化され、その勢いを失った今日、このような唯我独尊的考え方は再考を迫られているといってよいであろう。文献史料以外の様々な史料の存在と、それらに対する分野ごとの独自の批判方法を認めるならば、真の学際的共同作業が可能となる。史料学という枠組は、その受皿としても有用であろう。

前節の終わりにも述べたように、本書の内容は私の能力に制約されて、文献学に偏らざるをえなかった。しかし以上のように考えると、史料学の内容は極めて広く、人間が残した歴史的な遺産を分析、総合する分野として大きな成長の可能性を秘めているといえよう。本書がそのささやかな一階梯となることを期待して前置きとする。

(1)「史料学」を題名に冠した書物は、網野善彦『日本中世史料学の課題』(弘文堂、一九九六年)、国立歴史民俗博物館編『新しい史料学を求めて』(一九九七年)、石上英一『日本古代史料学』(東京大学出版会、一九九七年)など、中世以降を中心に近年数を増している。

(2) 近年の日本史関係の辞典でも、「史料学」を立項した例は管見に入らない。

(3) 松井覚進『永仁の壺』(朝日新聞社、一九九〇年)。

(4) 坪井九馬三『史学研究法』(早稲田大学出版部、一九〇三年。一九三〇年増補改訂)は、その出発点といえる著作である。

(5) 角田文衞「考古学の概念」(『角田文衞著作集』第一巻「古代学の方法」法蔵館、一九八六年)。

(6) 木簡についての拙見は、さしあたり『木簡が語る日本の古代』(同時代ライブラリー、岩波書店、一九九七年)参照。

(7) 網野善彦注(1)前掲書の他、週刊朝日百科「日本の歴史」別冊『歴史の読み方』(朝日新聞社、一九八九年)など参照。

(8) 石上英一注(1)前掲書、『岩波講座日本通史』別巻三、一九九五年、石上英一編『歴史と素材』(『日本の時代史』三〇、吉川弘文館、二〇〇四年)。

(9) 宮内素玄『鑑定暗の明り』(安田文庫叢刊二、一九三八年)。

(10) 拙著『日本古代金石文の研究』(岩波書店、二〇〇四年)。

〈追記〉注(5)で挙げた角田氏の論考では、文献学と遺物学の欧文表記がラテン語形で示されているが、本稿では英語形に統一した。

第一章　編纂物

序章でもふれた通り、編纂物は複雑な性格を孕むが、**1**、**3**は、理想化された聖徳太子像や太子信仰の中から、史実を発掘する試み、**2**は諸説ある法隆寺の天智朝火災を取りあげ、『上宮聖徳太子伝補闕記』の構造分析をてこに、その確定をはかった。**4**は、令の古注釈に断片的に引かれた法令を甦らせ、条文解釈との関連を探る。**5**も令の注釈に援用された漢籍から、孝の思想の受容を考えた。**6**では、寺院縁起に引用された「野馬台詩」の古い注を、後世の誤りを修正して復活させる。**7**は、来日使節が見聞した情報をのせる『隋書』倭国伝を読み直したもの。古代史では、中国文献の知識も要求される一例である。

1　聖徳太子の時代

一　虚像と実像

古代の人物として異例に多くの史料に恵まれながら、聖徳太子ほど実像のわかりにくい人物はない。早くから虚実とりまぜた伝説で彩られているからである。その虚像の完成された姿は、十世紀に成立した『聖徳太子伝暦《でんりゃく》』にみることができる。太子の生涯を編年体で追った詳しい伝記で、『日本書紀』の記述を軸に、それまで作られていた太子伝を集成したものである。

『聖徳太子伝暦』(以下『伝暦』と略称)を一貫するのは、政治家や文化人というよりも、観音の化身、仏教の聖者としての太子である。『伝暦』は、近世まで信仰を集める太子のイメージを完成させただけでなく、その造型にも絶対的な影響を与えた。太子関連の絵画や彫刻の多くは、(1)『伝暦』から直接間接の示唆をうけて作られたものである。『伝暦』の人物像になじんできた過去の人々には、たやすく理解できたこれらの作品も、近代に形成された新しい太子イメージに慣れた現代人には、時代錯誤でわかりにくいものと映るであろう。実際これらの作品に接するには、『伝暦』準拠の年表と、一種の図像学的知識が欠かせない。

これと対照的なのが、あの御物の聖徳太子画像に象徴される近代歴史学の提出した太子イメージである。さきにふれた開明的な政治家・文化人としての太子がそれである。御物の太子画像は、数ある太子像の中で八世紀以前の風俗に忠実な唯一の画像であり、法隆寺では古くから信仰されてきたが、太子像一般の中では終始マイナーな存在だったといってよい。それはこの図様を踏襲した造型品の少なさに端的に表れている。むしろこの画像は、明治以降、『伝暦』を否定して形成された新しい太子イメージとセットになって、太子像を代表する存在となり、聖徳太子の「肖像」としての地位を確立したのである(2)。

しかし明治以降に形作られ、大きな影響力をもってきた太子の人物像も、近年また様々な疑惑の目をもって眺められている。というよりも、次節のはじめに書いたような太子像を、そのまま認める古代史家は、ほとんどいないといってよ過言ではないだろう。それでは太子は、推古朝の政治でどのような役割を果たしたと考えるべきか。

二　ミコノミコト

まず、これまで広く普及している太子の経歴と業績を念のため記してみよう。

太子は敏達三年(五七四)に、欽明天皇の皇子橘豊日尊(のちの用明天皇)と、その異母妹穴穂部間人皇女の間に生まれた。本名を厩戸王という。「聖徳」は没後に贈られた諡号である。太子は父母の異母妹で敏達天皇の后だった推古天皇が即位すると、皇太子となって摂政の立場にたち、冠位十二階の制定、仏法の興隆、憲法十七条の製作、経典の講説、歴史書の編纂、遣隋使の派遣などを行ったとされる。このうち冠位十二階の制度は、朝廷に仕える豪族たちに、功に応じて冠位を与えるものであり、憲法十七条は彼らの服務規範を説いたものであって、いずれものちの律令制につながる制度として、太子の政治の進んだ面を表すとされてきた。また仏教文化の振興につながる諸策や遣隋使の派遣は、太子の文化的な開明性を示すものといわれ、『隋書』倭国伝にみえる煬帝への国書に、太子の中国に対する対等意識をみる意見も根強い。「天皇記」「国記」などの歴史編纂を始めたこととあわせ考えれば、明確な国家意識の成立をみることも不可能ではないであろう。

しかしこれらの諸事業のうち、太子が単独で行ったと明記されるのは、憲法十七条の製作と経典の講説だけである。仏法興隆(五九四年)や修史事業(六二〇年)については、蘇我馬子とともに行ったと伝え、太子の事績に関しては『日本書紀』よりも修飾が少なく、古伝を残すとされる『上宮聖徳法王帝説』(以下『法王帝説』と略称)に、太子と嶋大臣(馬子)がともに天下の政を輔けたとも記されている。研究者の間では、太子の事業とされるものの多くは実力者蘇我馬子との協議から生まれたもので、太子の独自性がどこまで盛り込まれているかは速断できないとする意見が大勢といってよいであろう。

しかし太子の存在意義が小さかったのかといえば、必ずしもそうではなさそうである。まず鍵を握る「皇太子」「摂政」の評価から検討してみよう。すでに多くの史家が疑ってきたように、立太子して摂政の地位についたとその

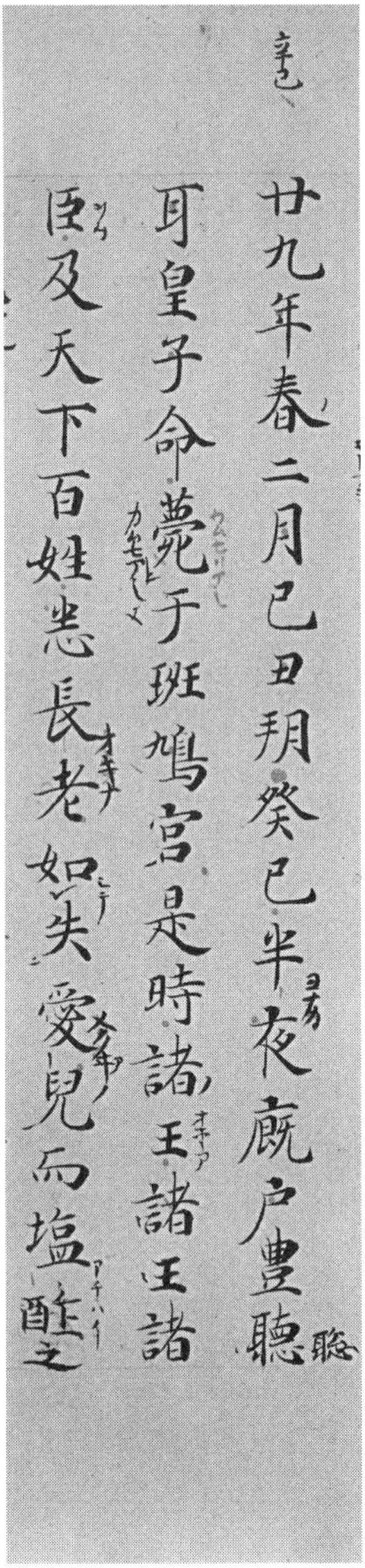
辛巳
廿九年春二月己丑朔癸巳半夜厩戸豊聴
耳皇子命薨于斑鳩宮是時諸王諸臣諸
臣及天下百姓悉長老如失愛児而塩酢之

図1 『日本書紀』巻22(部分, 京都国立博物館蔵)

まま認めるのは困難であろう。(3) 皇太子の制度が定まるのは七世紀末であるし、摂政に至っては遥かにのちである。ただ太子が単なる皇子の一人ではなかった徴候はある。それは太子が『日本書紀』や『法王帝説』で「皇子命」「王命」(ミコノミコト)と呼ばれていることである(図1)。ミコノミコトは皇子に対する単なる尊称ではなく、特別な地位を表す称号である。この称号をもつ人物は、中大兄皇子、草壁皇子、高市《たけち》皇子など、いずれも国政を任され、有力な皇位継承候補だった皇子である。(4) 太子がこの称号で呼ばれたことは、『法王帝説』の「王命」という古めかしい書き方からも事実と認めてよい。太子はこの称号で呼ばれた最古の人物であるが、のちの例から類推して、厩戸王が「皇太子」となり「摂政」したということの実態は、ミコノミコトとして国政を委ねられたということに他ならないのではないか。もしそう考えてよいなら、馬子との共同執政とはいっても、それなりの主導権はあったはずである。

三 憲法の真偽

では太子独自の施策はどこかに見出せるであろうか。とりあえず憲法十七条と仏法興隆について検討してみよう。

憲法は和の精神を説いたものとして有名であるが、これまでいわれている通り、本質は朝廷に仕える豪族や役人のための服務心得といわねばならない。本格的な官僚制が未発達だった推古十二年(六〇四)当時、こうしたものが作られ、文中に「群卿百僚」や「国司」といった言葉が使われるのは不審であるとする意見があるのも肯けないことはない。(5) また最近は、文章に正式な漢文ではありえない、文字の誤用や奇妙な用法がみられるとして、七世紀後半の偽作とする見解も出ている。(6) しかし官僚制的な用語は、『日本書紀』に収録される過程に改変をうけた結果とも考えられる。むしろ、文中に「国司国造」とあって、「国司郡司」となっていないことなどは、全くの捏造ではなくて、もとになった何らかの文があり、「国司」だけが改められたと考えた方が理解しやすい(7)。すでに初期の官僚制は推古朝に育ちつつあり、この時期に服務の心得に主眼をおく規律が構想されるのは、一概に不自然とはいえないだろう。

それでは漢字の使い方に誤用や奇用があるというのはどうであろうか。憲法では、「何の世、何の人か、是の法を貴ば非らむ」と、用言を否定するのに「非」が使われているが(第二条)、これは誤りで「不」が正しいという。また「不」は「人の違うことを怒ら不れ」と禁止の意で使われているが(第十条)、これは「勿」を用いるのが正しい。このほか、「そのうえに」という意味の「また」は「且」が正しいのに、「亦」が使われていたり、「小」と「少」は発音も意味も異なるのに、「大少」というような間違った使い方がされている。これらは日本人が漢文を書くことに伴って生じた訛り(倭習、和習)であって、その状況は『日本書紀』がまとめられる天武朝以降の様子と似ているから、憲法はその頃の偽作だろうという(8)。しかし、ここで注意しなければならないのは、これらが文法に照らして誤用や奇用と判断されていることである。確かにそれは正しい判断とは思うが、実際の言葉や文章は常に文法を守って使われたり書かれたりするわけではない。漢文の本場、中国でも、文法にはずれた文は時代を問わず存在した。従って先の例が誤っているということであれば、中国には全くそういう例がないことを示す必要があるのではないであろうか。

しかし中国人の文にも同様な例はある。たとえば中国古代の医書では、「少」を「小」に通じて使うのが普通のことであった(9)。また唐代の俗文学『王梵志詩集』(項楚『王梵志詩校注』上海古籍出版社、一九九一年)をみると、

「諂すに非れば心を与うる莫かれ」(一九九番)

「影を観るに元より有るに非ず」(八三番)

「又復福を修むるに非ず」(三四三番)

などと、「不」ではなく「非」を用いた例は多い。「亦」と「且」の問題にしても、同書の「四海並びに交遊し、風光

亦覓《もと》む須《べ》し」(六七番)などは、「そのうえ」の意の「亦」ではないであろうか。『王梵志詩集』は唐代の成立とはいえ、やや時期が降り、詩であるという特殊性もあるが、広く一般に流布したのちに忘れさられ、近代になって敦煌文献中から発見された通俗の文学作品である。そのような世界では、文法的な規範は厳格には守られていなかったということではないであろうか。

わが国の古代に流入した漢文作品や文筆技術は、必ずしも正統的なものに限られたわけではない。渡来人を中心に、様々なレベルの漢文や教養が混然と輸入されたはずであり、もともと憲法のような文章に、格からはずれる要素があっても不思議はないといえる。

このように、偽作説が決定的とはいえない現状であるが、今までの議論から一歩離れて眺めるとき、太子の作という可能性はいっそう捨てがたいと思う。とりわけ注目したいのは、憲法の背景にある思想である。憲法は儒教思想を中心に仏教、法家の思想を融合しているとされるが、第三条の「詔を承りては必ず謹め」に先立ち、第二条に「篤く三宝を敬え」と特記されていることは見逃せない。役人の服務規範という趣旨からいって、儒教や法家の思想が反映するのは当然であるが、ある意味ではそれと関わりの薄い仏教が、これほどまで強調されているのは、仏教中心の政治が目指されていたためと解してよいであろう。特徴的なのは、条文に在来の神祇への言及が全くないことである。少なくとも大化以降は、仏教信仰と並行して神祇の祭祀がしばしば説かれている。言及がないためかえって目立たないが、この憲法は著しく仏教に傾いているといって差支えない。

実はこの傾向は、聖徳太子の時代全体にわたってみられる。唯一の例外は、推古十五年(六〇七)二月に神祇祭祀を怠るなという詔が出され、十五日(この日は釈尊入滅の日)に太子と馬子が神祇を祀ったことが『日本書紀』にみえることである。しかしこの出来事は、内容といい日付といい、いかにもとってつけた感があり、すでにいわれている通り、あまりに仏教色の強い推古紀の中に、書紀編者が加えた造作記事であろう。[10]この解釈への反論もあるが、[11]用語解釈に説得力が乏しい。このようにみると、憲法が作られた時期は、太子の時代をおいてないのではないかという思いを深くする。天武朝以降の国家理念の動向からすれば、書紀編纂の過程でこうした極端な仏教中心の捏造がなされるとは考えにくい。たとえ部分的にのちの改変が加わっていても、大体は仏教信仰に厚い太子によって作られた憲法を伝えているとみるべきであろう。

四　仏教の時代

憲法十七条に多くを費やすこととなったが、太子の事績とされるものには、いちいちこうした検討が必要なことはいうまでもない。この場合、細かい史料批判を行った上で要求されるのは、大局的な判断である。たとえ後代の修飾があるとしても、太子の業績や推古朝の施策に神祇祭祀との関わりがほとんど見出せないのは、きわめて示唆深いことではないであろうか。

しかもこれは国内史料だけからうかがわれることではない。推古十五年(六〇七)の遣隋使が携行した有名な煬帝あての国書にしても、その中の「日出処」や「日没処」という表現は、かつて明らかにした通り、『大智度論』という仏典に基づいたものであった。[12]またここには、中国の伝統的な世界観からではなく、仏教の世界観に立って日中を対等にみようとする考えがうかがえるとする意見がある。[13]太子の時代が、仏教という先進思想を正面におしだした特徴ある時期であり、それは蘇我馬子との共同執政ではあっても、「法皇」(法隆寺金堂釈迦三尊銘)[14]と呼ばれたミコノミコト聖徳太子の個性に基づいていた可能性は少なくあるまい。

『隋書』倭国伝によると、推古十五年の使節は、菩薩天子が仏法を再興していると聞き、沙門数十人を派遣して仏法を学ばせると述べたという。煬帝が菩薩戒を受けて総持菩薩と名乗ったことを知っていて、本格的な仏教受容を目指したとみられる。留学者の一部が、太子没後の推古三十一年に帰朝し、いまさらのように、中国は「法式備定の珍国」であるから「常に達《かよ》うべし」と奏したのは(『日本書記』)、留学経験の中で、中央集権の整った法制に目を開かれたことを意味している。推古十六年の派遣者の中に、のちの大化改新を主導する人々が現れるのは、むしろ太子の予期しないところであったというべきであろう。(15)

(1)　大阪市立美術館『聖徳太子信仰の美術』(東方出版株式会社、一九九六年)、東京都美術館他『聖徳太子展』(NHK、二〇〇一年)。
(2)　拙稿「近代歴史学と作品評価――御物聖徳太子画像をめぐって」(『美術フォーラム21』四号、二〇〇一年)。
(3)　直木孝次郎「厩戸皇子の立太子について」(『飛鳥奈良時代の研究』塙書房、一九七五年)。
(4)　拙稿「長屋王家木簡からみた古代皇族の称号」(『長屋王家木簡の研究』塙書房、一九九六年)。
(5)　津田左右吉『日本古典の研究』下(岩波書店、一九五〇年、『津田左右吉全集』一)一二一頁以下。
(6)　森博達『日本書紀の謎を解く』(中公新書、一九九九年)。
(7)　大宝令前は、国司は国宰(宰)と呼ばれていた。直木孝次郎「大宝令前官制についての二、三の考察」(『飛鳥奈良時代の考察』高科書店、一九九六年)参照。
(8)　森博達注(6)前掲書。
(9)　方文輝『中医古籍通借字古今字例釈』(科学普及出版社広州分社、一九八二年)。
(10)　坂本太郎『聖徳太子』(吉川弘文館、一九七九年)。
(11)　鶴岡静夫「飛鳥時代における神と仏」(『論集日本仏教史』一、雄山閣、一九八九年)。
(12)　拙稿「日出処・日本・ワークワーク」(『遣唐使と正倉院』岩波書店、一九九二年)。
(13)　石上英一「古代東アジア地域と日本」(朝尾直弘他編『日本の社会史』一、岩波書店、一九八七年)。

（14）　この銘文の解釈と意義については、拙稿「法隆寺金堂釈迦三尊像の光背銘」（『日本古代金石文の研究』岩波書店、二〇〇四年）参照。

（15）　布目潮渢「遣隋使」（『明日香風』六号、一九八三年）

2　文献史料からみた法隆寺の火災年代

一　はじめに

法隆寺が創建後百年を出ないで火災に遇ったことは、『日本書紀』天智紀や『上宮聖徳太子伝補闕記』の記事で有名である。しかしその年代をめぐっては、周知の通り明治三十八年(一九〇五)以降活発化したいわゆる再建非再建論争の中で激論がたたかわされた。その詳しい経過は、別に要を得た紹介がある[1]ので省略に従うが、再建論が天智九年(六七〇)の記事を正しいとして、火災をこの年と主張したのに対し、非再建論では、天智九年より六十年(干支一巡)を遡る推古十八年(六一〇)にその年代を充てた。これらはいずれにしても庚午年という干支に信を置く点で共通する。それに対し、皇極二年(六四三)における斑鳩宮の焼亡時に、斑鳩寺も類焼したとする説も提起された。

このような中で、戦前から戦後にかけ、西院伽藍南東の若草伽藍跡や東院の下層遺跡が発掘調査され、論争は転機を迎える。即ち若草伽藍の発掘では、西院伽藍に先行する伽藍の存在と火災による焼失が裏づけられ、これをうけて天智九年の火災が広く認められるようになった。また東院地下の発掘によって、斑鳩宮跡と推定される宮殿の遺構が検出され、それが火災によって焼亡していることが判明、さらに西院伽藍の軒平瓦に先行し、その祖型になったとみられるパルメット文様の軒平瓦が発見された。以上の結果から、若草伽藍の地に創建された斑鳩寺は、当初斑鳩宮と併存していたが、まず皇極二年に宮が焼け、残った寺も天智九年に焼亡したとする見方がほぼ定説化したといえる。

しかし一九七〇年代に入って、この定説に対する重要な異論が提起される(2)。これは瓦の編年観に発した論であって、皇極二年を下限とする斑鳩宮の軒平瓦と、西院伽藍の創建の軒平瓦に、三十年以上のへだたりは認めにくいとする。その場合、斑鳩宮の焼失年代は動かないので、法隆寺の火災年代を見直し、火災を推古十八年、あるいは皇極二年とする過去の説が、再提案されている。本来、若草伽藍については、発掘調査で火災の事実が確認されたのみであり、これを天智九年の『日本書紀』の記事に結びつける確証があったわけではなかった。さきの編年観に関しては、考古学研究者の間でも異論はあるものの(3)、別に建築史の面から、西院伽藍の造営開始を斉明朝あたりまで遡らせるべきであろうとする説も出されている(4)。天智九年火災説は、新たな拠りどころを挙げるべき段階に入ったといってよかろう。もっとも法隆寺の火災年代を確定することは、再建非再建論争を経ても不可能であったほどの難題であり、解決は容易でない。ただ、それでもなお従来見落とされてきた事実もないわけではないので、ここに私見を述べて諸賢の批正を仰ぎたいと思う。

二　天智紀の問題点

まず法隆寺の火災に関する天智紀の記事を掲げ、基本的な問題を整理しておこう。行論の便宜上、火災と直接関係のない記事も含めて引用する。

(1)是冬、修㆓高安城㆒、収㆓畿内之田税㆒。于㆑時災㆓斑鳩寺㆒。（天智八年紀）

(2)二月、造㆓戸籍㆒、断㆓盗賊与㆓浮浪㆒。（中略）又修㆓高安城㆒、積㆓穀与㆑塩。（同九年紀）

(3)夏四月癸卯朔壬申(三十日)、夜半之後、災二法隆寺一。一屋無レ余。大雨雷震。（同右）

これらの記事によると、天智八年と九年に火災があったことになる。この点について、後掲のように『上宮聖徳太子伝補闕記』(以下『補闕記』と略称)には、火災を「庚午年」にかけて記すので、同じ干支の天智九年が重視されてきたことは、上にみた通りである。ただかつては、天智八年は小火災、天智九年は本格的火災とする解釈も存在した。[5] しかしこの二つは同事重出と解すべきであろう。すでに藪田嘉一郎氏は、詳細にこのことを論じている。[6] 藪田氏は、八年と九年の火災記事が、先掲の通りともに高安城修築の記事と一連もしくは相前後してみえることから、その修築事業の過程で法隆寺に火災があったのであり、八年の記事は九年に起きた事実を先取りして記したものと考えた。藪田氏の論には中国の修史法にこだわりすぎたところがなくもないが、大筋で承認されるべき結論であろう。

なお付け加えるならば、藪田氏の結論は、天智紀に記事の重出が著しいという周知の事実[7]とも矛盾せず、その意味でも説得力は高い。ただこの重出が単なる偶然から生じたかといえば、必ずしもそうとは断ぜられないであろう。天智紀は、『日本書紀』の中でも、皇極紀、斉明紀などと並んで異変記事の多い巻に属する。これらは百済の滅亡や近江遷都の予兆として記されているほか、天智紀後半の場合は、壬申の乱の前兆として記載されたものが少なくないとみられる。[8] このように考えると、書紀編者が意図的に二つの火災記事を登載した可能性もないとはいえない。八年の記事にみえる「斑鳩寺」と、九年の「法隆寺」が、同一寺院であることは疑いないところであるが、[9] 近接した記事中でこうした異表記がみられるのも、原史料の違いが根本にあるとはいえ、故意に統一がはかられなかったことも考えておくべきではなかろうか。

このほか藪田氏は、同じ論考の中で、「災」の字が自然現象による火災を意味することを、中国の用例を詳しくあげて論じている。これも従うべき解釈であって、天智九年紀に「大雨雷震」とあることと相まち、法隆寺が落雷によって焼失したことを推定させよう。

以上のように、書紀の載せる二つの火災は、天智九年（庚午）のこととして一本化できるにせよ、それによって火災が現実に天智九年に起こったと証明できたわけではない。火災がいつ起こったかは、何らかの証拠により、別に論証されねばならない。ただ書紀の記事はあまりに簡単で、この問題を論ずるに充分でないことは明らかである。そこで法隆寺の火災について、やや詳しい記載を残す『補闕記』を検討してみることとしたい。

三　『補闕記』の検討

『補闕記』には、さきにも言及した通り、聖徳太子在世中の庚午年（推古十八）に法隆寺が焼けたとの記事があり、また巻末には火災後の動向について若干の記載がみられる。これらは従来から注目されてきたところであるが、関係箇所のみを利用する傾向が強く、必ずしもその意味が全体として理解されているとはいえないように思われる。そのような観点から、長文になるが次に関係する前後の記事を含めて掲出し、検討を加える。[10]

(A)㋑太子《四十六》己卯年十一月十五日、巡二看山西科長山本陵処一。還向之時、即日申時、枉レ道入二於片岡山辺道人家一。即有二飢人一、臥二道頭一。去三丈許、太子之馬、至レ此不レ進。雖レ鞭猶駐。太子自言、哀々〈用レ音〉。即下レ馬。舎人調使麻呂、握二取御杖一、近二飢人一。下臨而語レ之。可々怜々。何為人耶、如レ此而臥。即脱二紫御袍一、覆二其人身一、賜レ歌曰、科照　片岡山爾　飯爾飢天　居耶世屢〈四字以レ音〉　其旅人　可怜（中略）。起レ首進答曰、斑鳩乃　富乃小川乃　絶者己曾　我王乃　御名忘也米。飢人之形、面長頭大、両耳亦長。目細而長、開レ目而看、内有二金光一。異レ人大有二奇相一。亦其身太香。命二麻呂一曰、彼人香哉。麻呂啓二太香一。命曰、汝者寿可二延長一。飢人太子、相語数十言、舎人等不レ知二其意一。了即死。太子大悲、即命厚葬、多賜二歛物一。造レ墓高大。時大臣馬子宿禰已下、王臣大夫等、咸奉レ譏曰、殿下雖二大聖一、而有二不能之事一。道頭飢是卑賤者、何以下レ馬、与レ彼相語、亦賜二詠歌一。及二其死一無レ由厚葬。何能治二大夫已下一耶。太子召二所レ譏大夫七人一、命曰、卿等七人、往二片岡山一、開レ墓看。七大夫等依レ命、退往開レ墓。而有(11)二其屍一、棺内大香。所レ歛御衣幷新賜彩帛等、帖在二棺上一。唯太子所レ賜紫袍者無。七大夫等看レ之、大奇嘆二聖徳一。還来報レ命。太子、日夕詠歌、慕二恋飢人一。即遣二舎人一、取二衣服一而御レ之如レ故。㋺四十七庚午年四月卅日夜半、有レ災二斑鳩寺一。㋩太子謂二夫人膳大郎女一曰、汝我意、触レ事不レ違。吾得レ汝者、我之幸大(下略)。

(B)㋑斑鳩寺被レ災之後、衆人不レ得レ定二寺地一。故百済入師、率二衆人一、令レ造二葛野蜂岡寺一、令レ造二川内高井寺一。百済聞師・円明師・下氷君雑物等三人、合二造三井寺一。㋺家人馬手・草衣之馬手・鏡・中見・凡・波多・犬甘・弓削・鷹・何見等、並為二奴婢一。黒女・連麻呂争論。麻呂弟万須等、仕二奉寺法頭一、家人奴婢等根本、妙教寺令二白定一。㋩麻呂年八十四、己巳年死。子足人、古年十四年、壬午八月廿九日、出二家大官大寺一。麻呂者、聖徳太子十三年、丙午生。年十八年始為二舎人一。癸亥年二月十五日始出家為レ僧云々。

〔訓読〕

A㋑太子、己卯年《四十六》十一月十五日、山西の科長《しなが》の山本陵の処を巡り看る。還向の時、即日《そのひ》の申の時、道を枉《ま》げて片岡山辺の道の人家に入る。即ち飢人有り、道の頭《ほとり》に臥《ふ》したり。去ること三丈許《ばか》り、太子の馬、此《ここ》に至りて進まず。鞭《むち》すといえども猶駐《なおとど》まる。太子自ら言わく、「哀々」〈音を用う〉と。即ち馬を下る。舎人調使麻呂《つきのおみのまろ》、御杖《みつえ》を握り取りて、飢人に近づく。(太子)下《お》りて臨みて之に語る。「怜《あわれ》む可《べ》し、怜む可し、何為《いかな》る人か、此《か》くの如《ごと》くにして臥したる」と。即ち紫の御袍を脱ぎ、その人の身に覆い、歌を賜いて曰わく、

　しな照る　片岡山に　飯に飢て　こやせる(注、省略)　其の旅人　あはれ(下略)

首を起こして進み答えて曰わく、

　斑鳩《いかるが》の　富の小川の　絶えばこそ　我が王《おおきみ》の　御名忘やめ

飢人の形、面長く頭大きく、両耳もまた長し。目細くして長く、目を開きて看れば、内に金光有り。人に異なりて大いに奇相あり。亦其の身太《はなは》だ香《かぐわ》し。麻呂に命《おお》せて曰わく「彼の人香しきや」と。麻呂、太だ香しと啓す。命せて曰わく、「汝は寿《いのち》延長す可し」と。飢人と太子と相語ること数十言、舎人等、其の意を知らず。了りて即ち死す。太子、大いに悲しみ、即ち命せて厚く葬らしめ、多く斂物を賜う。墓を作ること高大なり。時に大臣(蘇我)馬子宿禰已下、王臣大夫等、咸《あまね》く譏《そし》り奉りて曰わく「殿下、大聖なりといえども、不能の事有り。道の頭に飢うるは、是れ卑賤の者、何ぞ以て馬を下り、彼と相語り、亦詠歌を賜わむ。其の死に及んで、由無くして厚く葬る。何ぞ能《よ》く大夫已下《いか》を治めむや」と。太子、譏る所の大夫七人を召し、命せて曰わく、「卿等七人、片岡山に往き、墓を開きて看よ」と。七大夫等、命に依り、退《まか》で往きて墓を開く。而して其の屍有り。棺内大いに香し。斂する所の御衣幷びに新たに賜う彩帛等、帖《たた》みて棺上に在り。唯《ただ》太子賜う所の紫袍のみは無し。七大夫等これを看、大いに奇として聖徳を嘆ず。還り来たりて命に報ず。太子、日夕詠歌し、飢人を慕い恋う。即ち舎人を遣わし、衣服を取りてこれを御《め》すこと故《もと》の如し。

㋺庚午年 四十七 四月三十日夜半、斑鳩寺に災有り。

㋩太子、夫人膳大郎女に謂いて曰く「汝、我が意、事に触れて違わず。吾、汝を得しは、我が幸いの大なるなり」と。(下略)

B

㋑斑鳩寺、災を被《こうむ》るの後、衆人、寺地を定むるを得ず。故に百済の入師、衆人を率いて、葛野《かどの》の蜂岡寺を造ら

> 令め、川内《かわち》の高井寺を造ら令む。百済の聞師、円明師、下氷君雑物《しもひのきみさいもち》等三人、合わせて三井寺を造る。
>
> ㋺家人馬手、草衣之馬手、鏡、中見、凡《おおし》、波多、犬甘《いぬかい》、弓削、薦《こも》、何見等、並びに奴婢と為す。黒女、連麻呂、争論す。麻呂の弟万須《ますら》等、寺の法頭《ほうず》に仕え奉り、家人《けにん》奴婢等の根本を妙教寺に白《もう》し定め令む。
>
> ㋩麻呂、年八十四にして、己巳年（天智八年〈六六九〉）に死す。子は足人《たるひと》、古の年より十四年、壬午（天武十一年〈六八二〉）八月二十九日、大官大寺に出家す。麻呂は聖徳太子十三の年、丙午（用明元年〈五八六〉）生まる。十八の年、始めて舎人と為る。癸亥年（天智二年〈六六三〉）二月十五日、始めて出家して僧と為る、云々。

さてまず問題にしたいのは、(A)の記事である。(A)は大部分を占める㋑片岡山の飢人説話と、それに続く㋺㋩の三つの記事からなるが、すでに早くから注意されてきた通り、㋑㋺の記事の排列には矛盾がある。即ち㋑が聖徳太子四十六歳、己卯年の出来事であるのに対し、㋺はその翌年であるにもかかわらず、庚辰年ではなく庚午年のこととなっている。一見、庚午が庚辰の誤りかともみえるが、書紀の天智九年が庚午に当たることからしても、元来「庚午年」であったことは確かであろう。もちろんこの場合、『補闕記』の編者は、原史料を切り貼りしたのであって、その際に繋年を誤ったということも考えられる。しかし新たに排列するならば、干支の順序には注意を払うはずで、この誤りはかえって不可解である。かといって錯簡とも考えにくい。編者に庚辰年と誤らせるよほどの事情があったとみなければ理解しがたいであろう。

そこで注目されるのが、新川登亀男氏の解釈である。[12]『補闕記』が、調使《つきのおみ》、膳臣《かしわでのおみ》の家記を利用して成立しているのは周知のところであるが、新川氏は『補闕記』全体にわたり、その痕跡を追求された結果、㋑には調使麻呂が登場することからみて、調使氏の家記が典拠となっていること、㋩には膳妃の言がみえるので、膳臣氏の家記から出たと考えられることを述べ、その中間にある火災記事㋺は、もともと㋑と一連の形で、調使氏の家記に存在したとされた。

即ち『補闕記』の編者は、己卯年の㋑の記事に、庚午年の㋺の記事が続いているのをみて、不用意に庚午年を己卯年の翌年と誤まったと解する。この新川氏の解釈は、正鵠を得たものというべきであろう。己卯年の次に庚午年の記事を置きながら、『補闕記』編者が何らその矛盾に気づかなかったのは、新川氏のように解して初めて納得がゆく。

では(B)の記事についてはいかがであろうか。(B)も内容からみて三段に分かれ、㋑は火災後の記事、㋺は家人・奴婢の争論に関する記事、㋩は太子の舎人、調使麻呂の年譜的な記事である。新川氏は㋩を調使家記に基づくとされたが、㋑㋺には言及されていない。また大橋一章氏は、㋑も調使家記に拠っている可能性を述べられているが、それは推測にとどまって何ら論証はされていない(13)。私は(B)全体が調使氏の記録から出ているとみてよいと考える。以下順に検討してゆくこととしよう。

まず(B)㋩が調使家記に拠ることは、新川氏の指摘通りで、多言を要しまい。調使麻呂の子、足人に関する記事中、「子足人、古年十四年」は、新川氏が解されたように、足人は「父が死んでから十四年後」に、の意であろうが、そうなると「古」は「右」の誤りとみて、「子足人、右の年より十四年」と読むのも一案であろう。「右の年」は、麻呂の没した己巳年(天智八年〈六六九〉)となる。『補闕記』は、この一連の年譜的記事を巻末に置いているが、もとになった調使氏の家記でも、おそらく末尾近くにあったものであろう。というのは、㋩は少なくとも(A)の㋑を伏線とする記事と考えられるからである。即ち(A)の㋑では、聖徳太子が麻呂に対し、飢人が香しかったかとたずね、麻呂が、「太だ香し」かったと答えたところ、太子は「汝は寿延長す可し」と予言したとある。麻呂の長寿を述べた(B)㋩の記事は、これに照応して置かれたものであろう。

次の問題は(B)㋺である。ここには直接寺名が現れないが、文中の「寺」が斑鳩寺であり、家人・奴婢が斑鳩寺のそれであることは従来から異論がない。すでに早く『伝暦』の撰者も、そう認めて㋺を引用している(14)。ただこの箇所は従来句読の打ち方が混乱しており、[15] 特に「黒女連麻呂」などは一見連《むらじ》というカバネをもつ人名のようでもある。しかし「争論」までのところに現れる人名は、全て賤民の名とみなければならない。古代の賤民には氏姓がなかったはずで、ここはそれを前提にして考える必要があり、前掲のように訓読するのがよいであろう。[16] この部分には、なお伝写の誤りが含まれているとみられるが、先にふれた『伝暦』による引用は、用字の変換や語句の補入があるものの、その校訂に役立とう。即ち『伝暦』では、この箇所が左のようになっている（傍訓は筆者）。

家人馬手・革衣・香美《かがみ》・中見・大吉《おほし》・波多・犬養・弓削・許母《こも》・河見等十人、為二奴婢首領一。其胤子今在二法隆寺一。分在二四天王寺一。婢黒女・奴連麿等、常訴二冤枉一。連麿弟益浦《ますら》、性堪レ領レ寺、為二法隆寺法頭一。冤枉奴婢等根本、於二妙教寺一、訪定蔵置、于レ今未レ免。

これをみると、たとえば『補闕記』の「草衣之馬手」は、「草衣」（『伝暦』では「革衣」に作る）の下に、「家人馬手」の内の「人馬手」三字を重複書写した結果ではあるまいか。「何見」も『伝暦』の「河見」が自然である。また『伝暦』が「婢黒女・奴連麿」と敷衍したのは、正しい理解というべきであるが、益浦をその連麻呂の弟としたのは、『補闕記』の「麻呂」が調使麻呂であることに気づかず、不用意に「麻呂」の上に「連」を加えたためで、誤りであろう。

ところでこの(B)(ロ)の文が、調使氏の家記から出ていることは、調使麻呂の弟、万須等[17]が重要な役割をもって文中にみえることから明らかである。しかも看過できないのは、その万須等が妙教寺において、家人らの争論を裁定したという点である。「法頭に仕え奉」るというのは、万須等が法隆寺の法頭の職にあったことを意味するとみてよいが、[18] それならばこの裁定は、当然関係者のそろう法隆寺でなされてよい。妙教寺の所在や性格には不明の点が多いが、[19] この場合は法隆寺以外で決裁が行われた意味を考える必要があるのではなかろうか。ここで想起されるのは直前の(B)(イ)

で述べられている法隆寺の焼亡である。争論の裁定を法隆寺外で行わねばならなかったのは、法隆寺が火災によって焼失していたからであったと考えれば、極めて自然に理解できる。従来㋑と㋺は、あまり有機的に関連づけて説明されはしなかったと思われるが、㋑と㋺は一体の記事として、こうした連関のもとに把握し直されるべきであろう。

なお以上のように考えて、改めて注意されるのは、『補闕記』にみえる「白定」の語である。これはそのまま「白《もう》し定む」と読んで解せないことはない。しかし身分の確定作業であるなら、ここはあるいは「皃定《ぼうてい》」の誤りではなかろうか。「皃定」は戸令にもみえる表現で、そこでは造籍の際、面接して状況を確かめ、その待遇を決定する意味で使われている。[20] 係争中の奴婢について、この措置が取られるのは、まことにふさわしい。『伝暦』が、この箇所を「訪定」(訪《と》い定め)と書き換えたのも、原文が「皃定」であったとすれば納得できよう。

このようにみてくると、(B)は全体として調使氏の家記に由来する記事となる。さきに論じた通り、(A)㋑㋺も同じ出処をもつと考えられるが、叙上の考察をふまえれば、(A)㋺の簡単な被災記事は、本来、調使氏の家記の中で、(B)㋑に連接していたと解するのが自然であろう。(A)㋑㋺(B)㋑—㋩は、途中に多少の節略などはあるかもしれないが、ほぼこの順序で原史料に登載されていたと考えてよい。『補闕記』の撰者は、(B)㋑以降を太子とは関わりが薄いとみて、巻末に配したのであろう。いずれにせよ以上によって、庚午年火災後の状況は、(B)の㋺を含めて考えうることになる。この事実は、庚午年の絶対年代確定に、あなどれない意味をもつであろう。

四　庚午年の火災と庚午年籍

(B)㋺によると、法隆寺では寺の焼亡にもかかわらず、寺賤の身分裁定を行ったとみられるが、これは常識的にみて不可解なことといえよう。火災後、再建の寺地も定まらない状況下で、妙教寺に場を移し、それが行われたについては、よほど緊急の事情が介在したと考えるべきである。やや唐突であるが、ここで注目されるのが、天智九年に作製を命じられた庚午年籍であろう。

第二節に掲げた通り、書紀が法隆寺の火災を記す二カ月前、天智九年二月条には、「戸籍を造り、盗賊と浮浪とを断つ」とある。これが、最初の全国的造籍として著名な庚午年籍の編纂記事であるが、八世紀の造籍の例からみても、このとき一挙に庚午年籍が完成したとは到底考えられず、むしろその後、かなりの長期間をかけて造籍が完了したとみられる。のちの例によると、戸籍の名称はその造籍の始められた年をもって呼ぶのが普通であるから(21)、書紀の記事は、造籍の開始を示すと理解した方がよい。ところで一般に造籍に際しては、良賤の区分など身分の確定が課題となることが少なくない。とりわけ庚午年籍においては、最初の全国的造籍ということもあり、氏姓や良賤身分の確定が行われ、それが後代まで、この戸籍に台帳的機能をもたせることになったとする見解がある(22)。この説に対しては批判的意見もあり、持統四年(六九〇)の庚寅年籍に、より重要な意義を認める見解が、一九七〇年代以降有力ともいえるが(23)、天平宝字八年(七六四)に起きた紀寺の奴の訴訟事件(24)の経過からすると、少なくとも寺賤については、庚午年籍で身分確定が行われたことは確実である。これは諸説一致して認めるところといってよい。法隆寺の家人・奴婢身分をめぐる裁定は、こうした造籍との関連を念頭に置くとき、はじめてよく理解できる。『補闕記』の「白定」が「貝定」の転訛とすればなおさらである。ともあれ庚午年籍の造籍進行にともない、各寺院にも寺賤の登録が求められたが、法隆寺はその途中火災で焼亡したにもかかわらず、その要請に対応するため、寺外で寺賤の身分確定を行ったのであろう。なお、律令制下でも家人と奴婢の区別があったかどうかに関しては、これを疑う論者もあり(25)、ここに家人とあっても、寺に仕える下層の人々と解しておくのが無難かもしれない。しかし少なくとも彼らと奴婢とを区別する必要があり、それが黒女・連麻呂らの争論につながったと判断できよう。

ただここでふれておかねばならないのは、この争論を庚寅年籍段階のものとする神野清一氏の見解である。[26]神野氏は、先述のような庚寅年籍の意義を高く評価する立場から、これを庚寅年籍の施行に関係した、良民認定を求める訴訟事件と推定された。しかしこの解釈には無理がある。万須等の兄調使麻呂は、天智八年（六六九）に八十四歳で没している。弟万須等が仮に二十歳年下としても、庚寅年（六九〇）には八〇代後半ということになり、到底こうした実務に当たりえたとは考えられない。神野氏の所説には、他に具体的な徴証があげられているわけではなく、これを認めるのは困難であろう。

かくて『補闕記』のⒷ㋺を媒介にすると、法隆寺の火災は、庚午年とはいえ、天智九年以外には考えられないという結論に達する。あるいは『補闕記』の記載は、そのような分析に堪えるほどの信頼性があるのかという懸念もないではなかろう。しかしⒷの記事をみると、㋑では国名の河内が「川内」と書かれ、のちの大安寺が「大官大寺」と書かれている。これらの表記は、おおむね七世紀後半から八世紀初めごろに特徴的なものといってよい。それはⒷの記事が、大枠として古い事実を伝えているとする傍証となるであろう。書紀の記事と総合するならば、創建の法隆寺は、天智九年に落雷をうけて焼失、その被害は寺地を定めえず、重要な寺務も寺外で行わねばならないほど壊滅的なものであったといえる。

以上によって、庚午年の絶対年代は、定めることができたと考える。冒頭に述べた瓦の編年観は、むしろこの年代をもとに組み立てられる必要があろう。その場合、『補闕記』Ⓑ㋑にみえる蜂岡寺、高井寺、三井寺（法輪寺）の創建そのものを法隆寺火災後にまで下す必要がないことは、すでに説かれている通りである。[27]法輪寺では法隆寺西院伽藍と同系文様の軒瓦も出土しているが、それは法隆寺の焼亡を機に同寺で新たな造営が始まり、聖徳太子ゆかりの寺院として、法隆寺との結びつきが深まったことを示すのであろう。また法隆寺西院伽藍の創建を斉明朝ごろに遡らせる説[28]では、『補闕記』Ⓑ㋑を皇極二年の斑鳩宮焼亡と連動させて解釈するが、すでに論じた通り、Ⓐ㋺とⒷ㋑を切り離すことは無理で、その解釈は認めにくい。この説は、法隆寺五重塔の解体修理結果をもふまえた魅力ある仮説であるが、やはり天智九年を起点に見直されるべきであろう。

なお庚午年籍に関しては、古代史の側からさまざまな言及がなされてきたが、『補闕記』の争論記事がこれと結びつけて論じられたことはなかった。決して多いとはいえない庚午年籍関係史料の一つとして、これもまた再評価されなければならない[29]。

（1）　村田治郎『法隆寺の研究史』（毎日新聞社、一九四九年）、太田博太郎『南都七大寺の歴史と年表』（岩波書店、一九七九年）。

（2）　岡本東三「法隆寺天智九年焼亡をめぐって――瓦からみた西院伽藍創建年代」（奈良国立文化財研究所『文化財論叢』同朋舎出版、一九八三年）、同「太子の寺々」（狩野久編『古代を考える　古代寺院』吉川弘文館、一九九九年）、山本忠尚「西院創建瓦とその系譜――瓦からみた再建年代」（『特別展観　法隆寺昭和資財帳調査秘宝展図録』2、一九八四年）、同「若草伽藍非焼失論」（坪井清足さんの古稀を祝う会編『論苑考古学』天山舎、一九九三年）。

（3）　上原真人「仏教」（『岩波講座日本考古学』4、一九八六年）、毛利光俊彦「西院伽藍の造営」（法隆寺昭和資財帳編集委員会『法隆寺の至宝』15、小学館、一九九二年）。

（4）　大岡実「法隆寺金堂の建築」（『法隆寺　壁画と金堂』朝日新聞社、一九六八年）、鈴木嘉吉「法隆寺新再建論」（奈良国立文化財研究所『文化財論叢』Ⅱ、一九九五年）。

（5）　平子鐸嶺「法隆寺草創考」（『増訂　仏教芸術の研究』国書刊行会、一九七六年）、會津八一『法隆寺法起寺法輪寺建立年代の研究』（東洋文庫、一九三三年）、喜田貞吉「法隆寺再建非再建論の清算」（『歴史公論』七－一二、一九三八年）。

（6）　藪田嘉一郎「天智天皇八年紀斑鳩寺災の記事について」（『大和志』一〇－六、一九四四年）。

（7）　坂本太郎「天智紀の史料批判」（『日本古代史の基礎的研究』上、東京大学出版会、一九六四年）。

(8) たとえば、天智九年六月、同十年四月是月、同年是年の各条など参照。
(9) 福山敏男「法隆寺問題管見」(『日本建築史研究』墨水書房、一九六八年)。
(10) 『補闕記』の引用は、飯田瑞穂「『上宮聖徳太子伝補闕記』について――特に本文校訂に関連して」(『飯田瑞穂著作集一 聖徳太子伝の研究』吉川弘文館、一九九九年)に翻印の彰考館本により、一部、『続群書類従』本によって妥当と考えられる欠字を補った。句読点は新たに付した。〈 〉内は原注。
(11) 『伝暦』には「無有其屍」とあり、意味の上からも、「有」の上に「無」乃至「无」を脱している可能性がある。
(12) 新川登亀男『上宮聖徳太子伝補闕記の研究』(吉川弘文館、一九八〇年)一九七頁。以下、新川氏の見解は全て本書による。
(13) 大橋一章「法輪寺の建立を伝える文献について」(『早稲田大学大学院文学研究科紀要〔文学・芸術編〕』三五号、一九九〇年)。なお福山敏男「法輪寺の建立に関する疑問」(『夢殿』一二冊、一九三四年)は、Ⓑ㋑を膳臣家記に基づくかとするが、それが当たらないことは、大橋論文の説く通りである。
(14) 神野清一『日本古代奴婢の研究』(名古屋大学出版会、一九九三年)は、後掲の『伝暦』の類似記事の方が『補闕記』より古いか、独自の原史料に基づいた可能性があるとして、『伝暦』を重視するが、『伝暦』が『補闕記』の記事を引用、敷衍していることは、『伝暦』巻末にみえる撰者の言から明らかで、この解釈には従えない。
(15) この点については、とりあえず村田治郎注(1)前掲書、三〇二頁以下参照。
(16) 神野清一注(14)前掲書も、「馬手」以下「何見」までの人名については同様な読み方を提示している(同書、三三一頁注(30))。
(17) 「万須等」の「等」は複数を表すかとも思われるが、『伝暦』の「益浦」を参照して全てを人名と解しておく。
(18) 「仕奉」のこのような用法については、正倉院文書の他田日奉部神護解(『寧楽遺文』下、九四七頁)参照。また法頭については、福山敏男「法隆寺政所幷法頭略記」(『日本建築史研究 続編』墨水書房、一九七一年)参照。神野清一注(14)前掲書は、『伝暦』に拠って奴連麻呂の弟が法頭に仕えたと解するが(同書、三〇五頁)、少なくとも益浦(万須等)を寺奴とするのには従えない。
(19) 『聖徳太子伝私記』下には大和国高市郡にあるとし、田中重久『聖徳太子御聖蹟の研究』(全国書房、一九四四年)三三〇頁に奈良県山辺郡朝和村長柄にありとするが未詳。
(20) 戸令20条。

(21)　持統朝の庚寅年籍は同三年(己丑)に造るべく下命があったが(持統紀三年閏八月庚申条)、実際の作業は翌年(庚寅)から行われた(同紀四年九月朔条)。また大宝二年籍は、実際にはその後一、二年かかって作られたが、正倉院に現存するこの戸籍の押縫(紙継ぎ目)には「大宝二年籍」あるいは「太宝弐年戸籍」とある。
(22)　井上光貞「庚午年籍と対氏族策」(『日本古代史の諸問題』思索社、一九四九年)。
(23)　神野清一『律令国家と賤民』(吉川弘文館、一九八六年)四二頁以下参照。
(24)　角田文衞「紀寺の奴」(『律令国家の展開』塙書房、一九六五年)、松崎英一「紀寺の奴」(『九州史学』五九号、一九七五年)。
(25)　丸山忠綱「家人・奴婢に関する一考察」(『法政史学』一六号、一九六四年)参照。
(26)　神野清一注(14)前掲書、三〇五頁。
(27)　関野貞「法起寺法輪寺両三重塔の建築年代を論ず」(『建築雑誌』二二三号、『歴史地理』七–七・八、一九〇五年)。
(28)　鈴木嘉吉注(4)前掲論文。
(29)　庚午年籍の関係史料については、渡辺直彦「「庚午年籍」覚え書」(『国学院雑誌』七一–一一、一九七〇年)があり、奈良国立文化財研究所編『飛鳥編年史料集稿』(四)(一九七八年)がさらに増補しているが、本史料にはふれていない。

(付記)　佐原真・田中琢編『古代史の論点』(6)(小学館、一九九九年)に掲載の拙稿「論争と史実」は、本稿の論旨をやや視点を変えて述べたものである。あわせて参照いただければ幸いである。

3　太子信仰の系譜

一　聖徳太子への崇敬

飛鳥時代の政治・外交や文化を語る上に、聖徳太子の名を逸することはできない。しかし、いざ太子の実像はとなると、それは霧に包まれている。時代を先取りした先覚者、天才と評価する古典的な見方はいまも生きているが、それとは全く逆に、偉人というイメージは八世紀以降に作り上げられたとする研究者もいる。その両極端の狭間に様々な見解があり、帰するところがないというのが現状であろう。

しかし、偉人、天才としての太子イメージは、それほど後になって形づくられたものでは決してない。それを端的に示すのが、「聖徳」太子という名前である。聖人の徳を備えた太子という、この称は、もちろん太子の死後に付けられたものであろう。儒教的あるいは仏教的な偉人という意味で呼ばれた諡《おくりな》であるが、命名の背景には、すでに太子への崇敬の念があったとみてよい。

この称呼が、年紀の明確な資料に現れる最初は、丙午年(慶雲三年〔七〇六〕)に作られたとされる奈良・法起寺の塔露盤銘である。(1) 法隆寺金堂の薬師如来坐像光背の銘文にみえる「聖王」という呼び名も同類のものと考えれば、太子への並はずれた尊崇は、像ができたとされる七世紀後半には生まれていたことになる。故人の徳をたたえて中国風の諡をつけることは、歴代の天皇に対しても行われている。しかしそれが始まったのは、例外的な「文武」と「聖武」を除くと、奈良時代も末のことであった。(2)「聖徳」という諡は、それよりほぼ百年も早く成立している。

天平十年(七三八)ごろ作られた『古記』という法律書(『令集解《りょうのしゅうげ》』所引)には、諡の実例として、「大行」と「聖徳王」の二つが挙がっているが、「大行」は本来、亡くなってまもなく、まだ諡のない天皇をさす用語で、本当の諡とはいえない。八世紀前半、中国風の諡をもつ人物は、ほとんど太子しか存在しなかったのである。早くからその存在感がいかに大きかったかは、これでも明らかであろう。

時期が下るにつれて、その傾向はますます強まっていった。法隆寺に夢殿を核とする東院が営まれたのは、その早い例といえよう。東院の創建については、『東院古縁起』(法隆寺献納宝物「皇太子御斎会奏文」東京国立博物館蔵)に、天平十一年、皇太子阿倍内親王(後の孝謙・称徳女帝)の命で藤原房前が作ったとある。(3)房前は天平九年に病没していることなど、この縁起にはいくつかの矛盾があり、これまでは内容に疑問をはさむ向きも多かった。

しかし詳しく調べてみると、この縁起には当時実在した無名の下級役人「安宿倍真人《あすかべのまひと》」の名が登場し、古い記録に基づいていることは確実である。訂正を要するところはあるにしても、大筋で信じてよい史料であろう。(4)

この縁起によると、天平七年十二月、聖徳太子のため法華経を講義する財源が、阿倍内親王から寄付され、翌年の太子の命日、二月二十二日に、その講義が行われた。この法会は法師行信が主導し、光明皇后の家政を担当する皇后宮職の職員が動員されたという。講師を務めたのは律師の道慈で、僧尼三百人あまりが参加する大行事であった。縁起では、阿倍内親王のことを「春宮坊」と書いてあるが、当時内親王はまだ春宮(皇太子)にはなっておらず、その「令旨《りょうじ》」(命令)というのも、実は光明皇后のものであった可能性が強い。(5)行信らによって鼓吹された皇后の太子信仰を核に、娘の阿倍や兄の房前らが協力する形で事が進み、それがさらに東院の造営につながっていったのであろう。

光明皇后が聖徳太子への信仰をもつようになった背景には、母の橘三千代の感化があったとみられる。太子の忌日に法隆寺へ寄進を行った人物や東院造営に関わった人々をみてゆくと、光明子の異父妹（牟漏《むろ》女王）やその夫（房前）、息子（八束）、それに聖武夫人となった橘古那可智《こなかち》（牟漏女王の姪）など、三千代につながる人脈がみてとれるからである（図2）。

これらの人々が女性中心であるのも偶然ではあるまい。太子の作とされる三経義疏の一つは『勝鬘経義疏』であるが、勝鬘経では勝鬘夫人という女性が主役になっている。こういう経典が注釈の対象にされたのは推古女帝の存在と無関係ではなく、逆に太子が勝鬘経を講義したという伝えも認めていいであろう。もう一つの注釈『法華義疏』は、いうまでもなく法華経の注であるが、法華経の「薬王菩薩本事品」という章には、女性の阿弥陀浄土への往生が述べられていて、これも女性に縁がある。太子は日本人として最初にこの法華経を将来、流布した人とみられていた（『延暦僧録』上宮皇太子菩薩伝）。

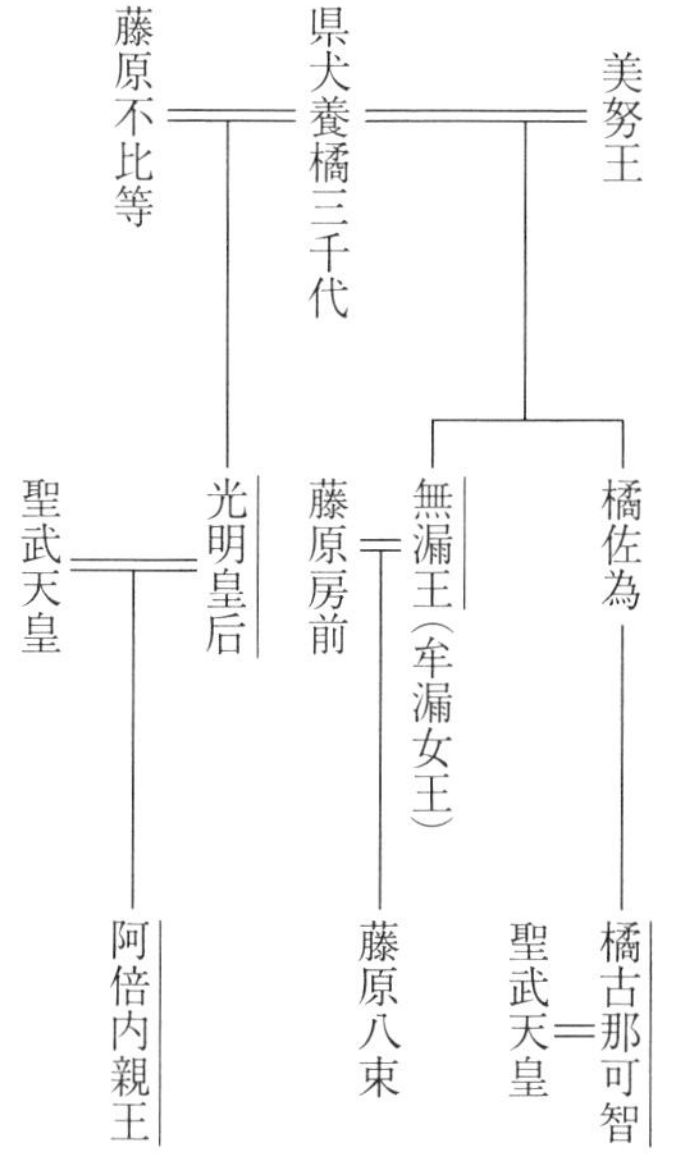

図2 東院造営関係者系図
（傍線は女性）

光明皇后のころになると、女性救済を説く「提婆達多品」を加えた法華経が普及しており、太子忌日の法華経講讃が企画されたのも、女性としての関心から出ているのではないであろうか。奈良時代の法華経信仰は、必ずしも女性救済を意識したものでなかったとする意見も有力である[6]が、光明皇后の発願した法華寺が尼寺であったことからみても、単なる一般的信仰だけに基づくとはいえないであろう。

法隆寺の東院は、このような女性たちの太子信仰が結実したものであった。しかも夢殿をはじめとする建築は、全く唐風の新しい様式であったが、そこには飛鳥時代の観音像(いわゆる救世観音)が祀られ、三経義疏をはじめとする太子の遺品が、真偽とりどりにせよ集められた。唐風文化全盛の天平時代に、こうした太子記念堂ともいうべき伽藍が営まれたのは、一般的にも太子尊崇の流れがただならぬ勢いになっていたことを物語っていよう。

二　道慈と太子信仰

ではこのような太子への尊崇は、いかにして育まれたのだろうか。橘三千代や光明子が仏教文化の早く開けた河内国で生まれ育ったことや、光明子が渡来系の安宿《あすかべ》氏に養育されたらしいことは、河内の石川郡に太子の墓(磯長《しなが》陵)があることとあわせ、河内の仏教文化に太子信仰の育つ土壌があったことを示唆する。(7)

しかし道筋は一つとは限らない。注目されるのは道慈の存在である。道慈が天平八年の法華経講讃で講師となっていることはさきにみたが、彼は学統からいうと三論宗に属する。七世紀半ば以降の法隆寺では、この学派の高僧が活躍した。三論宗の第二祖、智蔵が唐留学から帰って本拠としたし(『三論祖師伝』下)、その実父である福亮も、太子の岡本宮を法起寺とするのに尽くすなど(法起寺塔露盤銘)、斑鳩を活動の場とした。道慈は智蔵に師事した人で、斑鳩に隣接する額田部《ぬかたべ》の地方豪族出身でもあり、早く聖徳太子の事績や伝承に親しんでいたことであろう。

道慈が、思いのほか太子信仰と深い関わりをもつことは、大安寺の縁起からもわかる。平城京内で、薬師寺に相対する大寺として威容を誇った大安寺は、聖徳太子草創という伝えをもっている。天平十九年(七四七)の大安寺伽藍縁起幷流記資財帳によれば、大安寺の源は、太子の創建した熊凝《くまごり》道場にあり、それが七世紀前半の百済大寺、同後半の高市大寺、大官大寺へと受け継がれ、平城京の大安寺となった。

この大安寺の寺容を、唐の西明寺に倣って整備した功労者が道慈その人である。熊凝道場は、道慈の出身地である額田部にあったとされている。実態が不明なため、その存在は道慈らの作為から出たものとする説もあるが、いずれにせよここでも道慈は聖徳太子とつながっている。

一九九七年、桜井市でみつかった吉備池廃寺は、百済大寺の跡と考えられているが、この寺では法隆寺創建時の瓦と同じスタンプを使って文様を表した軒平瓦の使われたことがわかっている[8](図3)。法隆寺系の瓦文様が飛鳥地方でみつかるのは珍しい。熊凝道場から百済大寺への展開も、簡単に作り話とはいえないであろう[9]。

興味深いのは、この道慈の影が法隆寺自体にも見出せることである。道慈は養老二年(七一八)に唐留学から帰り、新しい三論の学風を伝えたが、その学派とみられる別三論衆が、法隆寺には置かれていた。法隆寺には養老三年に唐から請来された檀像や舎利が納められたが(法隆寺伽藍縁起幷流記資財帳)、これも道慈帰朝との関係が考えられなければならないであろう。天平八年の法華経講師という役どころも、偶然ではないというべきである。

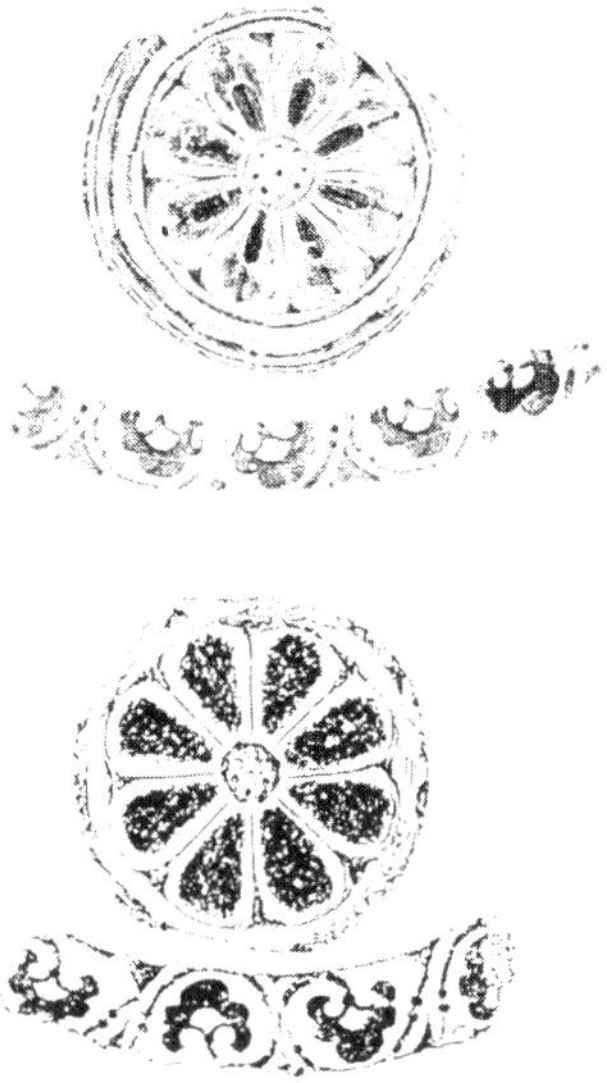

図3　吉備池廃寺(上)と若草伽藍の軒瓦

しかも見逃してはならないのは、道慈が天平九年ごろまで、藤原氏と密接な関係にあったことである。この時期は、藤原不比等の四人の息子たちが政治を主導していた。光明子の兄弟たちであり、房前もその一人である。道慈は、この四子が政権を握った天平元年に律師に昇進、同九年に四子がそろって病没すると、その職を辞するというように、この体制と表裏一体の立場だったとみられる。もっとも律師辞任を疑う見解もあるが[10]、さきの大安寺の資財帳に「前律師」とみえるのは、辞任した結果とみてよい。資財帳作成の時点では彼はすでに没していたが、律師在任のまま没したのなら、肩書は単に「律師」か「故律師」でよく、「前律師」はかえって不自然である。

この時期までの道慈は、藤原氏の氏寺である興福寺(藤原寺)に住し、光明皇后が天平六年に、母三千代の菩提のため建立した興福寺西金堂の造営にも、影響力を発揮したらしい[11]。こうしてみてくると、太子信仰が浸透してくる要因として、従来いわれている行信の働きかけだけでなく、三千代・光明子、さらには広く藤原氏と道慈を結ぶ線も、また重視されねばならないと思われる。

道慈は、新訳の金光明最勝王経を日本に持ち帰ったとされ[12]、大安寺では大般若経会を恒例化するなど、奈良時代の護国仏教を代表する僧の一人である。その太子信仰は、橘氏や藤原氏に限らず、さらに広い影響を与えたはずであるが、それを探るのは今後の課題であろう。なお道慈が入唐以前の若いころから、この信仰をもっていたことは、まずまちがいない。太子への宗教的な尊崇は、この点からいっても、相当古くから具体化していたとみてよい。

奈良時代末以降、聖徳太子が中国・南北朝時代の高僧・慧思《えし》の生まれかわりとする伝えが一般化するが、それも道慈の唐からの帰国(七一八年)に関わって、八世紀前半にはすでに固まっていた形跡がある[13]。いくら古代のことといえ、没後たかだか数十年で、ここまで神格化された聖徳太子とは、やはり並はずれた人物だったのではないかという思いを禁じえない。聖徳太子信仰の歴史を遡ってゆくことは、同時に太子の実像に迫ってゆく試みだともいえるのである。

（1）　この銘文の史料価値については、拙稿「法起寺塔露盤銘」（『日本古代金石文の研究』岩波書店、二〇〇四年）参照。
（2）　坂本太郎「列聖漢風諡号の撰進について」（『日本古代史の基礎的研究』下、東京大学出版会、一九六四年）。
（3）　この史料の名称は後世（おそらく江戸時代）のものであるが、この場合の「皇太子」は聖徳太子をさし、「皇太子御斎会」は聖霊会を意味する。
（4）　拙稿「初期の太子信仰と上宮王院」（石田尚豊他編『聖徳太子事典』柏書房、一九九七年）。
（5）　同右。
（6）　吉田一彦「竜女の成仏」（大隅和雄・西口順子編『シリーズ　女性と仏教』二、平凡社、一九八九年）、本郷真紹「「国家仏教」と「宮廷仏教」」（同上三、同年）。
（7）　拙稿注（4）前掲論文。
（8）　奈良国立文化財研究所飛鳥資料館『幻のおおでら――百済大寺』（一九九九年）、奈良文化財研究所『吉備池廃寺発掘調査報告　百済大寺跡の調査』（二〇〇三年）。
（9）　拙稿「ほんとうの聖徳太子」（網野善彦編集協力『ものがたり　日本列島に生きた人たち　3　文書と記録』岩波書店、二〇〇〇年）、同「日唐交流と聖徳太子信仰――慧思後身説をめぐって」（関西大学東西学術研究所『東と西の文化交流』二〇〇四年）。
（10）　星野良史「道慈伝の成立と大安寺」（佐伯有清先生古希記念会編『日本古代の祭祀と仏教』吉川弘文館、一九九五年）。
（11）　森下和貴子「藤原寺考」（早稲田大学『美術史研究』二五冊、一九八七年）。
（12）　井上薫「道慈」（『日本古代の政治と宗教』吉川弘文館、一九六一年）。近年この経の舶載について、新羅経由の別ルートの可能性を説く論者もある。皆川完一「道慈と『日本書紀』」（『中央大学文学部紀要』一九一、二〇〇二年）、勝浦令子「『金光明最勝王経』の舶載時期」（続日本紀研究会編『続日本紀の諸相』塙書房、二〇〇四年）参照。これは一理ある推定ではあるが、本文でふれた興福寺西金堂の造営が、同経の所説を造形化した確認できる初例であることからしても、井上説は簡単には捨てがたい。亀田孜「吉祥天像と上代の金光明経の美術」（『日本仏教美術史叙説』学芸書林、一九七〇年）参照。
（13）　拙稿「日唐交流と聖徳太子信仰」（注（9）前掲）。

4　『令集解』に引かれた奈良時代の請事・起請

『令集解』に引かれた『古記』『令釈《りょうしゃく》』などの私記には、令文解釈の根拠として、請事《しょうじ》・請辞・起請辞などの語句を引用する場合がみられる。また『続日本後紀』『三代実録』『類聚三代格』等平安時代初期の史料にもしばしば同じ語句がみえるが、それらについての考証はいまだほとんど行われていない。本稿ではこれら請事・請辞・起請辞をとりあげ『令集解』を中心として、その性格について私見を述べてみたいと思う(1)。

一　請事・起請の実例

国史大系本『令集解』を披閲して管見に入った請事・請辞・起請辞の例は左の通りである(2)。

(イ)一云、請辞云、国司公廨田、若不得、随不得而給大税也　(田令31在外諸司条『古記』、三七六頁)

(一に云わく、請辞に云わく、国司の公廨《くげ》田、若し得ざれば、得ざるに随いて大税を給う也)

(ロ)養老三年、諸国按察使等請事、答、官判云、諸国卒飢、給義倉穀、五百斛以下二百斛以上聴之、若応数外給者、使専知状、且給且申、若義倉不足、用税聴之　(賦役《ぶやく》令9水旱条、三九九頁)

(養老三年、諸国按察使等請事、答う、官判に云わく、諸国卒《にわ》かに飢え、義倉穀を給わんに、五百斛《こく》以下、二百斛以上は聴《ゆる》せ。若し応に数外に給うべくば、使い状を専知し、且つ給い且つ申せ。若し義倉足らざれば、税

を用いることを聴せ）

(ハ)問、充雑役免課役之色米免不、答、可免也、上匠丁年不輸故也、請辞曰、運調庸舂税之類不云也、但作新池堤及倉他処路橋之類者、充雑徭　（賦役令39斐陀国条『古記』、四三九頁）

（問う、雑役《ぞうやく》を充て課役《かやく》を免ずるの色《しき》、米は免ずるや不《いな》や。答う、免ずべき也。匠丁に上る年、輸《いた》さざるの故也。請辞の日、調庸・舂税を運ぶの類は云わざる也。但し、新たなる池堤及び倉、他処の路橋を作るの類は、雑徭《ぞうよう》を充つ）

(ニ)古記云、余降一等、謂贈官従五位嫡子従八位下、庶子不在叙例、起請辞云、凡蔭子者、不在叙初位之例、但今行事未知　（選叙令33贈官条、五一一頁）

（古記に云わく、余は一等を降せ。謂うこころは、贈官従五位の嫡子は従八位下、庶子は叙する例に在らず。起請辞に云わく、凡そ蔭子《おんし》は、初位に叙する例に在らず。但し今の行事は未だ知らず）

(ホ)起請辞云、凡勲位選任者、仮令、六等以上、若才識相当者、得任五位官及六位以下官人、但不得為当位以下次官、後叙之日、若无官位者、准選无位之例、但得蔭子勲者、並拠蔭子之例、加二階叙、仮令、子従八位上叙、父正八位上叙也　（選叙令38五位以上子孫条『古記』、五一八頁）

（起請辞に云わく、凡そ勲位の選任は、仮令《たとえば》、六等以上、若し才識相当らば、五位の官及び六位以下の官人に任ずるを得。但し当位以下の次官となすを得ず。後叙する日、若し官位无《な》くば、无位《むい》を選するの例に准ず。但し蔭子の勲を得る者は、並びに蔭子の例に拠り、二階を加えて叙す。仮令、子、従八位上に叙さば、父は正八位上に叙する也）

(ヘ)古記云、問、皆依品給禄、未知、品禄法若為、答、与位同、无別也、或云、請事書云、四品以上禄准三位以上

禄例、然此事未審也　(禄令1給季禄条、六五三頁)

(古記に云わく、問う、皆品《ほん》に依りて禄を給え、と。未だ知らず、品禄の法は若為《いかん》。答う、位と同じ。別无き也。或いは云わく、請事書に云わく、四品以上の禄は三位以上の禄の例に准ずと。然れども此の事未だ審かならざる也)

請辞が起請辞と同じものをさすことは、その文字の類似からして容易に推測できよう。請事と起請辞・請辞が同一のものであることは次の例によって明らかとなる。

(ト)釈云、仮令、遠国十二月卅日以前納訖、路程合卅日、此程内死者不合免、又起請土調、文已造訖後死者、申別紙従大蔵省却還也　(賦役令3調庸物条、三八八頁)

(釈に云わく、仮令、遠国は十二月三十日以前に納め訖《おわ》る。路程合せて三十日、此の程内に死さば免ずべからず。又起請土調、文已《すで》に造り訖りて後に死さば、別紙に申し大蔵省より却還する也)

(チ)古記云、問、未発本国間、有身死者、其物却還、未知、為処分、答、仮令、遠国十二月三十日以前納訖、路程合卅日、此程内死者、不合免、文請事云、請調文、若案成者、申別紙及案記云　(同右)

(古記に云わく、問う、未だ本国を発せざるの間、身死すること有らば、其の物は却還す。未だ知らず、為処《いかに》分するや。答う、仮令、遠国は十二月三十日以前に納め訖る。路程合せて三十日、此の程内に死さば、免ずべからず。文請事に云わく、請うらくは、調文若し案成らば、別紙に申し及び案記せんことを、と云う)

(ト)(チ)の「不合免」以下は、刊本のままでは意味が通じない。この部分は両私記とも、調文(調帳の謂か)[3]ができあがって後、貢調者に死欠があったとき、その旨を別紙によって申請し、大蔵省より調物の返却をうけることを述べているのであるから、不明の箇所もほぼ同一の語句でなければならない。(ト)の「又起請土調、文已造訖後死者」は「又起請二云、調文已造訖後死者」、(チ)の「文請事二云」は「又請事二云」の誤りとするのが妥当であろう。国史大系本はひとこともふれていないが、三浦周行氏校訂の国書刊行会本では、(チ)の部分を、底本である三浦氏所蔵校本によって「又請事二云請調文」とし、頭注に「又」を「文」あるいは「人」につくる写本のあることを示している。文が攵と書かれ、土が圡と写される場合は少なくない。又・文、土・云の誤写は、字体の類似よりきた生じやすい誤りである。この段の文章の誤りを上のように訂してみると、『令釈』にいう起請が『古記』の請事と同一物をさすことが知られよう。請辞・請事・起請辞・起請は、文字こそ違え、さすところは一つであるとみてよい。

二　請事・起請の意味

この請事というものの意味を知る上に示唆を与えるのは、前掲(ロ)の文である。(ロ)は養老三年(七一九)の諸国按察使の請事であって、内容は緊急時における義倉穀と正税《しょうぜい》の支給法を規定している。これはおそらく『続日本紀』養老三年九月丁丑条の左の記事と関連しよう。

六道諸国遭レ旱飢荒、開二義倉一賑恤之

諸国において賑恤《しんじゅつ》を行ったのを機に、「卒飢」の際の賑給《しんごう》法を定めたのが先の請事であり、それは諸国を管する立場にあった按察使によって申請されたのではなかったかと思われる。この申請をうけて太政官が細則を定めた。「答、官判」云々とあるのはその意味であろう。従って請事とは政務に関する申請であり、ひいては申請の結果示される裁定を意味したと解される。(4) この点からすれば、請事は法令に准ずるものと考えてよいであろう。(5) 前掲の諸例のうち、(チ)などは請事の原形をとどめる。すなわち「請ウラクハ、調文若シ案成ラバ、別紙ニ申シ及ビ案記センコトヲ」というような形式の文章であったろう。

三　請事・起請の内容

請事・起請の意味についてはなお後に再説することとし、次に『令集解』に引かれた請事の各々について内容的な特徴を述べてみよう。

(イ)は『古記』一云の引くもの。田令31在外諸司条には、在外諸司に職分田《しきぶんでん》を給することを定めるが、職分田とすべき田を欠いたときの措置は示さない。(イ)はこれを補う規定である。『古記』一云が引いているところから『古記』成立以前のものであり、「公解《くげ》田」(養老令では職分田)「大税」とあることからも、大宝令制下の規定であることは疑いない[6]。

(ロ)については、上述した通りである。

(ハ)も『古記』所引で、その成立以前のものと考えうる。『古記』が請辞の文を忠実に引用したかどうかは疑問であるが、前段の問答に関連して、雑徭をあてる労役とそうでない労役を請辞に基づいてあげたものであることは明らかである。本文に「請辞日」とあるのは、このままで「請辞の定められた時」という意味に解しうるが、あるいは「請辞曰」の誤りであるかもしれない。この請辞は、調庸舂米《しょうまい》の運京には雑徭をあてず、新たに池堤や倉・他処の路橋を造作する類には雑徭をあてると定めていたのであろう。これも賦役令37雑徭条の規定では明確でない雑徭適用範囲の一部を定めたものといえる。この請辞に関係して注目されるのは、『令集解』同条にみえる『古記』の解釈である。周知の通り『古記』は、そこで雑徭をあてるべき労役とそうでない労役を細かに分類している。その中で『古記』は、令条に定められていて雑徭をあてない労役の一つとして調庸舂米の運京をあげ（A¹）、また臨時の差役であって雑徭をあてるべき労役（C）として、

(イ)作新池隄及倉庫他界路橋（新たなる池隄及び倉庫、他界の路橋を作る）

(ロ)御贄獦贄送（御贄・獦贄《かりにえ》を送る）

(ハ)公使上下逓送従馬等類（公使上下の逓送、従馬等の類）

をあげている。[7] このうちA¹やC(イ)は、先にみた『古記』所引の請事(ハ)と同趣旨である。雑徭条『古記』が試みている分類の基準については既に幾多の学説があるが、少なくとも前掲の二者は、『古記』が請辞の規定を参照して分類を行っていると解せられよう。[8] 請事は公的な裁定を含み、その意味では一種の法令ともいえるから、奈良時代前半のある時期には、実際にA¹には雑徭をあてず、C(イ)に雑徭をあてるという原則が行われたと考えてよい。その時期をいつと定めることはむずかしいが、舂米の運京に雑徭をあてないという『古記』の解釈については、神護景雲二年（七六八）二月二十日の太政官符[9]に引く諸国百姓《ひゃくせい》の上言に、

運舂米者、元来差徭、人別給粮、而自天平勝宝八歳以来、徭分輸馬令運

（舂米を運ぶは、元来徭を差し、人別に粮を給す。而れども天平勝宝八歳より以来、徭の分に馬を輸し運ばしむ）

とあり、実態がかなり古くから『古記』の解釈とは異なっていたらしいことが推測されている。[10]『続日本紀』神亀元年（七二四）三月甲申条によれば、このとき「朝集使在京及非時差使、除レ運ニ調庸一外、向レ京担夫等」に公粮が給されているから、おそらく舂米の運京に雑徭があてられるようになったのはこれ以後のことであろう。[11] 従ってこの請辞が有効であったのは、ほぼ養老年間以前と考えられる。『古記』の解釈がどの程度実態に即しているかは別としても、その分類の一部が養老年間以前の請辞に基づいているという事実は、雑徭条『古記』の分類全体を考える上に一応留

意されるべきであろう。

(ニ)の起請辞は選叙令38蔭子孫条の補助的規定ともいうべきもので、蔭子は初位に叙されないことを定めている。ただ神亀五年三月に内外位制が制定されて以後は、蔭子を初位に叙する例が生じたので、[12] この起請辞はそれ以前のものと推定できる。『古記』が「但今行事未知」とするのも、『古記』成立時にはすでに実効を失っていた証かともみられよう。

(ホ)は帯勲者の選叙法に関する細則で、同じく『古記』に引かれている。令には勲六等以上の帯勲者の選叙について規定がないので、これを補ったものといえよう。「選任」は大宝令の語と一致する。[13]

(ヘ)にみえる請事は、令(禄令1給季禄条)に規定のない有品位者に対する禄法を明確化したものである。「或云、請事書云」とあるので、これだけでは請事が『古記』の引用か否かにわかに定められないが、この条の『令釈』には、

釈云、皆依官位給禄、依官位令給耳、仮如、三品四品同任大宰帥八省卿、任帥者給三位禄、任卿者給四位禄、或説、三品四品同准正三位者、此依前令依品位給禄乎

(釈に云わく、皆官位に依りて禄を給え。官位令に依りて給うのみ。仮如《たとえば》、三品・四品、同じく大宰帥、八省卿に任ず。帥に任ずるは三位の禄を給う。卿に任ずるは四位の禄を給う。或る説、三品・四品、同じく正三位に准ずというは、此れ前令に依り品位に依りて禄を給うか)

とある。『令釈』が前令(大宝令)に依拠したと推定する「或説」の内容は、請事のそれと同趣旨である。先の請事はやはり『古記』の引用するところであって大宝令制下のものと解してよいであろう。ただこの規定は、法令としてさほど有力な意義があったとは考えにくい。その理由としては、季禄は職事《しきじ》官に与えられる定めであるのに、知太政官事を除くと奈良時代前半に職事の親王が存在しなかったこと、知太政官事に任ぜられた親王の禄は、『続日本紀』慶

雲三年(七〇六)二月辛巳条によると、右大臣(従二位相当)に准じるとされたことなどを挙げうる。現実に三品四品の親王に季禄を給するということは起こらなかった。この請事は、内容からみて慶雲三年二月の規定より一般的であり、おそらくそれ以前に、令文の不明確な点を補うという法解釈上の目的から定められたのではなかろうか。この推定が正しいとすれば、請事の中には、大宝令制施行当初に、令意を明らかにする必要から定められたものも含まれていたとみることができよう。[14][15]

(ト)(チ)は前述の通り同一の請事である。これも『古記』の成立以前というのみで、その年代は明らかにし難い。内容については上に述べた通りであって、令条を補った細則といえる。

以上のようにみてくると、請事・起請には、令の規定などを施行する上に足らざるを補い、あるいは細則を定めるといった性格の濃厚であることが知られる。それは「式」的なものといいかえてもよかろう。[16]奈良時代の起請としては、『令集解』所収のもの以外に、『延暦交替式』所収の左のような起請がある。

諸国朝集使起請

一欠負一斛二斛、又欠負与欠損一斛二斛

答、欠負一、欠負与欠損二

一水旱不熟之年出挙雑物、未知雑物色

答、稲粟麦等類

一仮令天平勝宝六年交替之人、関正税事者以当年公廨塡之者、前人関出挙、後人関収納、未知後人関以不

答、前後之人倶関

一公廨有余者依例処分者、未知誰処分、又前後人共有分以不

答、今人為処分、又倶有分

一縦欠物巨多、公廨物数少、猶不得塡納者、具状申官者、未知未納巨多、又申官以不

答、当水旱不熟之年、聴申官

一欠損物者、一准動物推徴者、不縁漏腐、別有欠損、未知猶准動物徴以不

答、非縁漏腐、無可有別欠損

以前事条、処分如件

天平勝宝七年七月九日(17)

(諸国朝集使起請

一、欠負は一か二か。又欠負と欠損とは一か二か。

答う、欠負は一、欠負と欠損とは二。

一、水旱不熟の年、雑物を出挙《すいこ》す、未だ知らず雑物の色。

答う、稲、粟、麦等の類。

一、仮令《たとえば》天平勝宝六年交替の人、正税の事に関わらば、当年の公廨を以て之を塡《う》むといへり。前人出挙に関わり、後人収納に関わらば、未だ知らず、後人関わるやいなや。

答う、前後の人倶に関わる。

一、公廨余り有らば、例に依りて処分すといへり。未だ知らず、誰か処分するや。又前後の人、共に分有るやいなや。

答う、今人処分を為す。又倶に分有り。

一、縦えば欠物巨多にして、公廨物の数少なく、猶塡納することを得ざれば、状を具して官に申せといへり。未だ知らず、未納巨多、又官に申すやいなや。

答う、水旱不熟の年に当たらば、官に申すを聴す。

一、欠損物は、一に動物に准じて推徴すといえり。漏腐に縁《よ》らず、別に欠損有り、未だ知らず、猶動物に准じ徴《はた》るやいなや。

答う、漏腐に縁るに非ざれば、別の欠損有る可からず。

以前の事条、処分すること件の如し。)

この起請の性格も、前掲の請事・起請とさほど異質ではなく、『交替式』に収められたことよりしても、施行細則と呼んで大過なかろうと思う。

四 請事・起請の概念

ところで「請事」「起請」などの語は、元来単なる発議・申請の意であって、特定の形式を備えた文書・法令をさすものではない[18]。たとえば平安時代の例では、正史や『類聚三代格』などに官司や個人の発議＝起請がしばしばみられ、これらに対して裁定が下されている。また「望請」云々の文言を伴う上申は枚挙にいとまのないほどである。しかし『令集解』所引の請事がこれらと同じもので、格ないし官符と同一視してよいかどうかは疑問である。『古記』『令釈』が法令を引用する場合、格・太政官符・太政官奏・太政官処分・太政官宣・例・式などとするのが通例であり、通常の格・官符等や、あるいはそれらの一部を、ことさら「起請」「請事」と呼ぶべき理由は見当たらないからである。『延暦交替式』に勝宝七年諸国朝集使起請が収載されている以上、「起請」が独自の概念として存したことは疑うべきでなかろう。それでは上記のような施行細則が請事・起請として区別されたのは何によるか。奈良時代の請事・起請については、他に関係する史料がほとんどないので、比較的史料の残る平安時代の起請を手掛りとして、以下に起請・請事の概念を考えてみたい。

まず正史と『三代格』にみえる起請を列挙すると別表のようになる。(19)

	典拠	年月日	名称	裁下手続	施行形式	三代格その他	備考
1	三代格309	大同元10・12	陸奥出羽按察使坂上田村麻呂起請		奉勅官符		
2	同右275	同　元10・18	陸奥出羽按察使起請		同右		
3	同右288	同　4 9・27	観察使起請事十六条		同右	紀略	
4	同右259	弘仁10 12・21	造式所起請		同右		
5	同右123・160・264	弘仁10 12・25	同右		同右		もと一連のものか
6	類史267	天長2カ	勘解由使起請	引用のため不明	同右	三代格121	天長2年5・25格所引
7	続後紀	天長8	民部省起請	内容が伝わらぬため不明			承和元年5・癸亥条所引。本文伝わらず。
8	同右	承和9 8・丙子	大宰大弐藤原衛起請	「報曰」とあり			
9	三代格529	同　11 3・1	五畿内諸国校田使起請		太政官符		
10	三実	貞観5 9・25	勘解田使庁起請二条	太政官処分	同右	三代格141・375 要略338	官符(同日付)では「勘解由使解」
11	同右	同　6 3・8	律師最教等起請四事	同右			
12	同右	同　8 正・23	撰格所起請	勅	奉勅官符	三代格593	
13	同右	同9カ	勘解由使起請	引用のため不明	同右	三代格242・243	元慶4年10・7条所見の貞観9年11・11格に引用。格では「勘解由使解」
14	類史267	同　10 6・26	撰格所起請十三条	省文のため不明	同右	三代格7・27・28・35・121・233・269・301・303・318・541・572・603	三実同日条は類史による補入、格は6・28付。

15	三実	同 12 2・23	大宰大弐藤原冬嗣起請四事	詔	同右	三代格556・566	
16	同右	同 12 3・16	対馬嶋守小野春風起請二事	同右			
17	三代格562	同 12 5・2	大宰大弐藤原冬嗣起請		同右		
18	同右249・272・322・344	同 12 12・25	造式所起請		同右	要略459・480・501	もと一連のものか。
19	三実	同 15 12・23	陸奥守安倍貞行起請三事	太政官処分			
20	同右	同 16 9・14	検非違使起請五条	勅	同右	三代格635	
21	同右	同 16 12・26	同右　二条	記載なし	同右	三代格423・646	
22	同右	同 18 3・9	大宰権帥在原行平起請二条	奏可			
23	三代格556・585	同 18 3・13	同右		同右		もと一連のものか。
24	三実	同 18 7・23	弾正台起請二事	詔	同右	三代格643要略663	官符では「弾正台奏状」
25	同右	元慶 6 6・3	権僧正遍照起請七条	勅	同右	三代格135類史282要略48	要略373仁和元年3・21符所引の遍照奏状もこの一部か。

＊ 続後紀(『続日本後紀』)、三実(『日本三代実録』)、類史(『類聚国史』)、紀略(『日本紀略』)、三代格(『類聚三代格』)、要略(『政事要略』)などの略称を用いた。数字は国史大系本の該当頁である。

＊ (18)の造式所起請は、三代格成立以後の追筆と考えられるが、便宜ここに掲げた。吉田孝「類聚三代格」(『国史大系書目解題(上)』吉川弘文館、一九七一年)参照。

＊ 現存の三代格には欠失があり、(8)(11)(16)(22)などがその欠失部分に格として含まれていた可能性も想定はできるが、滝川政次郎「九条家弘仁格抄の研究」(法制史論叢第一冊『律令格式の研究』角川書店、一九六七年)によると、それらは選叙・勘籍・学校・帳内資人・考課・服章儀礼の六類に関係するもののようであるから、現存の編目をも勘案すると、その蓋然性は極めて少ないであろう。

起請は上述のように発議という意味にすぎないから、文書としてはまた別に形式があったに相違ない。相田二郎氏は、起請の際に用いられる文書の形式について、急を要する場合は飛駅下式による奏文、通常の場合は解文《げぶみ》であろうと推測されている。[20] 表に示した例をみると(10)(13)は解とも記されており、(24)(25)は奏状ともあるから、この推測は正しいといえよう。「起請」は、文書の内容より来た称呼と考えてよい。

起請と格との異同をうかがうには、正史にみえる起請が『三代格』にどのような形で収められているかを検討してみることが有効であろう。正史にみえる起請は、大別して、(甲)詔・勅によって裁下されたものと、(乙)太政官処分によって認められたものの二種になる。実例でいえば⑿⒂⒃⒇㉔㉕などが甲であり、⑽⑾⒆などが乙である。奏して可とされたという㉒は甲に、また単に「報曰」とある⑻などは乙に含めてよかろう。このうち甲類七例の内容は、『三代格』に収録のもの五例、不載のもの二例で約七割が格に採用されている。一方、乙類四例の内訳は、格に編入のもの一例に対して、不採用のもの三例である。起請が詔・勅などによって裁下されることは、起請が格となるための重要な要因であったとみてよいであろう。なお格に編入されたものは、甲類・乙類を問わず、すべて官符の形をとっている。とりわけ、正史では太政官処分として認められた乙類の⑽が、太政官処分としてではなく、太政官符として『三代格』に収められていることは注目に値する。起請が格として採用されるためには、詔・勅などによって裁下される他に、太政官符として施行されることも重要な条件であったと考えられるのである。このことは、『三代格』のみにみえる実例とも矛盾しない。即ち表に掲げた九例中八例は奉勅官符であり、残る一例も奉勅ではないが右大臣宣をうけた官符となっている。弘仁格式序によると、『弘仁格』の編纂方針は奉勅奏可を経た法令を採用するにあり、また『貞観格』『延喜格』の序によると、この両格の場合も詔勅官符が収録の対象とされている。起請についても一応このような原則が貫ぬかれていたといえるであろう。

従ってこれを逆に類推すると、同じく発議に基づくものであっても、太政官のみの判断により、官符の形をとらず比較的簡略に裁下・施行された細則は、そのまま請事・起請の名をもって呼ばれたのではないかと推察される。奈良時代については、天平勝宝七年の一例を除いて起請の全文が伝わらぬから確たることはいえないが、請事(ロ)や『延暦交替式』所引勝宝七年起請からもそのことは推測できよう。請事(ロ)に「官判」とあることは、この内容が太政官内部で決定され、太政官判として施行されたことを暗示している。全文をうかがうことのできる勝宝七年朝集使起請の場合も、単に「処分」とのみあって、特に奉勅・奏可などの手続きが伴ったとは思われない。このように単に請事・起請とあるものは、施行手続き上、格・官符とは異なり、それが発議申請によるか否かを別にすれば、太政官処分・太政官判などと同じ性格を有すると解せられよう。従って裁下後の権威・効力も、官符などよりはやや軽く、むしろ『延暦交替式』巻末の奏文にいう「官省処分、未経奏画、相承為例」(官省の処分、未だ奏画を経ざるも、相承けて例と為す)の類に近かったかと考えられる。[21] 起請・請事が比較的簡略な手続きによって施行されたらしいこと、また奈良時代については神亀以前に属するものが少くないこと(請事(ロ)(ハ)(ニ)(ヘ)は、同様に施行細則的傾向の強い法令が、奈良時代前半(特に天平期以前)に、太政官処分・太政官判・太政官宣・制などの簡略な方式で公布せられていることと[22]軌を一にしていて興味深い。

上述のように奈良時代の請事・起請には、「例」などと共通する性格が見出されるのであるけれども、「例」と請事との間には式とのつながりという点において大きな差異がみうけられる。現在収集されている「例」の中には、『弘仁式』以下の式条に対応すべきものが比較的まれではないのに、[23]現存の奈良時代の請事にはほとんどそのようなものがないのである。それには次の二つの理由が考えられる。その一つは、『令集解』から知られる請事・起請が大宝令施行下のものであり、その後の制度の変遷によって失効する場合も生じたことである。たとえば(ニ)の請事は、上述の通り、神亀五年三月の内外位制制定により意義を失った。また請事(ヘ)は、天平宝字五年(七六一)二月朔の親王の季禄支給に関する勅によって存在の意義をもたなくなったはずである。雑徭に関わる請事(ハ)もここに数えてよいであろう。しかし前掲の請事のすべてが改制によって意義を失ったということは、格や「例」の場合に照らしてもありうる事態ではなかろう。そこでいま一つの理由として注意されるのは、これらの請事の半数以上が地方政治に関わる内容を備えていることである。地方政治に関わる規定は、民部省式その他の諸司式にもみられるが、弘仁以下の式は諸司式である関係上、内容も諸司の職掌の範囲を出ない。また交替式は地方政治に関わるものではあるけれども、主として国司交替の際の手続きを定めているだけである。一方、起請(イ)(ロ)(ハ)(ト)は、国郡の政務に真接関係する規定であり、諸司式や交替式に入るべき性格のものではない。前掲の起請・請事に式とのつながりが稀薄であるのは、実効がなかったというのではなく、右のような事情に起因するところもあったと考えられよう。事実、交替事務に関する勝宝七年の起請は、式として『延暦交替式』に収録されており、また時期は降るが、平安時代の造式所起請(前掲表参照)は、勅裁をうけていずれも『貞観式』『延喜式』の条文の基礎となっている。(24)

五　請事・起請の集成

起請が収集されて政務に供された確実な例は、交替式を除くと延暦二十二年に編纂された『外官《げかん》事類』にみることができる。『外官事類』は、現在その内容が伝わらず、『本朝法家文書目録』によってその編目を知るのみである。(25)しかしほぼ同時期に撰上され題名も近似した『官曹事類』の序ならびにその逸文(26)より類推すれば、和田英松・坂本太郎両氏も述べておられる通り、大宝元年(七〇一)より延暦二十二年(八〇三)に及ぶ間の雑例中、国司の政務に関わるものを類聚した書と考えられる。(27)その内容には、『官曹事類』と同じく、『続日本紀』に漏れ省かれたものが含まれていたに相違ない。ところでその『外官事類』の目録には、

第十　郡司、起請　官牧、貢蘇

という編目がみえている。本書の場合、他の編目の細項は多く簡潔であるから、この細項も「郡司起請」ではなく、「郡司」「起請」の二項とみるのが妥当である。この起請は、上来述べてきたような起請と解して誤りはないであろう。(28)ただ法令としての起請が、すべてこの巻に収録されているかどうかは断定の限りではなく、巻第十に起請が載録され

ていたとすると、それ以外の巻にも引かれていた可能性は少なくないであろう。前掲の起請に関連していうと、既に本書巻第二には「徭役」の項があり、巻第四・第六にはそれぞれ「義倉」「舂米」の項もある。推測の域をでないが、類聚を旨とする以上、内容に応じて各巻に分類された起請も存したのではなかろうか。(29)

ともあれ起請の一部は、平安初期になると交替式、『外官事類』などの書に収録され、政務の参考とされた。前掲の請事(ヘ)に「請事書云」とあることからすれば、遡って奈良時代にも請事・起請を収集した「請事書」と呼ばれるものがあり、明法家《みようぼうか》その他に参照せられたということも考えられないではなかろう。(30)『令集解』などから拾うことのできる奈良時代の請事・起請は、文字通りの一斑であるかもしれないが、当代、特に大宝令制下の法制史料として、また『外官事類』の内容を仄見すべき資料として、看過することを得ない意義を有すると思われる。

(1) これらを史料として用いた研究には、吉田孝「律令における雑徭の規定とその解釈」(『日本古代史論集』下、吉川弘文館、一九六二年)、野村忠夫『律令官人制の研究』(吉川弘文館、一九六七年)、高橋崇『律令官人給与制の研究』(吉川弘文館、一九七〇年)などがあるが、それら自体についての論究はなされていない。

(2) 『令集解』の引用は、普及版国史大系をとらず、国史大系完成記念の新版による。

(3) 調文の語は、『延喜式』(伊勢大神宮、神郡条)、宝亀五年(七七四)図書寮解(『大日本古文書』六、五八〇頁)、『令集解』職員令3中務省条『古記』などにみえる。

(4) 三浦周行・滝川政次郎『定本 令集解釈義』(内外書籍、一九三一年)は、この請事を『類聚三代格』巻七所収の養老三年七月十九日格としているが、格は按察使の訪察すべき事条を列挙して勅許を得たものであって、請事とは内容・手続きが異なっている。請事をただちにこの格とみなすべき根拠は存在しない。

(5) 請事・起請とは、第四節に述べるように発議・申請の意である。従って申請に対する答(公的な裁定)までも請事・起請と呼ばれたかは厳密には不明であって、本文に掲げた例には、裁下されなかった請事・起請の申請部分が引用されている場合も考えられないではない。しかし『延暦交替式』『貞観交替式』所収の勝宝七年の例(第三節参照)では、「処分」をも含めて起請の名の下に収録しているので、請事・起請は裁定を含んだ称呼である可能性が高い。吏務の参考に資すべく撰ばれた『外官事類』に、起請が採録されていた事実があるが（第五節参照）、裁下されない申請をかかる書物に収録すべき意義は認められないから、『外官事類』の起請も処分を経た申請であったろう。これらの用例からみて、『令集解』所引の請事・起請も、単なる申請ではなく裁下を経たものであり、ある程度の公的な規制力を有したと解せられる。法家の解釈が往々机上の論議に走りがちであるとはいっても、却下された申請を令文解釈に援用することは考えにくい（もちろん引用された起請・請事がその時点で失効していることはありうるが）。なお請事・起請の概念・性格についてはさらに第四節を参照されたい。

（6）「公廨田」「職分田」の異同は『令集解』田令31在外諸司職分田条にみえる。なお「大税」から「正税」への用語上の変遷については直木孝次郎「大税と正税」（『奈良時代史の諸問題』塙書房、一九六八年）参照。

（7）A[1]・Cの分類は吉田孝注（1）前掲論文による。

（8）吉田孝氏が注（1）前掲論文において、請辞(ハ)を含む『古記』を引き、雑徭条の『古記』の分類が他の条にも貫徹している証とされたのは、「請辞」の意義を明らかにされなかったためであり、むしろ本文で述べたように、雑徭条『古記』の分類が請辞に影響されているとみるべきである。

（9）『類聚三代格』巻六、大同五年二月十七日太政官符所引。

（10）岸俊男「古記と雑徭」（『日本古代籍帳の研究』塙書房、一九七三年）。

（11）ただ『古記』の解釈は一貫して変わっていない。『令集解』田令2田租条にも「問、運丁雑徭免不、答、不免、己戸租舂進送故、如調庸均輸脚力運耳、唯依格公粮給」（問う、運丁の雑徭は免ずるやいなや。答う、免ぜず。己の戸の租、舂きて進め送る故なり。調庸の如きは、均しく脚力を輸し運ぶのみ。〈唯　格に依り公粮を給う〉）とある。

（12）野村忠夫注（1）前掲書、第二篇第一章。

（13）大宝令が「選任」の語を用いていたことについては、『令集解』賦役令18三位以上条『古記』の「案選任令」、『令集解』考課令7最条『古記』の「又選任令云」などで明らかである。

（14）右大臣の相当位階は正従二位であるが、当時の右大臣は従二位石上朝臣麻呂であった。従って右大臣の禄に准ずるというのは、漠然と正従二位の禄に准ずるのではなく、従二位の季禄を給したと解せられる。

（15）他の請事のうち比較的年代の古い(ハ)(ニ)などについても、同様な可能性が想定できるかもしれない。なお虎尾俊哉「「例」の研究」（『古代典籍文書論考』吉川弘文館、一九八二年）は、「例」の中に、本文で述べたような事情から制定されたもののある可能性を指摘している。

(16) 『弘仁式』序に「式則補レ闕拾レ遺」とある。
(17) この起請は『貞観交替式』にも引載されている。交替式には「今案」が附されているが、交替式撰述時のものであるので引用にあたって省略した。
(18) 相田二郎氏は、『日本の古文書』(上)(岩波書店、一九四九年)第七部において、「起請とは事を発起して、その実行を他に向つて請ふことであ」ると述べておられる。『延喜式』(宮内省)にみえる請事(国史大系本、七五四頁三行目)はその一例であって、後の置文・掟に類する起請や、神仏に対する誓詞とは同じくない。佐藤進一『古文書学入門』(法政大学出版局、一九七一年)には語義の変遷に関する解説がみえる。なお「請事」の語については、宋の晁公武が著わした『郡斎読書志』巻七、唐六典の条に、「観㆓唐会要㆒、請事者、往々援拠、以為レ実」とあり、『唐会要』所載の「請事」が往々『唐六典』を援用する旨を述べているので、臣下の発議をさして「請事」ということは、大陸に起源を有すると推測される。
(19) ここに掲げた以外に、『類聚国史』巻一四七所引の『日本後紀』天長十年二月壬申条に、右大臣清原夏野等が「校㆓読新撰令釈疑義㆒起請」したことがみえ、『三代格』六四二頁、六四四頁に「起請」の語がみえる。これらはいずれも問題点を上申したり、解によって政策を発起する行為をさして用いられており、直接法令に関係する用法ではないので、考察の対象からは除外した。
(20) 相田二郎注(18)前掲書。
(21) なお『北山抄』巻十にも、国司の政務に関する延長・天暦などの起請の一部がみえる。これらも法令をさすことは確かで、時代はやや降るが、ここに述べた起請と同じように解してよいものであろう。
(22) 虎尾俊哉注(15)前掲論文、山田英雄「奈良時代における太政官符について」(『日本古代史攷』岩波書店、一九八七年)参照。
(23) 虎尾俊哉注(15)前掲論文。
(24) 宮城栄昌『延喜式の研究』論述篇(大修館書店、一九五七年)九九頁、一一四頁他参照。
(25) 和田英松『本朝書籍目録考証』(明治書院、一九三六年)参照。
(26) 和田英松『国書逸文』(森克己、一九四〇年。新訂増補版、国書刊行会、一九九五年)所収。
(27) 和田英松注(25)前掲書、坂本太郎『六国史』(吉川弘文館、一九七〇年)。岩橋小弥太氏は、『上代史籍の研究』第二集(吉川弘文館、一九五八年)において、収載年月の不一致、内容の一部重複を理由に、『官曹事類』と『外官事類』との関連を否定されている。しかし収載期間は内容に応じて必ずしも一致する必要はなく、また内官の事類に外官の項目があることは、吏務の都合上当然とも考えられる。両書一具ではないとしても、書名の類似からして、『外官事類』が『官曹事類』に対するものとして編まれたことは認めてよかろう。

(28)　仮にこの細項が「郡司起請」であるとしても、これが「郡司の発議」やさらには「郡司の誓詞」であるはずはなく、「郡司に関する法令としての起請」と解すべきである。

(29)　なお、先にふれた『官曹事類』にも請事・起請の内容が登載されていた可能性はある。

(30)　『令集解』所引の請事の中に「凡」を冠して始まるもの(ニ)(ホ)があるのは、かかる収集・整理を想定すべき材料となるかもしれない。

(**補注**)本論文は著者二十代の旧稿であるが、発表を契機に吉田孝氏や早川庄八氏の目にとまり、吉田孝「雑徭制の展開過程」(『律令国家と古代の社会』岩波書店、一九八三年)、早川庄八「起請管見」(『日本古代の文書と典籍』吉川弘文館、一九九七年)などに取りあげられたのは幸いであった。あわせて参照されるよう希望する。

5　律令と孝子伝
――漢籍の直接引用と間接引用――

一　はじめに

小島憲之博士が残された数ある業績の中で、あまり目立つ存在ではないが、孝子伝の受容に関する研究がある。[1]博士は『令集解』など令の注釈に引かれた孝子説話を素材に、中国の孝子の伝記類が官人層に必須の教養として受容され、上代文学のさまざまな分野に影響したことを明らかにされている。上代文学の分野において、孝子説話と文学の関係を本格的にとりあげた最初の研究であったといってよいであろう。その後この主題が充分に究明されているかといえば必ずしもそうではなく、むしろ中世文学の方から、近年黒田彰氏が研究を出されている程度である。[2]この小考では、筆者の専門に関わり深い律令との接点から、孝子説話の受容を見直し、管見を記して、小島博士の遺業をしのぶよすがとする。

二　緹縈の故事と律

孝子説話の受容を考えるとき、官人の一般的な教養ということもさることながら、律令条文との直接的な関連を見逃すことはできない。即ちまず名例《みょうれい》律6八虐条には、

> 七曰、不孝。謂、告二言詛詈祖父母父母一、及祖父母父母在、別レ籍異レ財、居二父母喪一、身自嫁娶、若作レ楽、釈レ服従レ吉、聞二祖父母父母喪一、匿不二挙哀一、詐称二祖父母父母死一、姦二父祖妾一。

という条文があり、また賦役令17孝子順孫条には、

> 凡孝子・順孫・義夫・節婦、志行聞二於国郡一者、申二太政官一奏聞、表二其門閭一。同籍悉免二課役一。有二精誠通感者一、別加二優賞一。

という定めがある。たとえ実効性がどのぐらいあったか問題はあるとしても、このような条文が立てられてある以上、孝とはいかなる概念であり、孝子、順孫とは具体的にどのような人物像を考えるべきかということは把捉されている必要がある。為政者や官人たちにとって、孝や孝子に対する知識は、遅くとも律令の全面的に施行された大宝二年(七〇二)以降、必須のものになったといえよう。[3] ただ孝という概念は、人間一般に存在する親への敬愛の念に基づいており、その意味では普遍的性格を備えている。また中国的な孝についても、すでに早くから受容されていたことは、聖徳太子の作と伝える憲法十七条の内容からも推定できる。従ってすでに既知の教養であったといえなくもなかろう。[4] ただ周知の通り、中国で発展した孝は、一般的な人間感情とは乖離した特殊な側面をもっており、家父長制大家族の存在を前提とする中国の伝統的社会に根ざした特異な規範である。[5] 日本のように社会の性格が全く異なる場合、これ

を理解するには多大の困難が伴ったはずである。順孫や義夫の表彰例がないのも、それを示す。日本における孝の受容が、時代を経てもなお常識的な親孝行というレベルにとどまったのも、その受容の限界を示しているといえよう。そのような事情があるだけに、律令制下における孝の受容には、結果的に不充分なものとなったにせよ、格別な配慮と努力が払われたに相違ないと考えられる。

その点で特に注目されるのは、名例律の「不孝」のような例示規定のない、賦役令の場合である。「孝子、順孫」について、何らかの具体的イメージが提示されねばならなかったであろう。『続日本紀』養老四年(七二〇)六月己酉条にみえる事件などは、おそらく孝子とはいかなるものかを一般に示し、これを顕彰する意味をもったと考えられる。

己酉、漆部司令史従八位上丈部路忌寸石勝、直丁秦犬麻呂、坐レ盗二司漆一、並断二流罪一。於レ是、石勝男祖父麻呂年十二、安頭麻呂年九、乙麻呂七、同言曰、父石勝為レ養二己等一、盗二用司漆一、縁二其所一レ犯、配二役遠方一。祖父麻呂等為レ慰二父情一、冒レ死上陳。請、兄弟三人、没為二官奴一、贖二父重罪一。詔曰、人稟二五常一、仁義斯重。士有二百行一、孝敬為レ先。今祖父麻呂等、没レ身為レ奴、贖二父犯罪一、欲レ存二骨肉一。理在二矜愍一。宜下依レ所レ請為二官奴一、即免中父石勝罪上。但犬麻呂、依二刑部断一、発二配処一。

漆部《ぬりべ》司の漆を盗んだ同司の令史、丈部路忌寸石勝について、その息子たちが官奴に身を落とし父の罪を贖おうと願い出て、それが聞き届けられたというのであるが、すでに『続日本紀』の注で指摘されている通り、[6]これには中国に類似の先例がある。即ち斉の淳于公の娘緹縈《ていえい》の話がそれであって、『史記』扁鵲倉公列伝や『漢書』刑法志にみえている。次に『漢書』の文を示そう(『史記』もほぼ同文)。

(孝文帝)即位十三年、斉太倉令淳于公、有レ罪当レ刑、詔獄逮二繫長安一。淳于公無レ男、有二五女一。当二行会一レ逮、罵二其女一曰、生レ子不レ生レ男、緩急非レ有レ益也。其少女緹縈、自傷悲泣、廼随二其父一、至二長安一上書曰、妾父為レ吏、斉中皆称二其廉平一。今坐レ法当レ刑。妾傷夫死者不レ可二復生一。刑者不レ可二復属一。雖三後欲二改レ過自新一。其道亡レ繇也。妾願没入為二官婢一、以贖二父刑罪一、使レ得二自新一。書奏二天子一。

緹縈が官婢となって父の罪を贖いたいと上書したことに感じた孝文帝は、肉刑を科することの過酷さに思い至り、肉刑を廃するよう指示したという。その結末はともかく、確かにこの話は、前述の石勝の場合とよく似ている。石勝の事例は、朝廷にとってまことに歓迎すべき恰好のものであったといえよう。

しかしこの類似は全く偶然のことであろうか。おそらくそうではなく、はじめから緹縈の例を念頭に置いてなされた上申ではなかったか。[7] その類似ぶりからして、こう考えるのが自然であろう。ただそれならば、石勝の子息たちはどのようにして緹縈の事績を知ったのかということになろう。もともと朝廷によって示唆された解決劇であったともみられるが、それにしてはこれが石勝の子供たちだけにとどまっているのが不審である。そうなると考えられるのは、『史記』『漢書』や、『漢書』を節略引用した『芸文類聚』巻二十(孝)の記載を念頭に行われた上書という可能性である。しかし下級官人やその年若い子供たちが、それらのような大部な漢籍に平素親しんでいたとは、いささか考えにくいのではあるまいか。ところが緹縈の話は、官人たちにとって別に身近な形で存在していた。即ち『唐律疏議』巻一冒頭の五刑を列挙した後の疏に、笞罪、杖罪の区分が漢代にはなかった証として、次のように緹縈の例をあげている。

漢文帝十三年、太倉令淳于意女緹縈上書、願下没入為二官婢一、以贖中父刑上。

『唐律疏議』は開元二十六年律の注釈ではあるが、すでに明らかにされているように、日本律の藍本となった永徽の律疏とほぼ同内容であったとみてよい。[8] 総じて日本の律は、令よりもはるかに唐律との類似が強く、日本律の理解にも唐律の知識が必要であったことは、律の注釈にしばしば唐の律条やその注釈が引かれる点からも明らかである。その意味で律令官人にとっても、唐律は必須の教養であり、唐の律疏に引用される緹縈の話も、比較的よく知られた話柄であった可能性は強い。ましてこの話が、律疏の冒頭、五刑の注釈中に言及されていることは、その知名度を推し測る上に参考となろう。かく考えると、緹縈の故事は早くから律令官人の間に浸透し、孝の事例として知られていたとみてよいであろう。ちなみに緹縈は、古孝子伝の世界では孝子(孝女)として登場していないが、南宋の林同が撰した『孝詩』や高麗の李斉賢の『孝行録』には、孝女の一人としてとりあげられている。

三　孝子説話と類書

律令制の全面的な施行が、孝子の具体的イメージの周知を必要とするものであったことは先述した通りであるが、賦役令集解の孝子順孫条に、令の注釈としては異例に多く漢籍が引かれ、孝子や順孫の事績が列挙されているのも、これと無関係ではないであろう。八世紀前半の『古記』以来、多くの明法家は、中国の具体例を示すことによって、孝や孝子の概念を解説しようとしたといえる。前節にみた緹縈の話は、官人に馴染みの書にみえるとはいえ孤立した例であって、孝子説話が本格的に受容されるには、それらの漢籍がやはり大きな役割を果したであろう。従ってこの条の漢籍は、孝子説話の受容を考える重要な手掛りである。長文ではあるが、その関係部分を次に引用、整理することにより、改めてこの問題を検討してみよう。なお引用に当たっては国史大系に拠り、適宜段落を改め、引用文には「　」を付した。

〔孝子・順孫〕注

(1)謂、高柴泣㆑血三年、顧悌絶㆑漿五日之類、孝子也。原穀喩㆑父迎㆑祖、劉殷冒㆑雪獲㆑芹之類、順孫也。

(2)釈云、高柴泣㆑血三年之類、所謂孝子也。原穀喩㆑父迎㆑祖、是所謂順孫也。

(3)礼記曰、「高子皐執二親之喪一、泣血三年、未二嘗見一レ歯。君子以為レ難也」。呉書曰、「顧悌父終、水漿不レ入レ口五日也」。孝子伝曰、云々。在レ下。先賢伝曰、「幽州迫二近北狄一、其民賤レ老貴レ少。州人原孝才者、其父年及レ耄、孝才悪レ之、欲レ弃二之於中野一、輿而出。孝才少子名穀、歳初十歳、因諫不レ能レ止。穀涕泣曰、穀不レ悲三大人之弃二其父一。唯悲三大人年老、穀之弃二于大人一。故悲慟而已。孝才感悟、亦輿而皈。終為二孝子一是也」。雑抄曰、「劉殷不レ知二何許人一也。而事二三母一、後召不レ仕。三母旅喪、始乃応レ令、公幹管真、位至二三公一。又殷祖母終、冬月思レ芹。殷乃渉レ野不レ避レ雪。号呼尋覔、莫レ知二求処一。忽空中止々之声。殷乃下視、遂獲二生芹一」。

(4)古記云、孝子、謂、孝経序曰、「顔回・閔子騫・冉伯牛・仲弓、性至孝也。唯曾参躬行二匹夫之孝一。故夫子告二其誼一。於レ是、曾子喟然知二孝之為レ大也」。韓詩外伝曰、「曾子曰、吾嘗仕為レ吏、禄不レ過二鐘釜一。尚猶欣々而喜者、非レ以レ為レ多也。楽二其養レ親也。親没之後、吾嘗南二遊於楚一、得二尊官一焉。堂高九仭、榱題三尺、転レ穀百乗。然猶北面而泣涕者、非レ為レ県也。悲レ不レ見二吾親一也」。格後勅云、「(中略)」。又云、「(中略)」。又云、「(中略)」。順孫、謂、孝子伝云、「孝孫原谷者楚人也。父不孝之甚、乃厭患之、使下原谷作レ輦、扛二祖父一送中山中上。原谷復将レ輦還。父大怒曰、何故将二此凶物一還。谷曰、阿父後老復弃レ之、不レ能二更作一也。頑父悔悟、更往二山中一、迎レ父還、朝夕供養、更為二孝子一。此乃孝孫之礼也。於レ是閨門孝養、上下无レ怨也」。孝孫・順孫、其別若為。一種、文異義同。桑案、魏徴時務策云、「義夫彰二於郄缺一、節婦美二於恭姜一。孝子則曾参之徒、順孫則伯禽之輩。〔(9)順孫猶承二順於祖考一之孫也。毛詩皇矣篇毛注曰、「(中略)」、孝経孔氏注云、「(中略)」。周書諡法云、「(中略)」。魯頌閟宮篇曰、「(中略)」、箋注云、「(中略)」、又維天之命篇曰、「(中略)」、箋注云、「(中略)」。尚書大誥曰、「(中略)」、孔氏注云、「(中略)」。尚書文候之命篇曰、「(中略)」、孔氏注曰、「(中略)」。又尚書大伝曰、「(中略)」。論語先進篇曰、何晏注曰、「(中略)」、皇侃疏曰、「(下略)」」。

〔精誠通感〕注

(5)釈云、賈逵注国語曰、「精、明也。精猶レ善也」。仮如、孟宗泣而笋生、梁妻哭崩レ城之類、所謂通感。楚国先賢伝曰、「孟宗母嗜レ笋。及二母亡之後一、冬節将レ至、笋猶未レ生。宗入二竹園一哀歎之。而笋為レ之出也。得以供レ祭。至孝之感也」。又曰、「孟仁、字恭武。江夏人也。事レ母至孝、常嗜二笋子一。冬月未レ抽、仁執レ竹泣。明察神精、急抽二笋子一。故曰、冬竹雪穿、応二至誠一而秀質」。列女伝曰、「斉杞梁殖、荘公(以上四字校訂者補)襲レ莒戦而死。其妻无レ所レ帰。乃就二於城下一而哭之七日、城崩。妻遂投二淄水一而死」。又曰、「杞梁、北築二長城一。暇遊之間、至二班孟超家一、窃登二花樹一。樹下有レ池。超女是貞婦也。杞梁樹上不レ知、池中沐浴。仰見二杞梁一、心懐二慚愧一。思者寧終二一身一、誰看二再夫一。謂二杞梁一云、妾聞、婦人之容、不レ看二再夫一。公見二妾容一。更無二余心一。未レ遂二芳期一、杞梁圧死。超婦呼レ屍一啼。天感崩レ城。故曰、誠喚二遊霊一、更乗二崩城之感一。

(6)古記云、精誠通感者、劉向孝子図曰、「郭巨、河内温人。其家富。父没分二財二千万一、為二両分一与二両弟一。己独取レ母供養、寄二住隣家一。妻産レ男、慮レ養レ之則妨二供養一。乃令二妻抱レ児、己堀レ地欲レ埋二之於土中一。得二金一釜一。上有二鉄券一云、賜二孝子郭巨一。還二宅主一不二敢受一。遂以問レ官。々依二券題一還レ巨。遂得レ養レ児也」。楚国先賢伝曰、「孟宗母、生時嗜レ筍。冬節将レ至、筍尚未レ生。宗入二竹林一哀歎。而筍為レ之出、供レ祭也」。蔡邕別伝曰、「邕、字伯喈。性篤孝。母卒、廬二乎冢側一、動静以レ礼。木生二連理一也。又有レ菟、馴二擾其室傍一也」。王韶之孝子伝曰、「李陶、交趾人。母終、陶居二墓側一、躬自治レ墓。群巨烏銜レ塊、助レ成二墳也一」。

個々の注釈の成立年代や性格については改めて説くことを省略するが、[10] 右の諸注の引用書をみて気づくのは、小島博士もすでに述べられた通り、類書から参照された典籍があろうということである。小島博士の例示されたのは、(3)の『呉書』、(6)の劉向『孝子図』・王韶之『孝子伝』などであるが、[11] 改めて検討してみると、(3)の全て、(4)の『孝経』

序・『韓詩外伝』、(5)の『楚国先賢伝』・『列女伝』、(6)の劉向『孝子図』・『楚国先賢伝』・『蔡邕別伝』・王韶之『孝子伝』は、類書からの転載とみるべきである。そのことを示唆するのは、(4)の『古記』における「曰」と「云」の用法である。この『古記』は、令文の「孝子」「順孫」について、それぞれ直接に漢籍を引く形で注釈を加えているが、引用形態をみると、『孝経』序のように「曰」として引くものと、『格後勅』のように「云」で引くものがみられる。この内、『格後勅』は唐代の法制書であって、類書からではなく、『古記』が直接引用したことは間違いない。その場合、「云」を使用しているのに対し、「曰」を付けて引用した諸書は、類書から転載されたもので、もとの類書の措辞をそのまま受けて記されたのであろう。もちろん『令集解』のように、原撰の形に近い写本が伝わらない典籍について、「曰」と「云」のような相違にあまり拘泥するのは考えものである。しかし同じ『古記』の文章の中で、こうした相違がみられるのは、やはり無視すべきではなかろう。特に意識して書き分けたのではなく、類書から転載する際には、意識せずに原表記をそのまま襲い、独自の引用では、より身近な「云」を自然に用いたのではあるまいか。いうまでもないが、類書では一般に引用書は全て「某書曰」の形で表記される。それに対し、正倉院文書などをみても明らかな通り、古代の通常の文書では、引用であると発言であるとを問わず、「いはく」はほとんど「云」で表記されている。同一の文書(天平神護二年)から一例を挙げておこう。

越前国田使僧勝緯等状云、　(『寧楽遺文』下、六八八頁)

即入麻呂申云、　(同右、六六五頁)

この他、文書では「偁」(称)も頻用されるが、これは何某の文書を「被ぶるに偁はく」の形を取るのが常で、公文書の定型書式の一部として、別に考えるべきものである。特に格式張った文書や正式な典籍の場合はさておき、常用語は「云」であったとみてよかろう。

この「曰」と「云」の相違は、『令集解』はもちろん、古代の典籍全体に関わる大きな問題であるので、別に詳しく論じることとしたいが、この孝子順孫条に限っても、他の引用を考える上に留意されるべきである。たとえば⑶は、篇目にふれない『礼記』の引用などからしても、『呉書』のみならず全体が類書の転載とみてよかろうが、この「いはく」も、全て「曰」で表記されている。ちなみにこの⑶は、⑵の『令釈』の横に書き入れられた追記で、当然本来のものではなく、国史大系本でも『令釈』への追記として扱われている。しかしその内容が、高子皐・原穀・劉殷の三名に関することに注意すると、『令釈』の前の義解に対する傍書と考えるべきである。義解の後、『令釈』の前に追記されたとみれば、位置的にも矛盾はない。

また『古記』以外の注釈が引く典籍についても、「曰」と「云」の相違は手掛りとできよう。⑸の『令釈』において、冒頭に引かれる賈逵注『国語』は、原本系『玉篇』からの孫引きであるが[12]、ここでも表記は『玉篇』と同じ「曰」となっている[13]。「曰」で引かれるそれ以降の書についても転載と判断してよいであろう。ただここでそれぞれ二度引用される『楚国先賢伝』と『列女伝』が、同一の類書から出ているかどうかは不明というべきで、複数の類書が参照された可能性をむしろ想定すべきかと思う。

また⑹の『古記』についても同様なことがいえるが、この場合、劉向『孝子図』とならび、類書からの転載を示唆するのは、『蔡邕別伝』の存在である。国史大系本の校訂者は、「別」を「列」に訂しているが、その必要はないであろう。後漢以降、さまざまな人物について「別伝」と称する書が作られているが、その一つに『蔡邕別伝』があったことは既知の事実である[14]。同様な内容の記事は、『後漢書』巻六十の本伝にもみえるが、『古記』の引くのは、単行書としての『蔡邕別伝』に違いあるまい。ただこの書は早く佚したらしく、現在は類書等に引く佚文が知られるにすぎない[15]。隋・唐の経籍・芸文志や『日本国見在書目録』にもみえないことからすると、遅くとも七世紀代には佚亡していたと判断すべきで、ひいては『古記』の引用も、類書からなされたに他ならないということになろう。ここで『古記』が「曰」を付して引用した諸書は、みな同類と理解される。

なお以上のことに関係して、付言しておきたいと思うのは、(4)『古記』の後半に現れる『魏徴時務策』の問題である。この書は、厳密にいうと「桑案」の引用するところとしてみえるわけであるが、全く同じ形で「義夫・節婦」の注にもみえているから、『古記』が「桑案」を引いていると判断してよいであろう。現に「桑案」は、この二例以外、他に『令集解』に現れない。ところで『古記』が「桑案」を介して『魏徴時務策』を引いたのは、(4)では「孝子」「順孫」を注するためであり、「義夫・節婦」注の場合は、「義夫」を注するためであったと考えられる。[16]従って(4)を例にとれば、『魏徴時務策』の本文よりも、それに続く諸典籍の引用(4)の〔　〕内の部分)が有用であったのであろう。ところがこの部分は、引用に際して多く「曰」の形をとっており、書名の挙げ方も『毛詩』皇矣篇」とか「『論語』先進篇」というような、独自の体例をとる。「義夫」の注でも、「『春秋』僖公卅三年伝曰」と、同じ形態であり、この場合は、「義夫郄缺」以下、全てが、(4)にみえる「義夫彰於郄缺」の句に対する注とみられる。(4)では部分的に「云」で引く形も混じるが、これは引用ないし伝写の間に改められたもので、本来一連の文をなしていたと理解すべきであろう。かつて私は、『魏徴時務策』についての論考を出した際、同書には付注本のあったことを述べておいたが、[17]この一連の文こそ、その注であると考えられる。「曰」を付した引用が孫引きであることを論じたついでに、以上の点を指摘して前攷を補っておく。

四　孝子図と孝子伝

図 4　楽浪彩篋漆画(部分)

さて、前節での検討をふまえると、孝子説話については、類書を介しての受容に相当な比重があったと結論できよう。かつて述べた通り、『魏徴時務策』の注も、簡便な類書の役割をもっていた。[18] このような結果からすると、劉向『孝子図』の引用をもって、孝子の事績が絵画を伴って流布されたとするには、慎重な評価が必要となろう。そもそも前漢の劉向が『孝子図』なる書を撰したかどうかについては、同書が唐代までの史料にみえないことから、確たることは言いがたい。[19] しかし『日本国見在書目録』には、撰者不詳の『孝子伝図』一や『忠孝図』十巻が著録されており、これらを手掛りに、孝子図の受容と普及を想定する見解もみられる。[20] 確かに少なくとも南北朝時代には『孝子図』なる書が行われ、絵画と孝子の伝を合わせた形で流布したことは認めてよい。[21] 劉向という特定の人物に帰することはできないにせよ、そのはじまりは前漢まで遡ってもおかしくないであろう。中国の史料に具体的な作品の著録は見出せないが、有名な後漢王延寿の魯霊光殿賦(『文選』巻十一)の記述や、楽浪彩篋《さいきょう》塚出土の彩篋に施された漆画[22](図4)、武氏祠《ぶしし》画象石の主題などから、『孝子伝図』の存在を後漢代に認める見解も既に出されている。[23] 彩篋の漆画や画象石は、人物の横に榜題が付けられ、故事の内容を示すようになっているが、この形は南北朝時代の石棺の線刻画や屏風・漆棺の画などにも踏襲されてゆく。[24] 横に展開するこうした画面形式が、本格絵画の画巻の形式と類似するのは、いうまでもないところであろう。このような意味で、現存遺品中、年代も古く本格絵画に近い彩篋の漆画は注目すべき作例といえる。この彩篋では、身の蓋がかり部分に詳密な筆致で孝子の故事が描かれている。その画題に関しては、既に吉川幸次郎氏による考証もあり、鄭真（鄭子真）、李善、丁蘭、令□、魏陽、邢渠の六名の故事という。[25]狭い画面であるため、人物の横に書き入れられた文字も人物名のみであるが、画巻を彷彿させる画質の高さを備えている。北魏漆棺の彩画などから類推すれば、画巻においては、人物名以外にストーリーの展開に関わる文が画の間に挿入され、おそらく現存の伝顧愷之《こがいし》画『女史箴図』（大英博物館蔵）のような体裁をとっていたのであろう。

ただこの彩篋の漆画の人物名については、釈読になお問題を残す箇所がある。令□がそれである。この部分は画面向かって左から、□□、令女、令妻、令□と、四人の人物が描かれ、その右に魏陽の故事として、陽父、魏陽、侍郎の三名が順に描かれている。人物に付けられた人名の字は隷書体であるが、装飾的に崩されているため、読みづらい部分があり、吉川幸次郎氏は左から四人の一群を、令□という孝子に関する故事として示されたものの、内容は不明とされた。[26]しかしこの四人は独立の話柄ではなく、右側に続く魏陽の故事と一連のものであろう。魏陽の父と令□が向き合う形に描かれているのは、令□と魏陽の父及び魏陽が、対話する様を表しているとみるべきである。伝えられる魏陽の故事では、市で若いならず者から魏陽の父が恥辱をうけ、魏陽が県令から召問される件りがある。[27]その様を父を加えて描いたのがこの図で、魏陽の父と対座しているのは、その県令と解すべきであろう。「令」の下の字は、崩れているが「君」とみてよいのではなかろうか。「令君」は、尚書令をもさすが、この場合、県令の尊称であろう。また左端の男性は「青郎」と読みうるように思う。「郎」は他にみえる「侍郎」のそれとは異なるが、軟らかくくだけた書き方であろう。この「青郎」はおそらく若者、学生などの意で、魏陽の故事に、ならず者から魏陽の父を救ったとみえる「書生」[28]を表しているのであろう。県令の妻や女、侍郎は故事中にみえないが、画面を多彩にするため添えられたと解して差支えあるまい。他の孝子についても、孝婦、侍郎など、故事に直接関係しない人物が現れている。こう考えると、彩篋の長辺の一つは七割方魏陽の故事だけで占められていることになるが、本来この彩画は全体として厳密な構成があったとはみえない。もとになる材料があって、余白を勘案しつつ適宜故事を嵌め込んだものと思われる。こうした画面構成上のアンバランスは、かえって作画の背景に、本格的な画巻形式の孝子伝図があったことを暗示するといえよう。

いずれにしても、中国で展開した画巻形式の孝子図が、日本に舶載されたことは疑いない。ただ日本での孝子図の受容となると、極めて史料が乏しいことも事実である。『日本国見在書目録』の他、わずかに知られるのは、(6)『古記』の「劉向孝子図」であるが、上述の通りこれは実物から参照されたものではなかった。また唐絵の画材としても、平安末まで史料に現れない。[29] 孝子図の受容は必ずしも活発でなかったとみておくのが穏当であろう。

五　『孝子伝』の受容

第三節で類書による孝子説話の受容をみたが、孝子説話が全て間接に参照されたものでないことは、同じ『令集解』から確かめられる。(4)の『古記』に引く『孝子伝』がそれである。この原谷の故事を記す『孝子伝』が、陽明文庫蔵の『孝子伝』にみえるものと同系の本文をもつことは、既に指摘されている通りであるが、[30]「孝子伝云」という引用形態からみても、『古記』が直接『孝子伝』より引証したと考えて差支えない。そうなると、黒田彰氏が述べられたように、[31] 陽明本系の『孝子伝』が、『古記』の成立した天平十年(七三八)ごろ以前に舶載されていた証とすることができよう。

ところでこの陽明本系の『孝子伝』に関しては、いま一つ注目すべき史料がある。それは紅葉山文庫本『令義解《りょうのぎげ》』（内閣文庫蔵）の書入れにみえる原谷と高柴の説話である。この書入れは裏書の形で賦役令孝子順孫条の紙背に記されている。左にその全文を掲げよう。(32) なお句読点及び傍注を加え、異体字は通行の字体に改めた。

(イ)原―、楚人也。其父不孝之甚、及祖父年老、厭患之。使原―作輦、扛祖父送於山林中。原―復将轝還。父大怒曰、何故将此凶物還。答曰、阿父□(依カ)老復棄之、不能更作也。頑父悔悟、更□(往カ)於山中、迎父辛(率カ)還、朝夕供養、更為老子(孝)。

此乃孝孫之礼也。

(ロ)高―、魯人也。父死泣血出従従目三年、未當(嘗)見焉(歯)云々。

紅葉山文庫本の『令義解』については改めて解説を要しないと思うが、江戸時代初期に写されたもので、菊亭家より徳川家康に献上された。もと金沢文庫に伝わった鎌倉時代の写本の忠実な写しであり、古代・中世の律令学をうかがう無二の史料とされている。(33) 既往の研究によると、紅葉山本『令義解』の書入れは必ずしも一時になされたものではなく、年代を確定することは困難であるが、古いものは九―十世紀に遡る。(34) 右の裏書も、この種の記事として独自の異文をもつ点で、決して新しいものではなく、古代の書入れを受け伝えているとみてよい。

この記事には、『孝子伝』の本文批判の上で種々注目すべき点がみられるが、まず(イ)では、「及祖父年老、厭患之」の一句がある。前引の『古記』や陽明本では、ここが「乃厭患之」とあるのみであるため、原谷とその父・祖父との関係がわかりにくくなっている。おそらく本来は紅葉山本裏書のような形であったのが、何らかの理由で脱文を生じ、それが固定したのであろう。また「輦」についても、陽明本では、「轝」とあり、こちらが本来とみるべきである。なお「答曰」の箇所は、「答」が異体字で記されていて、その形は「谷」に近い。『古記』の引用や陽明本と比較すると、あるいは「谷曰」の誤りかもしれない。また(ロ)では、「泣血出従従(衍カ)目」が注意される。ここは「泣きて血の目より出づること」と読ませるのであろうが、陽明本の「泣流レ血」や船橋家本『孝子伝』の「泣血」に比べ懇切な表現である。ただ(イ)(ロ)とも、基本的には陽明本のテキストに近く、その系統の善本の姿を伝えているといえる(35)。

先述の通り裏書の性格は一様でなく、このテキストの年代も確かめられないが、次のような特徴は、その問題を考える上に見逃すことができない。即ち裏書では原谷と高柴の二名しかとりあげられていないこと、巻子本の裏書ということを考慮すると、その順序は高柴、原谷となることである。もしこれが義解に対応すべき裏書ならば、なぜ顧悌と劉殷について全くふれるところがないのであろうか。本来なら、前節に挙げた(3)のように、義解の挙げた四人全てについて言及があってしかるべきであろう。表面の書入れをみても、「原穀」の右傍に「人名」とあるのみである。しかるに注目されるのは、『令釈』が高柴、原穀の二名を、この順に挙げていることである。(イ)(ロ)の裏書は、内容といい順序といい、全くこの『令釈』にふさわしい。紅葉山文庫本は、『令義解』の写本であって、『令釈』の文が直接収録されているわけではないが、書入れには往々『令集解』に基づくものがみられる。(イ)(ロ)などは、現行の集解にはみえないものの、集解の写本中にこのような書入れをもつものがあって、それに基づき採録されたのではなかったか。集解の孝子・順孫に対する注のうち、(3)が追記されたものであることは前に述べたが、この追記がなされる以前にあっては、特に高柴の故事をめぐって(ロ)のような注が期待されたであろう。また(イ)の原谷の故事が、ほとんど『古記』の注釈と重複していることを考えると、(イ)(ロ)は集解に編入される前の『令釈』にとって、最も必要な注ということになる。単行の『令釈』が存在した時期、即ち平安前期の注が、(イ)(ロ)の形で残った可能性も捨てがたいといわねばならない。このようにみてくると、(イ)(ロ)は『古記』に引かれる『孝子伝』とともに、上代に受容された『孝子伝』の形態をうかがう手掛りといえよう。孝子の具体像は類書から学ばれただけでなく、このように直接孝子の伝記からも学ばれたが、知られる限りその孝子伝は、現存の陽明文庫本に近いテキストであり、それにも早い時期から異本が存在していたということになろう。

六　おわりに

本稿の論旨を改めて要約することは省略するが、賦役令集解孝子順孫条に引かれる孝子説話を中心に、それがいかなる経路で参照されたかを論じてみた。確論というには程遠いが、類書引用箇所の甄別《けんべつ》方法や、上代に行われた『孝子伝』のテキストについて、いささか新見も示すことができたと思う。大方の指正をお願いしたい。

（1）小島憲之『万葉以前』（岩波書店、一九八六年）第六章。
（2）黒田彰「令集解の引く孝子伝について」（『孝子伝の研究』思文閣出版、二〇〇一年）。
（3）大宝以前には、令は編纂されても律の編纂はなかったとみるのが定説となってきている。井上光貞「日本律令の成立とその注釈書」（『井上光貞著作集』二、一九八六年）参照。
（4）『日本霊異記』上巻二十三縁に、難波宮御宇天皇の代に不孝をはたらいた学生の話がみえる。もしこの天皇が孝徳天皇をさし、何らかの事実をふまえたものとすれば、孝の観念が浸透していた一例となるが、確かではない。
（5）桑原隲蔵「支那の孝道殊に法律上より観たる支那の孝道」（『桑原隲蔵全集』三、一九六八年、『中国の孝道』として講談社学術文庫にも収める）。
（6）青木和夫他校注『続日本紀』二（岩波書店、一九九〇年）七五頁。
（7）河村益根『続紀集解』巻八に指摘する通り、『晋書』巻七十五、范堅伝にも、緹縈の場合と似た例がみえる。それは殿中帳史の邵広が官物を盗み、棄市されるところを、邵広の息子二人が官奴となって父の罪を贖うことを求めたというものである。ただこのときは願いが聞き届けられず、邵広は処刑されているので、これが範になったとは考えにくい。ただ『東大寺諷誦文稿』に「宏提作二官奴一而贖二父罪一」（第88行）とみえる「宏提」は、邵広（実はその息）と緹縈の意か。
（8）仁井田陞・牧野巽「故唐律疏議製作年代考」（律令研究会編『訳註日本律令』一、東京堂出版、一九七八年）参照。

(9)　以下〔 〕内は、『魏徴時務策』の注と考えられる。本文後述参照。
(10)　井上光貞注(3)前掲論文参照。
(11)　小島憲之注(1)前掲書に同じ。
(12)　京都大学令集解研究会「『令集解』に於ける『玉篇』利用の実態」(『鷹陵史学』三・四合併号、一九七七年)。
(13)　原本系『玉篇』における賈逵注の引用は多いが、一例として、巻二十二厂部、厭の条に、「国語曰、尭厭帝心。賈逵曰、厭合」などとある。
(14)　顧櫰三『補後漢書芸文志』巻七(『二十五史補編』第二冊、中華書局、一九五五年)二三三六頁。
(15)　同右。
(16)　参考までに関係部分を引いておく。
桑案、魏徴時務策、義夫郄欠、一名冀欠、又郄成子。春秋僖公卅三年伝曰、「初臼季使過レ冀、見二冀欠耨一、其妻饁レ之、敬相待如レ賓。与レ之帰。言二諸文公一曰、敬徳之聚也。能敬必有レ徳。徳以治レ民。君請用レ之。臣聞レ之。出レ門如レ賓、承レ事如レ祭。仁之則也。公曰、其父有レ罪。可乎。対曰、舜行(ママ)罪、殛レ鯀。其挙也、興レ禹。管敬仲桓之賊也。実相以済。康誥曰、『父不レ慈、子不レ祗。兄不レ友、弟不レ恭、不二相及一也』。詩曰、『采レ葑采レ菲、無レ以二下体一』。君取レ節、焉可也。文公以為二下軍大夫一也」。
(17)　拙稿「大宰府出土木簡にみえる「魏徴時務策」考」(『正倉院文書と木簡の研究』塙書房、一九七七年)。
(18)　同右。
(19)　劉向『孝子図』に関する史料については、姚振宗「漢書芸文志拾補」(注(14)前掲書所収)一四六七頁参照。
(20)　川口久雄『三訂平安朝日本漢文学史の研究』下(明治書院、一九八八年)九七七頁、小島憲之注(1)前掲書。
(21)　張彦遠『歴代名画記』には、晋の謝稚と南斉の戴蜀に「孝子図」、南斉の范懐珍に「孝子屛風」の作があったことを載せている。
(22)　朝鮮古蹟研究会『楽浪彩篋塚』(一九三四年)。
(23)　水野清一『漢代の絵画』(平凡社、一九五七年)など。
(24)　これらの絵画資料については、黒田彰「孝子伝の図」(注(2)前掲書)参照。
(25)　吉川幸次郎「楽浪出土漢匧図像考証」(『吉川幸次郎全集』6、筑摩書房、一九六八年、一九三四年初出)。
(26)　同右。

(27)　陽明文庫本『孝子伝』、船橋家本『孝子伝』。いずれも、幼学の会(後藤昭雄・黒田彰・東野治之・三木雅博・山崎誠)編『孝子伝注解』(汲古書院、二〇〇三年)所収。
(28)　「書生」は、『太平御覧』巻四八二所引『孝子伝』にみえる。なお彩篋の文字が、「書郎」の二字をくだけた書体で書いたものである可能性も考えられる。
(29)　家永三郎『上代倭絵全史』(墨水書房、一九六六年)。
(30)　小島憲之注(1)前掲書、黒田彰注(2)前掲論文。
(31)　黒田彰注(2)前掲論文。
(32)　水本浩典「令義解古写本書入・裏書集成　一」(『神戸学院大学紀要』一六号、一九八四年)に拠り、あわせて写真焼付を参照した。
(33)　石上英一「『令義解』金沢文庫本の成立」(『日本古代史料学』東京大学出版会、一九九七年)参照。
(34)　同右。
(35)　厳密には(イ)(ロ)が同一の典拠から出ているとは限らないともいえるが、「何某、何人也」という体例の一致からしても、(イ)(ロ)はやはり同一の書から採られた文であろう。

(追記)　なお本稿は、黒田氏の他、後藤昭雄、山崎誠、三木雅博の諸氏と行っている『孝子伝』の輪読に関連する仕事でもあるが、初校出来後、輪読を進める中で、庚子年(文武四年〔七〇〇〕)の年紀をもつ那須国造碑が、『孝子伝』の受容を考える上に重要な位置を占めることに気づいた。この碑の六行目以下は左のようになっており、従来から難解をもって知られている。

曾子之家、无レ有二嬌子一、仲尼之門、无レ有二罵者一。行レ孝之子、不レ改二其語一。銘二夏尭心一、澄レ神照レ乾。六月童子、意香助レ坤。作レ徒之大、合レ言喩レ字。故無レ翼長飛、无レ根更固。

右の部分は、那須直韋提の遺子らが立碑の趣旨を述べたくだりであるが、文中「孝を行うの子」云々は、亡父への孝を貫く意を表明しているとみてよい。その前段の「曾子」が孔子の弟子で孝子として有名な曾参をさすことは、すでに指摘されている。最も問題となるのは、「尭」や「六月童子」であるが、尭は夏の帝とみる点で諸説一致するものの、全体の文意との整合に問題を残し、「六月童子」についてはは確論がないといってよかった。しかし尭のあと帝位についた舜は孝子伝中の人物であり、ここはそれをうけ、舜をその孝のゆえ後嗣と定めた尭の心を銘記する意と解すべきであろう。また「六月童子」は、これまた孝子として知られる伯奇の故事をふまえたものであろう。伯奇は周の宰相尹吉甫の子であるが、『毛詩』小雅の「六月」は吉甫の詩とされる。「六月童子」は、尹吉甫の息を意味するのではあるまいか。「乾」「坤」は、父と母であろう。末尾の「翼無くして」云々は、船橋家本『孝子伝』の序にも「嘉声無レ翼而軽飛也」と、類似の表現がみえるのが注目される。

右にふれなかった点を含め、詳細はなお別稿で再論することとするが、この碑の内容を以上の方向で理解するならば、本文中で述べた、日本古代における孝の概念の本格的受容を大宝律令の成立と結びつける見解は、若干の修正を要しよう。画期はやや遡って、浄御原令の施行(唐律と併用)に求めることとしたい。

(補注)　追記で略説した那須国造碑をめぐる問題については、その後「那須国造碑」(『日本古代金石文の研究』岩波書店、二〇〇四年)で詳論した。

6 野馬台讖の延暦九年注

一 はじめに

梁の僧、宝誌の作といわれる「野馬台讖《しん》」(いわゆる野馬台詩)[1]は、入唐した吉備真備が仏神の助けで解読に成功し、日本にもたらしたと伝え、日本の古代末から中世における戦乱、衰亡を予言した詩として、日本の思想界に大きな影響を及ぼした。[2] このような伝説、影響が生じた背景には、野馬台讖が五言二十四句の古詩でありながら、一見しては詩意が明らかでない形に文字が排列されていること、「東海姫氏国」を主題とする形で、日本のことを扱っているようにみえるものの、予言にふさわしく詩意が漠然としていて、多様な解釈を容れる余地が存したことなどがあると考えられる。この詩が宝誌の真撰かどうかについては、林鵞峯の『本朝一人一首』(巻九)以来、否定的立場をとる論者が多いが、必ずしも日本での偽作と断ぜられないことについては、末段で述べる。

ところで本稿で問題としたいのは、この野馬台讖に付けられた延暦九年注と称されるものである。この注は単行では伝来しておらず、鎌倉時代末に成った『延暦寺護国縁起』[3]に、その佚文とみられるものが左のように引用されている(〈 〉内は割注の文。以下同じ)。

延暦九年注云

丹水流尽〈千《倭》八女人帝尽、又馬野女帝《称徳天皇也》崩也。是清原之孫尽、故曰天命。運逮近所孫大納言、故三公一書云。〉

又云、月（丹）水湯（竭）而衡主者〈千八女人王尽、而三公成王也。〉

衡者、胡（朝）法滅、仏法守倭云々。

又云、胡（朝）法滅者国随滅也云々。又云、茫々遂為空、謂仏法滅、国邑亡。国破宗破、終亡君長、終成曠野云々。

野馬台讖の注としては、江戸時代に刊行された『歌行詩諺解』[4]所収のものが名高いが、最近小峯和明氏が整理されているように、異系統の注もあり、中世にはそれらが並行しつつ相互に影響し合いながら流布していたと考えられる。それらの中にあって、延暦九年注は最古の年紀をもつ注であり、小峯氏は、年紀は付会とみる余地があるにせよ、天武系から天智系統への皇統交替を説く点で、内容的に古い注であることを指摘されている。延暦九年（七九〇）という年紀が信頼できるとすれば、野馬台讖が八世紀末に存在したことを裏づける証となろう。ただこの注の引用が、はるか後代の書にしかみられないことは、その史料価値を疑わせるともいえ、小峯氏が後世の付会を示唆されたのも、もっともなところがある。しかしながら私は、この注を延暦期のものと認めてよいのではないかと考える。以下にその理由を論じてみたい。

二　延暦九年注の本文批判

延暦九年注の真偽を究明するためには、まず『延暦寺護国縁起』所引の佚文について、その誤りを正し、読み下してみる必要がある。小峯氏は叡山文庫本『延暦寺護国縁起』による本文を示しておられ[5]、それによって流布の本文を正せる箇所があるが、なお不審な用語や読みにくい文が存することも確かであろう。それらは、予言の注釈であるこ

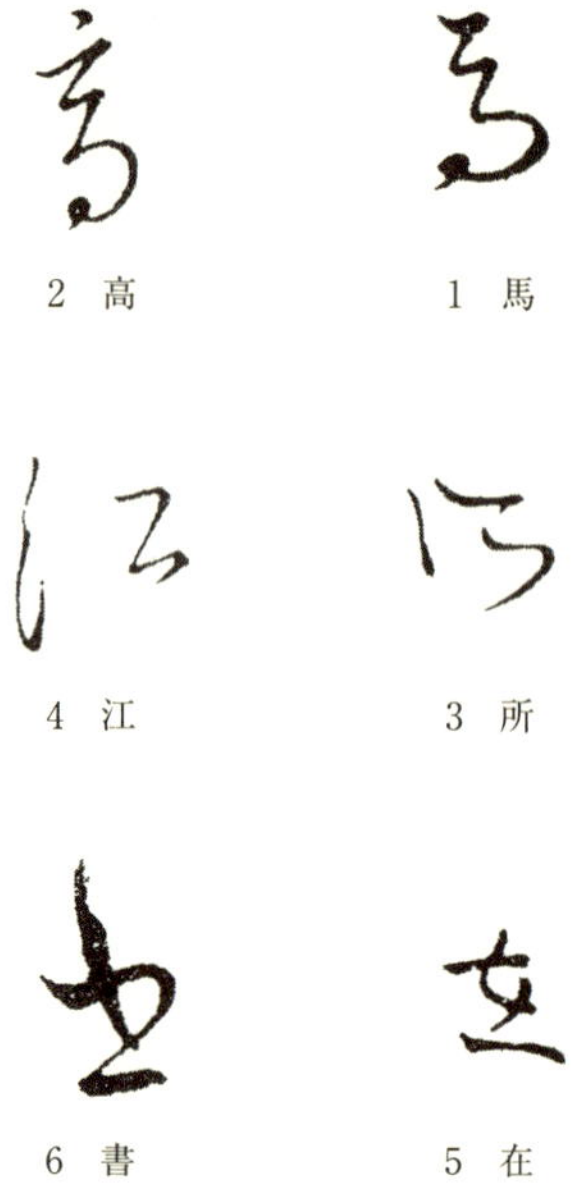

図5　草書体の比較

とから来る不分明さといったものではなく、誤写に起因すると判断すべきである。左に問題となる字句をみてゆこう。

馬野女帝　小峯氏の引用では「野馬女帝」とあり、あるいは叡山文庫本がこのように作っているのかもしれないが、そうとすれば「野馬台」の語にひかれたものと覚しく、「馬野」が原型に近いとみるべきであろう。これは「高野女帝」を誤ったものと考えられる。「馬」と「高」の草体は、互いに酷似しているからである(図5)。[6] 孝謙(称徳)天皇が「高野天皇」と呼ばれたことは周知のとおりであり、平安前期にもその例は多い。[7]

近所孫　このままでは意義不通であるが、その前に出る「清原之孫」(浄御原天皇[8]＝天武天皇の子孫)に対応する語であることは明らかであるから、これは「近江孫」の誤りであろう。「所」「江」の両字も、草書では酷似した字形になる(図5)。[9]「近江孫」とは、いうまでもなく近江天皇(天智)の子孫の謂である。天智天皇を近江天皇と称することも、古い文献に珍しくない。[10]

一書云　この三字は、前後の続き方が不明瞭で、何らかの誤りを含んでいるとみられる。もとは分注でなく大字で、以下の注文に係わってゆくかとも解せられるが、注の文は「又云」の形で引用されており、「一書云」とあるのは不審である。すでに見たとおり、他に草体に基づく誤写があるとすれば、ここにも同様な誤りがあると考えるべきではあるまいか。即ち「一書」は、本来「在」の一字であったが、草体で書かれていたため、二字に分けて誤写され、「在」の第一画が「一」、下部が「書」に誤られたのではなかろうか。それが再転して楷書に近い字体に直され、「一書」になったものと思われる。こうした変化は、写本では起こりがちなことであり、「一」と「書」を合わせると、筆順は異なるものの、「在」の崩しに近くなることは（図5の5、6）[11]、これが無稽の想像でないことを示していよう。このようにみてくると、「故三公一書云」の件りは、「故三公在云」と復原できる。これが野馬台讖本文の「天命在三公」に照応することはいうまでもない。

この他にもなお誤りが存するかもしれないが、一応以上の検討をふまえ、注の文を復原して読み下せば次のようになる。

延暦九年注云、

丹水流尽〈千八女人帝尽、又高野女帝崩也。是清原孫尽、故曰天命。運逮近江孫大納言、故三公在云。〉

又云、丹水竭而衡主者〈千八女人王尽、而三公成王也。〉衡者、朝法滅、仏法守倭云々。

又云、朝法滅者、国随滅也云々。

又云、茫々遂為空、謂仏法滅、国邑亡。

国破宗破、終無君長、終成曠野云々。

〔読み下し〕

延暦九年注に云わく、

丹水流れ尽く〈千八女人（倭）帝尽く。又高野女帝崩ずる也。是《ここ》に清原《きよみはら》の孫尽く、故に天命と曰う。運、近江の孫の大納言に逮《およ》ぶ、故に三公に在りと云う〉。

又云わく、丹水竭きて衡主ありといえり〈千八女人（倭）王尽きて、三公、王と成る也。〉衡者（ママ）、朝法滅び、仏法倭を守ると云々。

又云わく、朝法滅ばば、国随いて滅ぶ也と云々。

又云わく、茫々として遂に空と為る、謂うこころは、仏法滅び、国邑亡ぶ。国破れ宗破れ、終に君長無く、終に曠野と成ると云々。

このように復原すれば、この注が天武系から天智系への皇統の遷移を明確に意識して作られていることが、よりいっそう判然とする。いうまでもなく、近江天皇の子孫である大納言とは、大納言白壁王、即ち光仁天皇をさす。三公といえば通常大臣をいうが、ここはやや広く解したのであろう。「衡主」は宰相級の臣を意味すると考えられる。時代は降るが、北宋の熙寧五年(一〇七二)十一月に五台山大華厳寺の真容菩薩院が発した文書に、(12)「台衡賛尭舜之風、藩屏曜唐虞之化」(台衡、尭舜の風を賛《たす》け、藩屏、唐虞の化を曜《かがや》かす)とあるのは、「衡」が重臣を意味して用いられた例であり、「衡主」を理解する上で注意されよう。(13)注の作者は、衡主の語をこのような方向から把え、白壁王に擬したとみられる。なお注の「衡者、朝法滅」云々の件りは難解であるが、後段に「朝法滅ばば、国随いて滅ぶ也」とあることを考え合わせると、あるいは「衡は朝法を滅ぼし」と読ませるのかもしれない。こう読めば、白壁王の即位によって天武系の皇統による朝廷が崩壊したことを述べているとも解せないことはない。末尾近くの「宗破れ」は、宗廟が破れるの意であろう。こうした注が、光仁朝より著しく降った時代に作られる可能性は、やはり小さいといわねばなるまい。「高野天皇」や「清原(天皇)」「近江(天皇)」などの用語についても、総合的にみて同様なことがいえようと思う。

ではこの注は、小峯氏が懸念されたように、桓武天皇と比叡山を結びつける意図をもって作られた可能性があるであろうか。この点を考えるについて注意されるのは、仏教色が濃いとはいえ、この注に天台宗や真言宗に関する具体的な言及がなかったらしいことである。もちろん、注の全体が伝わっていない以上、全く言及がなかったと言い切ることはできないが、逆にもし関連する記述があったとすれば、『延暦寺護国縁起』が、延暦九年注を敷衍して、次のように述べているのは不可解である。

謹案和注意云、本朝王法、光仁天皇御代、百王流尽也。称徳天皇崩御後、依㆓王孫尽㆒、白壁王子起、准三公一大納言是也。改㆑之為㆓継体君㆒。光仁天皇申是也。桓武天皇者光仁天皇御子也。（中略）光仁天皇以後、依㆓仏法之助縁㆒持㆑国。（中略）于㆑時桓武聖主、深知㆓此理㆒、伺㆓仏法之最要㆒。（中略）而延暦年中、伝教大師、始開㆓秘密之奥蔵㆒、専伝㆓天台之妙宗㆒。応㆑時咸得㆓両宗㆒。天皇感悦、而宗中殊崇㆓天台真言両宗㆒、為㆓鎮護国家之宗㆒。開㆓比叡山岳之霊崛㆒、為㆓天子本命之道場㆒矣。

延暦九年注が直接桓武朝の仏教界にふれた記述を行っていたならば、あえて「和注の意を案ずるに」などとするまでもなく、その箇所を引けばすむことであろう。このことは、延暦九年注が、天台・真言両宗の興隆に結びつけた注釈を行っていた可能性が少ないことを物語っているとみられる。延暦九年注が早く佚して、部分的にしか利用できなかったということもありえないではなかろうが、それにせよ、延暦九年注の文中に、「王法」「仏法」のような常套的対句が用いられていないのは注意されるべきで、その内容が独自の古様さを備えていたことが、想定できよう。結局この注は、語句や注釈内容からみて、皇統の交替からさほど降らない時期に、仏家によって作られたとみるべきである。その時期が延暦九年であったかどうかは、もとより明らかでないが、延暦期は皇統の交替をうけ、思想的にも新皇統を正統化する施策が打ち出されたときである(14)。野馬台讖に対して、こうした注が付せられることは大いにありうべきことで、特に反証が見当たらぬ限り、延暦九年という年紀も、一概に否定すべきではあるまいと考える。承平の講書に伴う『日本紀私記』(丁本)には野馬台讖が引用され、それに付随して「本朝僧善樺推紀」というものがみえている。

師説、梁時宝誌和尚讖云、東海姫氏国。

又本朝僧善檡推紀云、東海姫氏国者、倭国之名也。今案、天照大神者、始祖陰神也。神功皇后者、又女帝也。依此唐称姫氏国。

これは野馬台讖の注とみてよかろうが、(15)あるいはこの書が延暦九年注に当たる可能性も考えておくべきであろう。

三　野馬台讖の出自

野馬台讖の延暦九年注に関する私見は右のとおりであるが、最後に野馬台讖そのものの性格について付言しておきたい。

野馬台讖の本邦偽作説が有力なことは、冒頭にもふれた。しかし偽作説を裏づけるさほど確たる根拠があるわけではない。偽作説が唱えられる理由としては、梁の僧である宝誌が、日本の未来を予言した詩を作るはずがないということがあげられる。しかし野馬台讖が日本に関する予言であるというのは、詩の冒頭の「東海姫氏国」を日本と解するところから来るのであって、その点に確かな証拠がないとすれば、話は変わってこざるをえないであろう。「東海姫氏国」を日本と特定すべき徴証はないし、他に日本と限定できるような用語もない。そもそも「東海姫氏国」が、はたして特定の地域や国をさしているのかどうかも明らかでなく、予言詩の主題として設定された可能性も捨てきれないであろう。題名の「野馬台」は、日本をさすと考えられるが、古い引用例である『日本書紀私記』(丁本)の場合、単に「宝誌和尚讖」とあるのみで、題名の「野馬台」(耶馬台、邪馬台)が国号論議の材料とされていないことは、これが本来の題であったかどうかに疑問を投げかける。平安時代前期の学者たちは、野馬台讖を中国製の詩と認めたからこそ、講書の資料としたのではなかったか。どこが文頭でどこが末尾ともわかりにくい、一見奇異なこの詩の文字排列も、すでに指摘されているとおり、新羅僧義湘の『華厳一乗法界図』[16]に類例がある。宝誌の作か否かはともかく、この讖は中国起源のもので、むしろ八世紀以前に日本に船載されていたとみるべきであろう。

宝亀九年(七七八)冬、遣唐使に従って帰国した法相宗の僧戒明は、在唐中、金陵にあった宝誌の旧宅を訪れ、志公(宝誌)の「十一面観世音菩薩真身」を将来し、大安寺南塔院中堂で供養した[17]。のちこの像は同寺金堂の東南隅に移されたらしい[18]。院政期の『七大寺日記』や『七大寺巡礼私記』には、この金堂像について次のような記事がある[19]。

仏壇辰巳角、宝師和尚、面ヲ曳破現給像アリ。木像也。(『七大寺日記』)

塑《(宝)》誌和尚木像影高三尺。斯像在二仏壇辰巳角一。以二両手一擗二面皮一、其中現二仏身一者也。其体不可思議也。倩見レ之有二精霊一。(『七大寺巡礼私記』)

これらによると、宝誌の顔面が裂けて、中から十一面観音が現れるところを表現した像で、面皮を両手で開く形に作られていたことがわかる。観音の化身であり、神秘な予言力をもつ宝誌のイメージが、遅くともこのとき日本に紹介されたことは確実である。宝誌作と伝える野馬台讖もまた、このころまでに日本に将来されていたとして何らおかしくない。野馬台讖の延暦九年注が仏家の手に成ったとすれば、南都の僧との関わり以外には考えられないが、南都の仏教界に宝誌信仰がまず移植されている事実は注目されてよい。戒明の帰朝した宝亀九年は、光仁天皇の治世が軌道にのり、新しい動きがさまざまな分野で始まりつつあった時期である。戒明が帰途を共にした宝亀の遣唐使も、光仁天皇を中心とする政権の意向を色濃く受けた使節であったとみられる[20]。宝誌信仰が脚光を浴びるのと並行して、野馬台讖に時勢に即応して付けられたのが、延暦九年注であった可能性は、決して小さくないというべきであろう。

(1)　「宝誌和尚讖」(『日本書紀私記』丁本)、「邪馬台讖記」(宮内庁書陵部『壬生家文書(六)』一六〇六号裏)など、古代には讖と呼んだようであり、本稿では「野馬台讖」に統一する。
(2)　小峯和明「野馬台詩の言語宇宙——未来記とその注釈」(『思想』八二九号、一九九三年)参照。以下小峯氏の見解として引用するのは、すべてこの論文による。
(3)　『続群書類従』釈家部、『大日本仏教全書』一二六巻所収。以下の引用では、小峯和明注(2)前掲論文所引の叡山文庫本(文安四年〔一四四七〕書写)を参照し、異なる箇所は(　)付きで示した。
(4)　神鷹徳治編『歌行詩諺解』(勉誠社文庫一三八、一九八八年)参照。
(5)　注(3)参照。
(6)　法書会編輯部『五体字類』(西東書房、一九一六年)による。
(7)　『続日本紀』『経国集』(巻十)など。
(8)　「浄御原」を「清原」と表記する例は、『古事記』序文、采女氏塋域碑、薬師寺東塔檫銘、威奈大村墓誌などにみえる。
(9)　注(6)前掲書。
(10)　『万葉集』巻二(一四八番)、『延暦僧録』近江天皇菩薩伝(『日本高僧伝要文抄』第三所引)、『上宮聖徳法王帝説』など。
(11)　藤原楚水『書道六体大字典』(三省堂、一九六一年)による。
(12)　『参天台五台山記』熙寧五年十二月一日条所引。
(13)　「衡」にこのような意味が付せられているについては、「帝車」(天帝の乗車。『史記』天官書)とされる北斗七星の一つに衡(玉衡)があることと関係があろうか。玉衡は、北斗七星の柄を構成する三星をいう場合もあり(『晋書』天文志)、北斗全体をさす(『文選』巻九、長楊賦の李善注所引韋昭説)ともいう。
(14)　拙著『遣唐使船』(朝日選書、一九九九年)第四章。
(15)　「推紀」は、おそらく字形の類似に基づく「注記」ないし「註記」の誤写であろう。また僧善檡の「檡」には異体字が用いられているが、あるいは「釈」の誤りか。
(16)　『大正新脩大蔵経』(45)、『国訳一切経』諸宗部(4)所収。
(17)　『延暦僧録』智名僧沙門釈戒明伝(『日本高僧伝要文抄』第三所引)。戒明の帰国は、同伝によって大暦十三年(宝亀九年)時点での在唐と宝亀十年時点での在日が知られるので、宝亀九年冬帰国の遣唐使船によったとみられる。
(18)　毛利久「宝誌和尚像」(『日本仏像史研究』法藏館、一九八〇年、一九四八年初出)参照。

(19)　藤田経世編『校刊美術史料』寺院篇(上)(中央公論美術出版、一九七二年)、奈良国立文化財研究所『七大寺巡礼私記』(一九八二年)。

(20)　拙著注(14)前掲書に同じ。

(補注)　小峯和明氏の所論は、その後、本稿の結論なども取り込み、著書『野馬台詩』の謎』(岩波書店、二〇〇三年)に展開されている。また神野志隆光「「東海姫氏国」考」(『論集上代文学』二六冊、笠間書院、二〇〇四年)は、延暦九年注の「一書云」について、別の解釈を提示している。

7　秦王国と徐福

『隋書』東夷伝倭国の条（いわゆる倭国伝）には、来日した隋使裴世清ら一行が、九州から飛鳥の都に向かう途次、「秦王国」を経過したことが記されている。

又東至秦王国、其人同於華夏、以為夷洲、疑不能明也。

（又東して秦王国に至る。其の人華夏に同じ。以て夷洲と為すも、疑うらくは、明らかにする能わざるなり）

この秦王国については、これまで種々の言及がなされているが、[1] いまだ定論はないといってよいであろう。その中で有力なのは、「秦王」を周防（スハウ）の音訳とする説である。しかし周防の古い表記「周芳」（『日本書紀』景行十二年九月条ほか）などから古代音を推定すれば、スハ（スパ）に近いものであり、「秦王」の音とは似ていないといってよい。和語の音訳という着想から秦王国を論ずるのは妥当とはいえないであろう。秦氏の勢力圏に結びつける説も、従来は「秦」字の共通性のみが拠り所で、格別確かなものとはみえない。新たな視点から秦王国を考え直すべきである。

秦王国を理解するについて最も注目されるのは、坂本太郎氏の理解である。[2] 坂本氏は秦王国を、「秦の始皇帝が方士の徐福に命じて蓬莱の国を東に求めさせたという伝説に由来する名ではないか」とされ、その根拠として『隋書』に「夷洲と為すも、疑うらくは、明らかにする能わ」ずといい、「其の人華夏に同じ」とあることをあげられた。『後漢書』東夷伝の倭の条に、「又夷洲及び澶洲《せんしゅう》有り。伝えて言わく、秦の始皇、方士徐福を遣し、童男女数千人を将いて海に入り、蓬莱神仙を求めしむるも得ず。徐福、誅を畏れ、敢て還らず、遂に此の洲に止まる」とあるのは有名な事実である。坂本氏の解釈は、まさに当を得たものといえよう。徐福の渡来地をめぐる話題がもてはやされている中で、この坂本説が全くとりあげられていないのは不思議なことといわねばならない。

しかし坂本氏は、せっかく秦王国が徐福や夷洲に関係することをいわれながら、「秦王国」の語義を字に即して直接には解き明かしておられない。徐福の「伝説に由来する名」というだけでは、いささか隔靴搔痒の感がある。思うに秦王国とは、「秦王」即ち始皇帝の国という意味であろう。始皇帝は、その二十六年に新しい帝号を丞相らに議せしめ、「皇帝」の号を採用するが、それ以前は『史記』においても「秦王」とある。『史記』の始皇本紀は、徐市（徐福）の渡海を始皇二十八年条にかけているから、「秦王」の称はふさわしくないといえるが、同じことにふれた淮南王安列伝（『史記』巻一一八）の文中では、海神の言として、「秦王」の称が使われている。徐福は始皇帝の臣として、その命で渡海したのであるから、その定住地が秦王の国と呼ばれるのは不当なことではない。秦王国を始皇帝の国と解すべきことは、これで明らかであろう。『隋書』の文は、従来岩波文庫の読み下しが流布しており、先にはそれによって掲げたが、以上の解釈をふまえ、次のように読み改める必要がある。

又東して秦王国に至る。其の人華夏に同じ。以為《おもえら》く、夷洲なりと。疑わしきも明らかにする能わざる也。

「秦王国の人々は中華と同じで、この地は夷洲、即ち徐福の末裔たちの居住地と思われる。（中華と）似通っていて区別できないほどであるが、（夷洲と）証明することはできない」というのである。この場合の「疑」は判別できないほど似ている、の意であろう。

そうなると隋使によって秦王国とされたのが何処であったのかが、改めて問題になる。従来から指摘されているように、『隋書』の叙述順序からすると、秦王国が九州と畿内の中間にあったことは確かであろう。その場合すでにいわれているとおり、秦氏の居住地との関連が注意されるべきである。『新撰姓氏録』などによると、秦氏は秦の始皇帝の子孫という伝承をもっている。これをそのまま事実と認めるには問題も多いが、秦氏が朝鮮に渡った中国系移民の末裔とみるべきことは、西本昌弘氏の論ぜられたとおりであろう(3)。隋使が何らかの形で秦という氏の存在を知り、中国的な色彩をとどめるその生活や文化に接したならば、これを徐福の渡来定住に結びつけることは、充分に考えられる。隋使の認識の背景には、おおむね以上のような事情が想定できよう。

しかし周知のとおり古代史料一般から知られる秦氏の分布は全国的で、必ずしも一地域に偏してはいない。九州から畿内の間に秦王国の存在が認識されたのは、それがたまたま隋使の経過路に当たっていたからであろう。従って秦王国の比定地は多々考えうるわけで、これを特定の地域に限定して、秦氏の勢力を云々するのは避けておくのが穏当である。ましてや『隋書』の記事が、近年盛んな徐福の渡来地をめぐる議論に、決定的な寄与をなすものでないこともいうまでもないであろう。

(1)　代表的なものとして、平野邦雄「秦氏の研究」(『史学雑誌』七〇－三・四、一九六一年)、大和岩雄『秦氏の研究』(大和書房、一九九四年)を挙げておく。
(2)　坂本太郎「『日本書紀』と『隋書』」(『日本古代史叢考』吉川弘文館、一九八三年)。
(3)　西本昌弘「楽浪・帯方二郡の興亡と漢人遺民の行方」(『古代文化』四一－一〇、一九八九年)。

第二章　古文書

編纂物だけでは、たとえ情報量は多くても歴史の細部はわからない。そこで古文書の存在が重要となる。ここには古文書の諸相を考える論を集めた。**1**、**2**は、伝来過程を含む正倉院文書の考証である。同文書は二次的に裏面を使われて伝わったものが多く、この文書群の一特色となっていて、内容の分析にも文書の表裏関係という視点が欠かせない。**3**は、作成後、証拠書類として伝えられた文書が、伝来の中で価値を変容させてゆく例を論じた。**4**は宮城図という記録の史料批判を通じ、奈良・平安前期の官衙配置を探る。**5**は、弘法大師空海の出家、入唐に関わる公文書について、その真偽を多面的に検討した。

1 『訪書余録』所載の写経生試字

一 はじめに

正倉院に伝来した奈良時代の古文書中に、写経生採用の際の試字があることは、江戸時代以来、周知の事実である。しかしそれらの試字が、実際にどのような意味をもったかという点になると、まとまった考察はなされていない(1)。それのみならず試字の中には、いまだ学界でとりあげられていないものも存する。この小考では、従来看過されてきた試字の一例を紹介し、改めて試字のもつ意義を探ってみることとしたい。

二 『訪書余録』の試字の検討

正倉院伝来の試字は、写経愛玩の趣味が興るにつれて早くから流出したらしく、現在民間にあるものが少なくない。しかし正倉院に現存するものも含め、試字のほとんどは『大日本古文書』(編年之部、以下『大日古』と略称)に収録されており(2)、その写真も様々な形でこれまでに公刊されている(3)。ただ従来見落とされている試字もないわけではなく、和田維四郎氏の『訪書余録』本文篇(4)に挿図として掲げられている試字(図6)は、その一例といえよう。いまその内容を示せば次のようになる。

菩老得生来論尊善楽除猶道薩摩足□（之カ）
説薬余彼及至有□仏而不我於此真之一
意世是念哉差死非其何信天諸自現於又
観難羅明尊見語後無眷経巳成則当二
如機趣衆作理広共庶然第六言不而

式部書生従八位上古乎万呂貢

大鳥連春人

天平廿一年正月十九日

預千部所

判官田辺史真人

判

この試字は、末尾に官人の判語をもつ点に特色がある。即ち従来よく知られている試字は、二―六行の試字のあとに筆者の名が書かれただけの簡単なものが多い。稀に判定の語とみられる書入れがあっても、「未定」「不定」といった短いものである。管見では、前掲の試字について、これまで他に言及した文献はないようであり、また現時点での所在も筆者は把握していない。しかしもしこの試字が信頼できるならば、試字の機能や意義を考える新たな材料といってよかろう。原文書の所在が不明である以上、信憑性の追及にも自ずから限界はあるが、残された写真を手掛りに、可能な限り検討してみよう。

まず疑問点からみてゆくと、次のような諸点が浮かんでくる。

(1)保存状態があまり良好でないこと。

(2)裏文書がないらしいこと。

(1)に関しては、写真でも明らかに看取できるように、虫損と全面にわたる多数の皺がある。この文書の性格から考えて、正倉院以外に伝存したとは思えないが、これが正倉院文書とすれば、他の文書と比べ、保存状態に差があるのは否めないであろう。一般に正倉院文書は、一千年以上を経過しているにもかかわらず、極めて保存状態の良いのが特色である。次に(2)の裏文書の存否は、写真から断定するのは困難である。しかし裏文書がある場合によくみられる、表面への墨の通りは認められない。またこの文書に裏打があることは写真から明らかであるが、裏文書があるとすれば、これもやや理解しにくいことである。

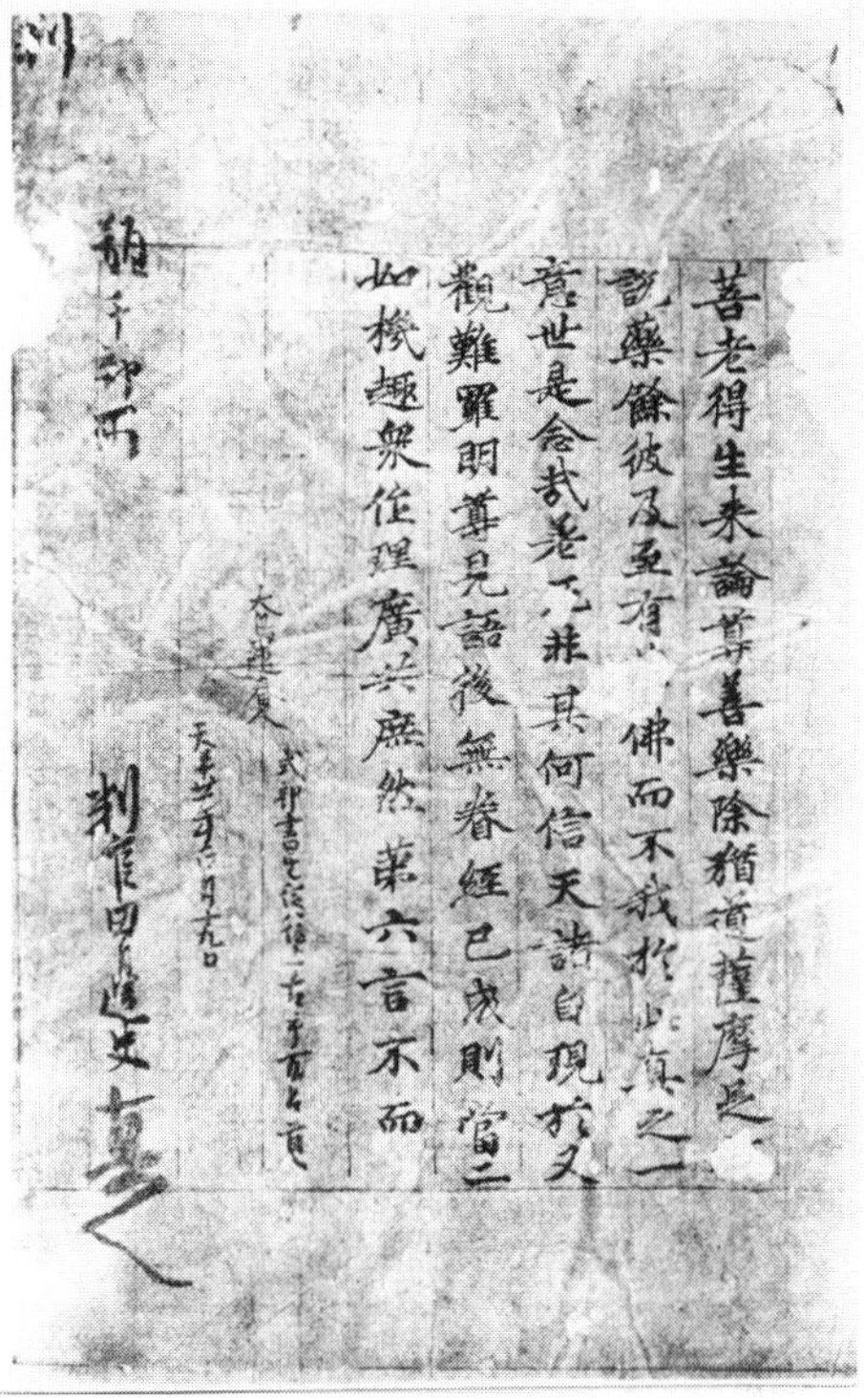

図 6 『訪書余録』の試字

しかし以上二つの疑問は、決定的とはいいがたい。正倉院文書の中にも、おそらく保存条件の違いからであろうが、損傷を受けている文書もないわけではない[5]。また流出文書には虫損のみられるものもあって[6]、流出時期が早ければ早いほど、庫外に出てから虫損を蒙る可能性も高いであろう。文書の皺については、丹裏文書の例が想起される。丹裏文書とは、周知の通り造東大寺司で丹を包んで保管す

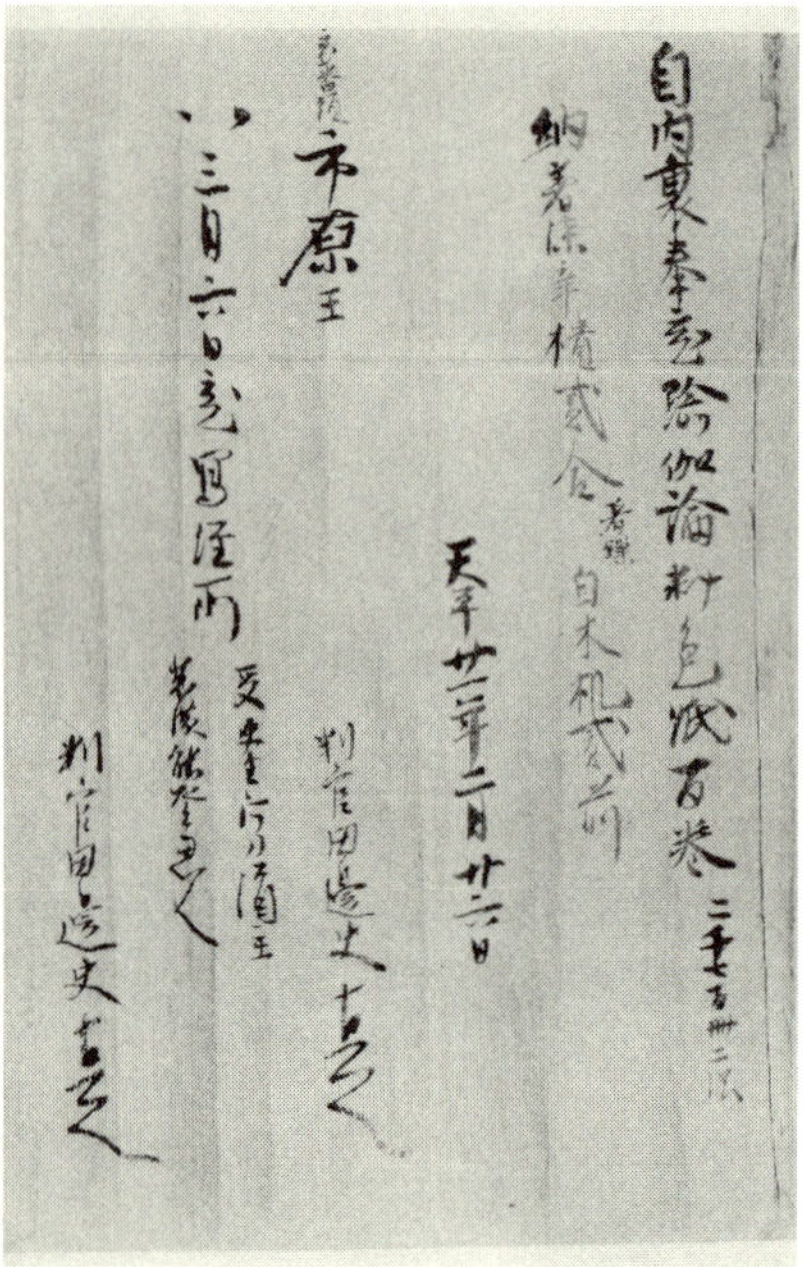

図7　写一切経所装潢紙充帳

るのに使われた反故文書のことであり、[7] その中には包んだままの旧状をとどめるものも多いが、延ばされて正倉院文書に混入した文書もあり、[8] また流出の例も知られている。[9] 丹裏文書は、包まれていたときの大きな皺と、丹の付着痕跡を特徴とする。問題の試字に丹の痕跡があるかどうかは、写真からは判断できない。皺の存在のみでは丹裏文書に結びつくとはいえず、また現在知られている丹裏文書中に試字はないが、一応そのような可能性も考えておくべきであろう。なお特殊な場合であるが、流出文書の中には、剝がされて表裏別々になった試字も存在する。[10]

形状の面で特に不審な点がないとすれば、本文書の信憑性は内容から判断されねばならない。それについて最も有力な手掛りとなるのは、文書の筆蹟である。この文書は、大きく分けて三つの部分から成っており、

(イ)冒頭から「大鳥連春人」まで　大鳥春人の試字と署名
(ロ)大鳥春人の署名の下の1行と年月日　春人の貢進に関する注記
(ハ)末尾二行　田辺真人の判語と署名

となる。このうち(イ)の部分は、正倉院文書中に適当な資料がなく、大鳥春人の確実な筆蹟と比較することはできない。しかし(ハ)を書いた田辺真人については、正倉院文書中に自筆文書が多数残存し、比較が可能である。たとえば第7図

は、同じ天平二十一年のものとみられる写一切経所装潢紙充帳（続々修三十七帙四巻）[11]の一部である。この部分は、全体が田辺真人の自筆と判断される。これを(ハ)と比べれば、双方の筆蹟の酷似しているのが知られる。この他、(ロ)の二行は、墨色の調子から明らかに同筆であろうが、その年月日部分を第7図と対照するならば、(ロ)もまた田辺真人の筆蹟としてよいであろう。偽筆によって、これだけ自然な類似が可能とは考えがたいのではあるまいか。なお試字の方の「真人」二字は、他の部分と筆勢・墨色に著しい差があるが、名の部分のみこのような変化をつけて自署を強調することは、奈良時代の文書に珍しくなく、第7図の文書でもその傾向がある程度みられる。

以上の理由から、私はこの文書を信ずべきものと判断する。本文書の記載内容も、この判断に抵触しない。すなわち(ロ)(ハ)によれば、大島春人は天平二十一年正月、古乎万呂《このおまろ》により写経生として貢せられ、その直後、判官田辺真人は「千部所」に預らしめることを判許したとみられる。判官とは、いうまでもなく造東大寺司のそれであり、真人は正倉院文書に天平十八年十二月以降、この職で登場している[12]。「千部所」は、前年より始まった、千部法華経書写[13]のための写経所であろう。事実、大島春人は、この文書の日付の直後、正月二十八日に、千部法華経書写の料として筆墨を請け[14]、以後同事業の写経生として、正倉院文書に現れてくる[15]。

ただ一つ問題なのは、貢進者古乎万呂の位階であろう。古乎万呂が式部書生であったことは、天平二十一年（天平勝宝元年）の経師等上日《じょうじつ》帳（『大日古』一〇、三四四頁）から明らかである。しかし同文書には従八位下とあって、この文書と一階の差がある。経師等上日帳は、天平二十年八月から翌年八月までの上日を記しており、この試字の文書と同時期のものといってよい。にもかかわらずかかる違いがあるのは、疑えば疑えよう。しかし顧みると、二つの文書とも古乎万呂当人が書いたものではない。いずれかの文書が誤った記載をしていることも充分考えられる。乎万呂は、天平勝宝元年八月から二年七月までの上日を記す経師上日帳（『大日古』三、三〇二頁）では、式部省の書生、正八位下としてみえる。ほぼ一年の間に昇叙されたことが知られるが、『続日本紀』を検すると、天平二十一年四月朔と、翌天平勝宝二年正月丙辰(二十七日)の二回にわたり、造東大寺司関係者に対して昇叙が行われている。乎万呂がこれらの対象になったとすれば、天平二十一年正月の時点では、なお従八位下であった可能性が強くなる。しかし式部省の書生という地位からすれば、乎万呂はこの叙位の対象外であったとも考えられよう。その場合は、四月朔に行われた六位以下官人への一階昇叙が注目される。正八位下を、この叙位の結果とみれば、二十一年正月には既に従八位上であったはずである。これ以外に成選《じょうせん》叙位の可能性も全く否定はできないであろうから、どちらの位階が正しいか、にわかに結論は出せないが、位階の異同を以て先の試字の文書を疑うには及ばないであろう。

三　写経生の採用と試字

前節までの考察により、この文書の信頼すべきことは明らかになったと考えるが、この文書が試字の中でも特異な形式をもつことに変わりはない。本節ではこの文書をいかに位置づけるべきかをめぐって私見を記しておく。

このように詳細な書入れを備えた試字は、確かに珍しいが、いわゆる優婆塞貢進解にまで目を向けると、類似のものがあるのに気づく。たとえば次のような例である(『大日古』二五、七九頁)。

貢　智識□□(人事カ)

「正丁」
雀部御垣守年廿四　参河国宝飫郡形原郷戸主雀部小虫戸口

天平勝宝二年五月十五日

(異筆)
「充千手千眼堂

主典葛井連根道」

五月

この文書は、実際には優婆塞貢進文と断定はできず、智識人《ちしきにん》の貢進に関するものとしておくのが穏当であるが(16)、末尾に造東大寺司主典の判語があって、勤務場所を指定している点など、先の試字の文書と共通するところがある。このような貢進文の実例や、試字の文書における貢進者に関係した(ロ)の記載の存在などを考慮すれば、いま問題としている試字は、貢進文的な性格もあわせ備えているとみるべきかもしれない。試字の提出が、写経生に採用される目的でなされることはいうまでもないが、その意味では優婆塞・仕丁などの候補者を、必要な選考資料を添えて貢進するのと似通う点がある。なお試字の場合、貢進者の名前を付記した次のような例があるのも、中間的な形態の一種として注意されよう(『大日古』一一、一〇七頁)(17)。

実有愚為聖作徳自周業者不可賢相世一
明徳言廻名将是大服軍尓成天朝無民無
如彼至同以善於之提也俗故是人若光則
至請実天時知照無時是自得生如不於可

丹比連広国
(異筆)「貢秦姓乙安」

問題としている試字の特異性は、以上の観点から説明できるとしても、試字の判語に精粗、有無さまざまな多様性があることは、依然問題として残る。この差違をさらに詳しく検討するには、試字がどのような場で、いかなる手続きのもとに行われるのかが明らかにされねばならない。しかしそれをうかがわせる具体的な手掛りは、実物の上にはほとんど残されていないというべきであろう。わずかに注意されるのは、試字の一部に連貼されたもののあることであるが(18)、これも一部が残存するのみであって、それ以上の考察は困難である。ただ先の試字の文書に、造東大寺司判官田辺真人の判があることは、判定が写経所の本司、造東大寺司で行われたことを推測させよう。

実例からの考察に限界がある以上、注目されるのは、『弘仁式』(式部式)にみえる次のような史生採用の手続きである(19)。

試補諸司史生

諸司番上有読律令格式・維城典訓、幷工書算者、省召其身試之。被召之人、就省掌東座。丞・録・史生転命、省掌承伝、並如上儀。候人称唯、進立屛下。録披簿唱之。候人称唯、就版位。録読申身才。訖丞命曰、侍座。候人称唯、昇就座。史生置所試書於丞座側、直丁置被試人前〈若工書算者、陳紙筆算等〉。丞命、読其篇。候人称唯、披書而読。略問綱例、訖丞判命之。候人称唯退出。其試書算者、写書乗除、訖監試之官、具録其状、連署為記、随才擢用諸司史生〈試図書寮雑色生亦准此〉。

(諸司の史生《ししょう》を試補す。

諸司の番上、律令格式・維城典訓を読み、幷せて書算に工みなる者有らば、省、其の身を召し之を試む。召さるるの人、省掌の東の座に就く。丞《じょう》・録《さかん》・史生、命を転じ、省掌承り伝うること、並びに上の儀の如し。候《さぶら》う人、唯《お》と称し、進みて屛下に立つ。録、簿を披《ひら》きて之を唱う。候う人、唯と称し、版位《へんい》に就く。録、身の才を読申す。訖《おわ》りて丞命《おお》せて曰く、「座に侍れ」と。候う人、唯と称し、昇りて座に就く。史生、試みる所の書を丞の座の側に置き、直丁《じきちょう》、試みらるる人の前に置く〈若し書算に工みならば、紙・筆・算等を陳ず〉。丞命す、「其の篇を読め」と。候う人、唯と称し、書を披きて読む。略《ほぼ》綱例を問い、訖りて丞、判して之に命す。候う人、唯と称して退出す。其の書算を試みるは、書を写し、乗除し、訖りて監試の官、具《つぶさ》に其の状を録し、連署して記を為《つく》る。才に随いて諸司の史生に擢用す〈図書寮の雑色生《ぞうしきしょう》を試みるもまた此れに准ず〉。）

この規定は、末尾にもある通り図書寮の雑色生にも準用された。図書寮の雑色生とは、写書生・装潢生・造紙生・造筆生・造墨生をさすものと思われるが[20]、条文の内容からみると、この場合、おもに写書生をさすと考えてよい。一方、大宝令制下の正倉院文書には、写経所に出仕した「図書寮書生」がみえるから、写書生は単に書生とも通称されたのであろう[21]。職務が類似する以上[22]、書生採用の場合の課試方法が、写経生の採用にあたってとられた可能性は大きいのではあるまいか。

前引の式条は、番上の試験の課題書に律令格式と『維城典訓』を挙げているところから、明らかにこれらの書を登用の条件とした天平宝字三年六月丙辰（二十二日）の勅[23]をふまえているといえる。従ってここにみえる手続きも奈良時代の状況と大差はなかったであろう[24]。これによると、受験者が複数ならば、一人ずつ名を呼ばれて式部丞の前に出、書蹟で受験する場合は、その場で「写書」を行ったとみられる。それが全文を写すのでなく、おそらく現存の試字のような形をとったことは想像にかたくない。現在残る試字には、一紙の中に二、三名分の試字が連写されている例があるが[25]、複数の受験者がいて、一人ずつ課試されていったとすれば、これも首肯できよう。「写書」が終わると「具録其状、連署為記」とあるが、このとき試字の現物が資料として残されることはありうるであろう。複数の試字が連貼され、そこに短い判語の書き加えられている実例などは、こうした事情を背景に考えるとき、理解しやすいものがある。また式条では、書物の内容を問う場合には、問い終わってすぐに、丞が判命するとしている。本稿でとりあげた試字の文書などは、試人を前においてなされたものかどうかは不明としても、単独に判定の下された場合であったとみるのも一案であろう。『弘仁式』の条文を、写経生の試字の解釈に適用するには、なお問題もあるであろうが、従来のように、試字を写経生独特の課試方法とするような見方は、再考を要すると思う。

四　おわりに

以上、『訪書余録』所載の写経生試字をめぐって検討してきたが、その結果、この試字は信頼すべきものであって、流出した正倉院文書の一葉とみるべきことが明らかになった。従来知られている試字、貢進文の実例や『弘仁式』の条文とあわせて、写経生の試字につき新たな意義づけをも模索してみた。これを機に、この文書についてさらに広い視点から考察が加えられ、ひいてはこれに関する直接、間接の資料が現れてくることを期待して筆をおく。

(1)　試字に関する注目すべき言及としては、皆川完一「写経試字」(『書の日本史』一、平凡社、一九七五年)、今泉隆雄「所謂「平城京市指図」と東西市の位置」(『古代宮都の研究』吉川弘文館、一九九三年)があげられる。

(2)　『大日古』一一、一〇七―一一二頁、同一九、一三三―一四〇頁、同二五、一九七頁。この他、注(3)『正倉院文書拾遺』文書番号16の写経試字(『大日古』未収)があるが、これには筆者の名が入っておらず、単なる習書の可能性もある。

(3)　『大日古』一一、一九の図版の他、佐々木信綱『百代草』(一九二五年)、同『天平余光』(竹柏会、一九三〇年)、飛鳥園編『天平文化展大観』一(刊年不詳)、天理図書館編『古写経』(『善本写真集』二五、一九六五年)、同『古文書集』(『天理図書館善本叢書』六八、一九八六年)、国立歴史民俗博物館編『正倉院文書拾遺』(一九九二年)、『書道全集』九(平凡社、一九五四年)など。

(4)　第三編、一一八頁、一九一八年。一九七八年復刻。

(5)　最もはなはだしいのは「塵芥文書」である。

(6)　香川県松岡弘泰氏蔵の百部法華経充本帳はその例。国立歴史民俗博物館編注(3)前掲書、文書番号15参照。

(7)　『大日古』二五、一五五頁図版参照。

（8）たとえば続々修四十七帙五巻所収のものなど。
（9）国立民俗博物館編注（3）前掲書、文書番号28の新羅飯万呂請暇解。
（10）国立歴史民俗博物館編注（3）前掲書、文書番号33の桑原村主安万呂試字。この試字については、横山由清編『尚古図録』（一八七〇年）に、「旧山科元幹所蔵。記其皮紙云、紙背原有天平十九年造一切経所之文矣。則本書之旧可見也」とある。
（11）『大日古』一〇、二六六頁以下。
（12）『大日古』一一、二二五頁、三五八頁など。
（13）この写経事業は、天平二十年正月から天平勝宝三年五月まで行われた。土田直鎮「千部法華経料紙筆墨充帳の形態」（『奈良平安時代史研究』吉川弘文館、一九九二年）参照。
（14）『大日古』一〇、五三九頁。
（15）『日本古代人名辞典』二（吉川弘文館、一九五九年）の大鳥連春人の項参照。
（16）鬼頭清明「天平期の優婆塞貢進の社会的背景」（『日本古代都市論序説』法政大学出版局、一九七七年）参照。
（17）この試字は、本文に掲げた以外に、なお前後各一行の文字があるが、両行とも文字の排列に乱れがあり、本来の試字に追記された可能性が強い。そこでこの二行は省いて掲げた。なお今泉隆雄氏は、注（1）前掲論文で、この試字を『大日古』一一、一〇八頁以下の試字と本来一連のもので、連貼されていたとされている。しかしこの試字の裏面が空のままであることや、本文でも記したように貢進者名があることなどからみて、一〇八頁以下の試字とは別のものと判断すべきであろう。
（18）今泉隆雄注（1）前掲論文参照。
（19）引用は国史大系本に拠る。双行注は〈　〉付で掲げた。
（20）『令集解』職員令6中務省図書寮条に引く『令釈』によれば、養老令では「写書手」となっている職名が、大宝令では「写書生」であったことが知られる。このことは装潢生以下についても同様であったとみてよい（野村忠夫『律令官人制の研究』〈吉川弘文館、一九六七年〉四一二頁）。『弘仁式』の「図書寮雑色生」は、大宝令制下以来の称呼を存したものであろう。
（21）『大日古』三、四三三頁、同一〇、三四六頁、同二三、一七五頁など。写経所文書の「書生」を、大学寮の書学生に関連づける説もあるが（波々伯部守「九世紀における地方行政上の一問題」〈『史泉』五〇号、一九七五年〉）、書生に有位者がいることから考えて、この解釈には従いにくい。
（22）写書手の職掌は、『令義解』職員令によると、「校写書史」とある。
（23）『続日本紀』同日条。

（24）『弘仁式』の規定は、『延喜式』にも継承されているが、承和十三年六月甲申（十五日）には、図書寮雑色生の採用にあたって、式部省の監試をやめ、本司の決定に拠ることが令されている（『続日本後紀』同日条）。従ってこの時点で式部省の関与は直接にはなくなったと判断される。

（25）『大日古』二一、一〇九頁、一一一頁、同一九、一三八―一四〇頁。

2　写経生試字紙背の食口案断簡
――正倉院流出文書の一例――

正倉院より流出した古文書については、一九九二年に国立歴史民俗博物館から刊行された『正倉院文書拾遺』に、現下の研究成果が網羅され、多大の便宜を得ることができる。しかしなおそれに言及されていない資料もあり、前節でとりあげた『訪書余録』所載の写経生試字[1]もその一つである。このような流出文書については真偽の確認が重要であるが、実物は確かめられないものの、信憑性の高いと考えられる別の一例をここに紹介し、私見を記しておく。

問題の断簡は、林若吉氏(号若樹)の旧蔵にかかり、明治末から大正末年にかけ、林氏らの主催する集古会に三回にわたって出品されたものである[2]。その文面は会誌たる『集古会志』『集古』に掲載されているが[3]、いまそれに基づいて釈文を示すと左のようになる。

(表)経師廿七人　装潢四人已上卅一人二廿〔升〕校生四人別一升六合案主一人　舍人一人　仕丁七人已上九人一升二合□□二
人一人一升二合 一人八合
十八日五十人　米八斗八升
経師廿九人　装潢四人已上卅三人別二升校生四人別一升六合　案主一人　舍人二人　□□三人　仕丁七人已上十三人 別一升二合
案主上

（裏）諸仏我等不空経家則風一切如盛先世不者流即仏号無量雖羅尼及南无迦人
矢作部広益

用紙は黄麻紙、寸法は長さ九寸八分、幅六寸一分、とある。

集古会への出品目録中に掲出されたものであるため、改行の状況や字間の空き具合など不明な点もあり、誤植・誤脱もみうけられるが、右には最小限誤字・脱字を正して示した。

これは一見して明らかなように、写経生の試字を翻して食口案を記した断簡である。矢作部《やはぎべ》広益は、宝亀二年三月八日、経師として貢上され（『大日本古文書』六、一二六頁）、以後奉写一切経所で写経に従事した人物であった。一方、二次文書の食口案は、類似のものが正倉院に多数あり、宝亀元年から七年にかけてのものがまとまって現存する。またその中には、まま故紙を翻して使用した例があり、現に天理図書館の蔵に帰している二断簡などは、写経生の試字を用いている。[4] 以上のことを勘案すれば、前掲の断簡もとはこれらと一連のものであったが、切断されて流出したと考えてよかろう。

それではこの断簡は、元来食口案のどの部分に属していたのであろうか。栄原永遠男氏による食口案の整理結果[5]を参照すると、宝亀三年六月の断簡である可能性が強い。切断された以上、前後の食口案が現存しているとみるべきであろうが、その中で十七日・十八日の分を欠くのは、この月である。書式や人員、支給量も前後のものと矛盾しない。前掲釈文中空格となっている二字は、前後の例に照らして「自進」であろう。なおこの直前一行―二行の欠行をはさんで、先にふれた天理図書館の二断簡が来るのも偶然ではなく、流出の原因が写経生の試字にあったことをうかがわせる。事実、流出文書には試字が少なくない。[6] 天理図書館の断簡は、いずれも天地を切り縮められているが、林氏旧蔵断簡の寸法の方が、むしろ原状に近いのであろう。この断簡の出現に期待したい。

（1）拙稿「『訪書余録』所載の写経生試字」（本書第二章1所収、初出『古代文化』四一－一、一九八九年）。

（2）集古会第八十一回例会（明治四十四年一月十四日）、同一三一回例会（大正十年一月十五日）、同一四八回例会（同十三年十一月十五日）。

（3）『集古会志』辛亥巻二（大正元年九月）、『集古』辛酉二号（同十年二月）、『集古』乙丑一号（同十三年十二月）の例会出品目録、例会記事参照。なおこれらの雑誌は、一九八〇年に思文閣出版より『集古』と題して一括覆刻され、披見しやすい。

（4）佐々木信綱『天平余光』（竹柏会、一九三〇年）、前記『正倉院文書拾遺』。

（5）栄原永遠男「「食口案」より見た写経事業の運営と経師等の勤務状況　上」（『古代史研究』三号、一九八五年）。

（6）なお林若吉氏の蔵品については、典籍をおもに「若樹漫筆の中より」（『集古』戊寅五号、一九三八年、明治三十七年まで）、『若樹文庫収得書目』（明治三十七年－昭和七年、青裳堂書店『日本書誌学大系』三〇、一九八三年）があり、入手経路が記されているが、この断簡についての記事はない。

3　東大寺封戸処分勅書と御筆勅書文書箱

二〇〇一年の正倉院展に、東大寺封戸《ふこ》処分勅書とこれを収納する文書箱が展示された(1)。この勅書は藤原仲麻呂(恵美押勝)の手蹟として名高いだけでなく、その内容が仲麻呂の専権ぶりを示すものとしても広く知られている。しかし虚心に史料を整理してみると、文書箱の評価ともども、通説には疑問と思われる点も多い。この点については、展覧会当時、求められて草した小文でもふれたが、紙数の制約があって意を尽くさなかった(2)。この小文では勅書をめぐる問題に改めて再考を加えてみたい。

まず勅書の全文を挙げると次の通りである(図8)。

勅

東大寺封伍仟戸

右、平城宮御宇後

太上天皇、皇帝、皇太后、以去天平勝宝二年二月廿二日、専自参向於東大寺、永用件封入寺家訖。而造寺了後、種々用事、未宣分明。因茲今追議定如左。

営造脩理塔寺精舎分壱仟戸

供養三宝幷常住僧分弐仟戸

官家脩行諸仏事分弐仟戸

勅
東大寺封伍仟戸
右平城宮御宇後
太上天皇皇帝皇太
后以去天平勝寳二年
二月廿二日專自参向於
東大寺永用件封入寺
家訖而造寺了後種々
用事未宣分明因茲今追
議定如左
營造脩理塔寺精舎分
壹仟戸
供養三寶并常住僧分
貳仟戸
官家脩行諸仏事分貳
仟戸
天平寳字四年七月廿三日
太師従一位藤原恵美朝臣

図8　東大寺封戸処分勅書(正倉院宝物)

天平宝字四年七月廿三日
太師従一位藤原恵美朝臣

この文書は全文一筆で、仲麻呂の書いたものと認めてよかろう。冒頭の「勅」を孝謙天皇による別筆とする見解もあるが(3)、この「勅」は文書形式を示したもので、天皇の決裁ではなく、この箇所に天皇自筆の決裁がくるのは不審である。筆蹟も特に二行目以下と変わるところはない(4)。

内容は、これ以前に東大寺に施入された五千戸の封を、使途を決めて三分している。前文ではその理由を、造寺終了後の用途が宣せられていなかったためとしているが、その限りでは特にこれを疑うべき要素は見当たらないのではあるまいか。この措置が、光明皇太后崩後まもなく取られていることを考えると、これまで決定を阻む皇太后の意向があるいは働いていたかもしれないが、それにしても、五千戸が将来何の料とすべきかを明確にすることは、極めて当然のように思われる。

にもかかわらず、この処分が仲麻呂の専権に結びつけられるのは、『東大寺要録』巻六に左の記事があるからであろう。

或書云、恵美大臣被レ誅レ罪、依レ分二東大寺封一也。今案レ之、本願聖主施二五千戸一、於二一千戸一者配二修理料一、於二四千戸一者為二供養三宝料一也。然供養三宝料之内、減二一千戸一、成二官家功徳分一。乍レ云二功徳分一、背二本願旨趣一耳。

仲麻呂が「本願聖主」、即ち聖武天皇の意にそむき、四千戸のうちから二千戸を減じて官家功徳分としたため、誅せられることになったというわけである。確かにそのような経緯があるならば、事情は変わってくる。ではその本願の意志とは、いかなるものであろうか。

天平勝宝二年（七五〇）に封三千五百戸が増されて五千戸となったときの『続日本紀』の記事（二月壬午条）には、何ら手掛りがない。むしろ注目されるのは、封戸処分勅書と同じ東南院文書に含まれる、左の聖武天皇勅書である。(5)

勅旨

封五仟戸

右、奉レ入二造東大寺料一。其造寺事了之後、壱仟戸者、用二修理破壊料一、肆仟戸者、用二供養十方三宝料一、永年莫レ動、以為二福田一。伏願以二此无尽之財宝一、因施二无相之如来一、普度二无辺之有情一、欲レ証二无余之極果一。

天平勝宝元年

平城宮御宇太上天皇法名勝満

藤原皇太后法名

今帝法名隆基

五千戸の封が前年に施入されたものであり、そのときの聖武天皇の決定がこのようなものであったとすれば、仲麻呂の処分がそれに反することは明白であろう。しかしこの勅書は、『続紀』との齟齬や形式、用語、筆蹟から真正の史料とは思われず(6)、偽文書とみるべきことは既に指摘のある通りであろう(7)。さらに注意されなければならないのは、『東大寺要録』の成立した十二世紀初めには、この偽文書が信頼すべきものとして評価を確立しており、寺家が封戸の領有を主張する裏づけとして尊重されていたことである。他に確かな史料や古伝が存在していたならば、このような偽文書を作る必要はないわけで、この文書の存在が、封戸施入時に格別の条件が付せられなかったことを、かえって証明するといわねばならない。

仲麻呂の失脚後も、彼の行った処分がくつがえされていないのは、このことを裏づけると思われる。仲麻呂のとった政策が、その叛死後、多く復旧されたのは周知の通りである。ましてその当時、孝謙女帝は健在であり、仏教信仰に厚く、封戸施入時には聖武夫妻に同行してもいた天皇が、重祚後にこの処分を取り消しても全く不思議ではない。それが行われなかったということは、処分が単に仲麻呂の専横の結果ではなかったからであろう。

宝亀十一年(七八〇)になって、仲麻呂の措置に変更が加えられ、官家修行諸仏事分は東大寺の別庫に納め、三綱と諸司が立会いで出納することとなった(『類聚三代格』巻八、大同三年三月二十六日付官符)。この措置は一旦延暦十四年(七九五)に廃されたが、大同三年(八〇八)に再び東大寺の別庫に納めることとなり、今度は僧綱、三綱、大和国司が収納物を点検すること、支出には民部省への申請と官符による許可が必要であることが定められている。これらは確かに仲麻呂の処分を緩和したものであるが、基本的に封戸の用途を政府が厳しく勘査する点では共通しており、決して寺家の自由裁量に委ねる措置ではなかった。仲麻呂の処分の趣旨は、形を変えてではあるが、継承されているといってよいであろう。

このようにみてくると、仲麻呂がその専権をもって聖武天皇の意図をくつがえしたというのは、東大寺側が自らに都合のよいよう作り出したものであることが明らかである。その点、聖武天皇の偽勅書は、寺家にとって仲麻呂筆の勅書よりもはるかに重んぜられるべき文書であり、この位置づけは後代に至るまで変化がなかった。東南院文書が東大寺の手を離れ、正倉院に入ってからのことであるが、帝室博物館で刊行した正倉院宝物の図録『奈良の落葉』(明治十四年刊)や、大蔵省印刷局の出した複製『朝陽閣集古』シリーズ中の「御宸翰幷勅書」(明治十六年刊)は、いずれもこの偽勅書を巻頭に収めている。近世までのこの文書に対する評価が、そのまま明治初年まで受けつがれた結果であろう。

二〇〇一年の正倉院展に、仲麻呂筆の封戸処分勅書に付属して出陳された文書箱（図9）は、まさにこの偽勅書を収納していた箱である。そのことは、次のような箱の墨書からうかがわれる。(8)

図9　御筆勅書箱（正倉院宝物）

施入五千戸封　御筆勅書櫃

「施入五千戸封」「御筆勅書」という文言が偽勅書にふさわしいことはいうまでもないが、偽勅書の縹紙見返に左のような久安の墨書があることも、その裏づけとなる。(9)

縹紙依二虫損一無レ形、久安四年改替畢

本縹紙外題云、御筆勅書云々

封戸処分勅書の方にも同様な修理墨書があるが、そちらには「本縹紙《もとのひょうし》外題《げだい》云、勅書云々」とあり、「御筆勅書」が偽勅書をさすことは疑いない。近代になって、偽勅書と封戸処分勅書の二巻が、この箱に収めて伝えられるようになったらしいが、(10)近世までは、東大寺にとって根本の勅書ともいうべき偽勅書が、この箱に入れて保管されてきたことは間違いなかろう。ただ、この箱が本来偽勅書のために作られたものかどうかは確証がなく、別の文書を収めた箱に墨書して転用した可能性もある。この点は後の検討にまたねばならない。

論がやや岐路にわたったが、仲麻呂の封戸処分が彼の専権より出たものではなく、もっぱら東大寺側の利害から出た批判であることを明らかにできたと思う。仲麻呂は自家で写経事業を行い、父武智麻呂のために栄山寺を造営するなど、仏教信仰に厚い人物であった[11]。唐招提寺には、仲麻呂から施入された食堂や剣のあったことが記されているが[12]、これも鑑真に対する仲麻呂の懇情から出た可能性が強い。乱を企てた橘奈良麻呂が、仲麻呂を批判するのに、「東大寺を造り、人民苦辛す」(『続日本紀』天平宝字元年七月戊申条)と述べたという事実も、逆に仲麻呂が東大寺造営の功労者であったことを示すといえよう。東大寺二月堂修二会の過去帳[13]に、仲麻呂の名がみえないことを問題にする向きもあるが[14]、この過去帳をもって八世紀の史実を論じることは控えた方がよい。たとえば過去帳に「造寺の知識功課の人」を挙げた箇所は、『東大寺要録』巻二に載せる「造寺材木知識記」と類似点が多く、献物叙位者の大友国麻呂を「夜国麿」と誤るところまで同じである。過去帳が独自の原拠をもって記したのではなく、要録に基づくとみてよいであろう。とすれば、過去帳が仲麻呂の名を挙げないのは当然である。『東大寺要録』に基づく先入見を排し、いま一度、東大寺と仲麻呂の関係を考え直すべきであろう。

(1) 奈良国立博物館『平成十三年 正倉院展』(二〇〇一年)五〇—五一頁。
(2) 拙稿「華やかさ」の中に重要史料——第53回正倉院展の見どころ」(『朝日新聞』二〇〇一年十一月二日夕刊)。
(3) 米田雄介「東大寺封戸処分勅書と藤原仲麻呂」(『日本歴史』六五四号、二〇〇二年)。
(4) 「勅」字と「東」「於」などを比較すれば、同筆であることは明らかであろう。
(5) 『大日本古文書』東大寺文書之一、二頁。『東大寺要録』巻六にも「御筆勅書云」として引く。
(6) 年のみ記して月日を欠くこと、孝謙天皇の法名を隆基とすること(隆基は唐の玄宗の諱)などは、たとえこれが原本でなく写しとしても疑わしい。
(7) 注(5)前掲書は、「コノ文書、恐ラク当時ノモノニアラズ」とする。
(8) 注(1)前掲書。
(9) 正倉院事務所編『正倉院寶物』4(毎日新聞社、一九九四年)二〇一頁参照。
(10) 奈良帝室博物館正倉院掛編『正倉院御物目録』(一九二四年)中倉之部一三丁裏に、「右弐巻共一箱」と記す。

(11) 岸俊男『藤原仲麻呂』(吉川弘文館、一九六九年)参照。

(12) 『招提寺建立縁起』(醍醐寺本及び護国寺本『諸寺縁起集』所収)、『七大寺巡礼私記』招提寺宝蔵条。

(13) 東京国立文化財研究所監修『東大寺修二会観音悔過　お水取り』Ⅱ解説、祈願・呪禁編(日本ビクター株式会社、一九七一年)六一頁以下。

(14) 米田雄介注(3)前掲論文。

4　南都所伝宮城図残欠について

一　はじめに

日本古代の都城の具体的な資料として、宮城図・京図その他の古図があることは周知の通りである。これらの古図については、早く裏松固禅がその意義に着目して宮城の復元的研究に利用したのをはじめ(1)、近くは福山敏男氏が、古図の諸本に関する詳細な書誌と史料的性格を考察しておられる(2)。また田中稔氏も、京図の記載事項を一々考証することによって、その成立年代と意義を明らかにされた(3)。いずれもこの方面における重要な基礎的研究である。この他、古代の宮跡の発掘調査が盛んになるに従い、直接間接に絵図の意義が注意され、奈良国立文化財研究所によって、やはりその諸本の研究が進められ、福山氏の論考を補うところがあるのも見逃せない(4)。

しかしこれらの諸研究があるものの、なお全ての問題が解決済であるといえないのはもちろんである。ここでは、『大内裏図考証』ならびに『平安通志』(京都市参事会、一八九五年)に引載されている「南都所伝宮城図残欠」といわれるものをとりあげてみたい。この絵図についても、既に村井康彦(5)・栄原永遠男氏らによる論及があり(6)、筆者も簡単に私見を述べたことがあるが(7)、改めてその史料価値を考え、この絵図によって惹起される問題点をふり返ってみるのも無駄ではなかろうと思う。

二　官司名の検討㈠

「南都所伝宮城図残欠」は、現在その伝本が知られておらず、『大内裏図考証』(第二之下)や『平安通志』(巻二)の引用から、その姿をうかがうだけである[8]。しかし伝本が存在しないからといって、本図の存在そのものを疑うことはできず、少なくとも『大内裏図考証』の撰述時に、このような古図が何らかの形で伝えられていたことは認めてよいであろう。本図は、図10に示したように中心部分を欠失し、部分的に残存したものであるが、その記載には、他の宮城図(一例として図11参照)に全くみられない官衙がみえ、この点、多くの宮城図の中でも特異な存在である。

この絵図の特異性に注目された村井康彦氏は、その著書『古京年代記』や『日本の宮都』において、次のような諸点をとりあげ、本図が平安初期の宮城プランを示しているとされ、その貴重性を説かれたことがあった[9]。

(1)後の漆室の位置に鼓吹司がある。漆室は寛平八年(八九六)五月、左右兵庫・造兵司・鼓吹司を合して兵庫寮が成立したのち、さらにある時期に内匠《たくみ》寮に附属された際設けられたものである。

(2)後の茶園の位置に鍛冶司がある。鍛冶司は、大同三年(八〇八)に木工寮に併合されている。

(3)大蔵省の南、図書寮と掃部《かにもり》寮との間の空地に官奴司がある。官奴司も大同三年に主殿寮に併合されている。

(4)郁芳門の南にある神祇官が、この図では散位寮とされている。

(5)陽明門内北の左近衛府が主鷹(主鷹司)となっている。

これに対して、本図の史料的価値に疑問を投げかけられたのは栄原永遠男氏である[10]。栄原氏は、本図が大同三年停廃以前の官司をのせる一方、寛平八年(八九六)成立の兵庫寮をのせていることを指摘し、本図の成立年代はにわかに決めがたいとされた。
栄原氏がいわれるように、本図の成立年代に問題があることは確かであろう。そこで改めて成立年代に関係する官司の存廃状況をみると、左のようになる。

散位寮　寛平八年九月七日の太政官符に左のようにみえており[11]、同年廃止されて式部省に併せられたことが明らかである。

太政官符
応下併二置諸司一并中省官員上事
内薬司併二典薬寮一　散位寮併二式部省一
主油司併二主殿寮一　園池司併二内膳司一
右寮司等職、各清閑所レ置。惟伏望、遂レ便併省、令レ済二其務一。
兵庫寮　頭一人、助一人、大允一人、少允一人、大属一人、少属一人、史生四人
右、左右兵庫・造兵司・鼓吹司等、所レ掌稍異、空建二一官一。伏望以二件四司一、惣為二一寮一、便為二兵部省管隷一。

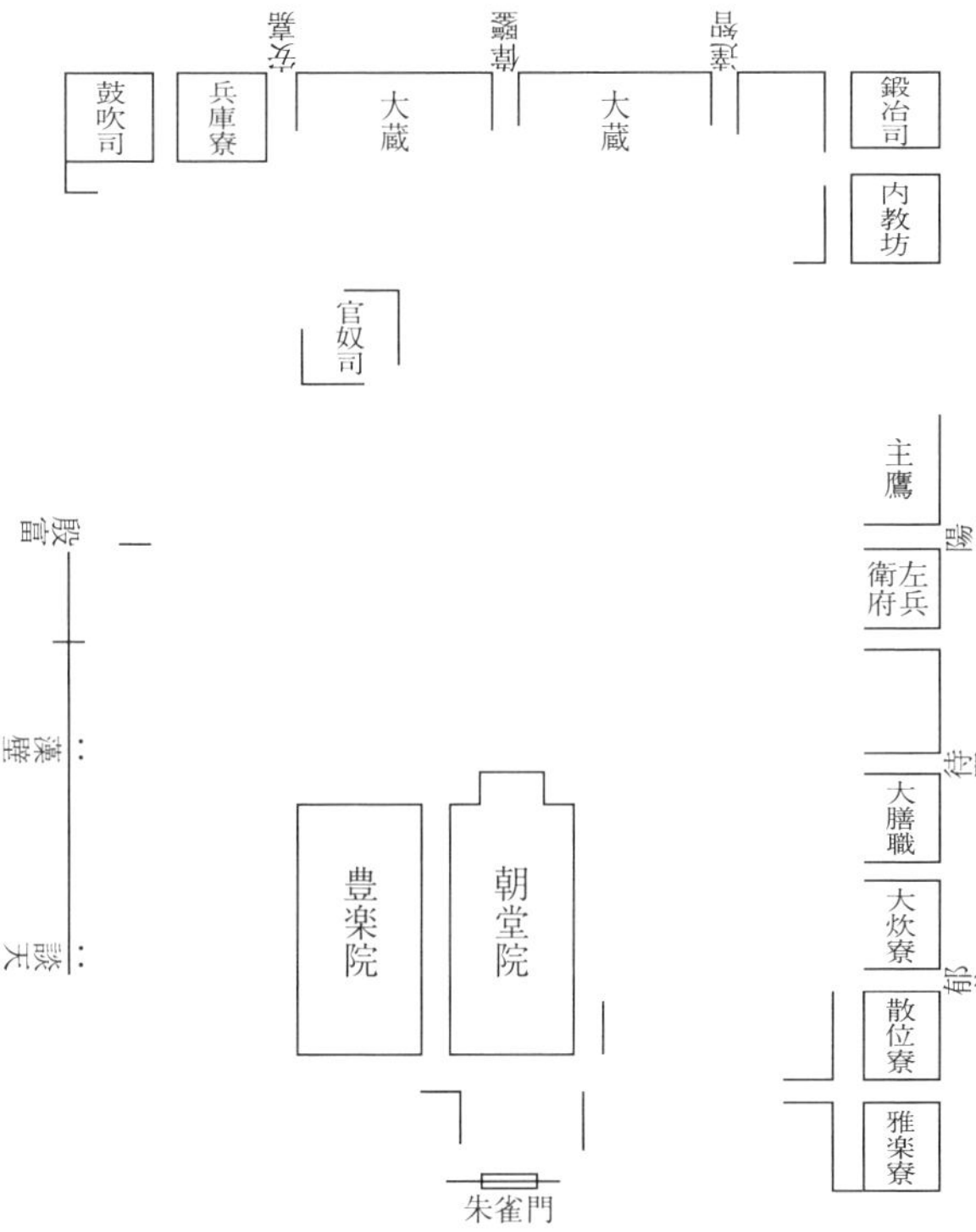

図10　南部所伝宮城図残欠

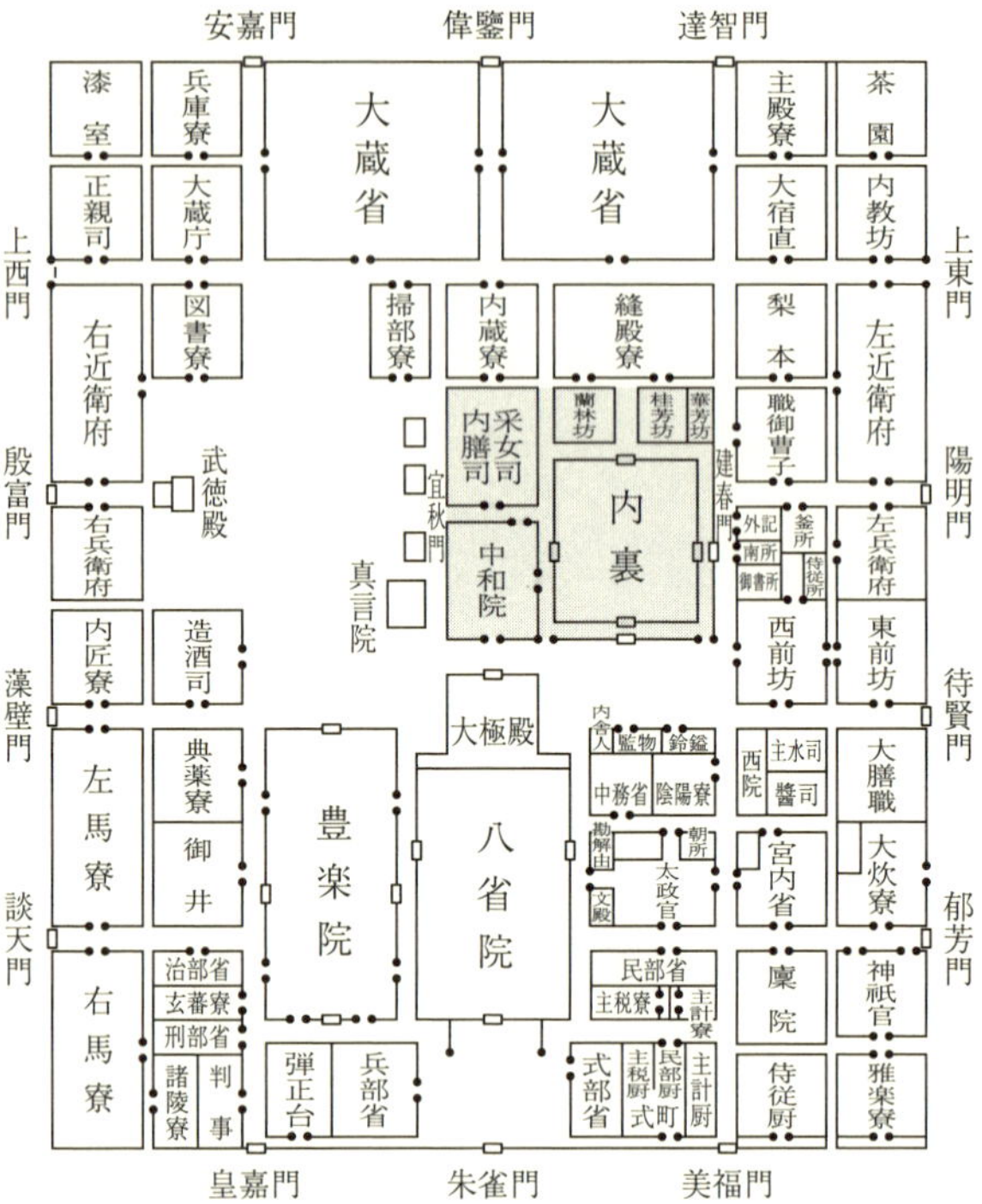

図11　宮城図

巡察弾正
右、糺弾督察、専如二台官一。務同職異、可レ謂二殷繁一。伏望廃二件官員一、永存二簡要一。

刑部判事
大判事一人、令員二人、今省二一人一。中判事四人令員、今皆省除。小判事二人、令員四人、今省二二人一。大属一人、令員二人、今省二一人一。少属一人、令員二人、今省二一人一。

右、所レ掌少レ事、所レ置多レ員。伏望省二定件員一、以済二職務一。

以前、太政官去八月廿九日奏偁、適レ時省レ官、先王之旧制、随レ用建レ職、往哲之茂規。方今代在二澆季一、多張二官僚一。既有二駟馬六轡之煩一、豈無二十羊九牧之刺(画)一。況亦官庫賙俸、有レ名無レ実、吏曹稍食、可レ給不レ資。臣等商量、廃置如レ右。謹録二事状一、伏聴二天裁一者、尽聞既訖。

寛平八年九月七日

鼓吹司　新設の鼓吹司に併合すること、右の太政官符にみえる。

兵庫寮　左右兵庫・造兵司・鼓吹司を併せて兵庫寮を建てたことは、やはり右の官符の通りである。

鍛冶司　左に掲げる大同三年正月二十日の詔[12]によって、木工寮に併合されている。

詔、観レ時改レ制、論レ代立レ規、往古相沿、来今莫レ革。故虞夏分レ職、損益非レ同、求二之変通一、何常準之有也。思下欲省レ司合レ吏、少レ牧多レ羊、致二人務於清閑一、期中官僚於簡要上。其画工・漆部二司、併二内匠寮一、喪儀司併二鼓吹司一、内礼司併二弾正台一、縫部・采女二司、併二縫殿寮一、鍛冶司併二木工寮一、官奴司併二主殿寮一、贓贖司併二刑部省一、筥陶司併二大膳職一。其内兵庫併二左右兵庫一。減二内舎人一、定二四十員一。主醤・主菓餅、及刑部解部、宜レ従二省廃一。主者施行

大同三年正月廿日

官奴司　右の詔にある通り、やはり大同三年に主殿寮に併合されている。

主鷹司　『三代実録』元慶七年七月五日己巳条に左のような記事がみえるので、おそくも貞観初年(八五九年頃)には廃されていたらしい。

勅、弘仁十一年以来、主鷹司鷹飼卅人、犬卅牙食料、毎月充二彼司一、其中割二鷹飼十人、犬十牙料一、充二送蔵人所一、貞観二年以後、無レ置二官人一、雑事停廃、今鷹飼十人、犬十牙料、永以二熟食一、充二蔵人所一

このようにみてくると、村井氏のいわれたように古い官司があることは確かであるが、反面兵庫寮のような新しい官司が含まれていることも、栄原氏の指摘された通りである。また栄原氏は言及されていないが、この図にみえる宮城門の名称が、陽明門・待賢門・郁芳門・殷富門・藻壁門・談天門・達智門・偉鑒門・安嘉門と、全て漢風であるのも注意を要する。宮城門の名称が唐風に改められたのは、既に指摘されているように弘仁九年四月庚辰のことであっ

たと考えられる。(13) 従って本図の門名は、弘仁九年以降の知識によっているとしか考えられない。少なくともこの門名よりすれば、本図が平安初期大同三年以前の状況をそのまま伝えたものでないことは明らかである。

しかしひるがえって考えると、門名などは古図を転写する際に手を加えて写すことがないとはいえず、名称が新しいからといって、その内容まで新しいと断定することはできない。本図の史料価値は、やはり官司名をおもな手掛りとして判断されるべきであろう。そこで第一に注意を喚起したいのは、本図における主鷹司の位置である。本図には宮城東辺、陽明門内北に「主鷹」が示されており、これが主鷹司をさすとみられることは、村井氏なども述べられている。念のため付言するならば、『令義解』官位令には左のような官職名の和訓があり、(14)「主鷹」のみで主鷹司を表しても何ら不思議ではない。

主鷹正　タカツカサノカミ

主醬　ヒシホノ司

主菓餅　クタモノノツカサ

この古図では門名に「門」の字の付けられていないものが多く、あるいは欠損であるかもしれないが大蔵省についても「大蔵」とのみあって「省」字がない。従って本来こうした省略した記載方法がとられていたとも考えられる。(15) ともあれ「主鷹」が主鷹司を意味することに間違いはない。

ところが周知の通り、平安京の道路名として鷹司小路というものが存在する。この小路は、土御門大路と近衛大路の間の東西路であり、古図の主鷹司の位置は、あたかもこの鷹司小路を西へ突き当ったところである。鷹司小路という名称が、主鷹司の位置に因むことは、既に岸元史明氏が推測されている。岸元氏は、正親町《おおぎまち》小路という道路名が宮城内の正親司ならびに宮外の正親町の所在によるとされたのち、鷹司小路について、鷹司なる職名は古くからあり「令義解」には「主鷹」と書いて「タカツカサ」と読ませ兵部省の所属とする。「日本後紀」延暦十五年十月十四日に、「始置㆓主鷹司史生二人㆒」と出て来るので造営期からかなりの間は存在した。

おそらく鷹司は鷹司小路に面した所で道の北とか南に当たる場所にあったものだろう。

と述べられた(16)。この古図は、まさにこうした従来の推定を裏づけた形になっている。また主鷹司の示されている場所は、他の現存古図では左近衛府の占めるところとなっており、その他にも主鷹司は現れない。これらの点を考慮すると、この古図は、主鷹司停廃以前の平安初期の様相を伝えた部分があると解することができそうである(17)。

もっとも、鷹司小路という名が主鷹司の所在に因んだ事実は、古くから気づかれていたかもしれず、この古図は逆にそのような知識に基づいて復元されたものとも考えられないことはない。またその点に気づいた後のものが追記したとも考えられよう。しかしこのような考え方でゆけば、鷹司小路の南の近衛大路は、前記左近衛府の立地によって名づけられたことも容易に推定できるから(18)、主鷹司の位置に左近衛府が復元されていても不思議ではない。捏造しようとすれば、この同じ区画に主鷹司と左近衛府を南北に並べることもできたはずである。それにもかかわらず主鷹司だけが明示されているのは、復元の結果や追記でなく、やはり何か拠るべき根拠があったとみなければならないであろう。なおこの左近衛府との関係をめぐっては、左近衛府が大同二年に成立していることも注意される。即ち次に掲げる大同二年四月廿二日の詔(19)によると、このとき従来の近衛府が左近衛府となり、中衛府が右近衛府とされている。

詔、中衛府者、職同㆓近衛府㆒、並是禁兵攸㆑属、警巡斯重、東西分㆑陣、夙夜在㆑公、厳粛非㆑殊、理容㆓画一㆒、自㆑今以後、宜㆘改㆓其号㆒、近衛府者為㆓左近衛府㆒、中衛府者為㆓右近衛㆒、復置㆗中将㆖、亦宜㆘仍㆑旧、凡厥官位、一准㆗近衛㆖、主者施行

大同二年四月廿二日

改号以前の近衛府がどこに置かれていたかは明らかでないが、左近衛府を記さないこの古図は、この一画について大同二年以前の状況を伝えている可能性も少なくないと考えられる。

三　官司名の検討(二)

以上によって、従来いわれているのとは別の観点からも、本図の官衙配置に古い要素の存在することを明らかにできたと思う。しかし他の部分についてはいかがであろうか。本図を大同二年以前の状況を記したものとみて支障があるのは、門名と兵庫寮の存在である。門名は先にも述べたように後の改記とも考えられるし、また新補されたともみられるので、最も問題となるのは兵庫寮の方である。ここで確認しておきたいのは、兵庫寮そのものは寛平八年に成立した新しい官司であるものの、その前身をなす左右兵庫、内兵庫、造兵司などは古くから存在していたことである。これらの官司は、当然兵庫寮成立以前から宮内に位置を占めていたと考えねばならない。古図の兵庫寮の位置には、本来このような官司の名があり、それが門名について想定したと同様、兵庫寮成立後の知識によって「兵庫寮」と追改されたのではあるまいか。

このように考える上にまず参考となるのは、兵庫寮のすぐ東にある安嘉門が「兵庫寮御門」とか「兵司御門」といわれた事実である。即ち『拾芥抄《しゅうがいしょう》』巻中の「門号起事」の条に安嘉門の名をあげて、その注に朱書で、

号兵司御門
造兵司

とあり[20]、同じく「宮城門」の条にも安嘉門に注して、

号兵庫寮御門

とみえる。「兵庫寮御門」の名が兵庫寮の存在に基づくことはいうまでもない。しかし「兵司御門」の方は、兵庫寮と直接結びつくとはいえないであろう。このような門の別称は、後に詳述する通り、しばしば通常の宮城図の官衙配置と符合しない場合があり、それだけに古い名称であると考えられる。この場合の「兵司」は、官司名の和訓によった表記で、「ツハモノノツカサ」とみるのが妥当であろうが、試みにこれと関係しそうな官司・官職名をあげると左の通りである。なお和訓は、新訂増補国史大系本『令義解』官位令の傍訓ならびに『和名抄』巻五に拠った。

左右兵庫頭　(左右)ノツハモノノクラノ(頭)　(『令義解』傍訓)
内兵庫正　ウチノツハモノノクラノカミ　(同右)
造兵正　ツハモノツクリノ(正)　(同右)
兵庫寮　ツハモノノクラノ官　(『和名抄』)

これらはいずれもツハモノノツカサと略称できそうであるが、最も無理がないのは造兵司である。というのは造酒司がサケノツカサの和訓を有しているからである。『令義解』官位令では「造酒正」に「サケノカミ」の訓が付けられており、『和名抄』でも「造酒司」を「サケノツカサ」とする。このようにみると、古図の兵庫寮の位置には本来「兵司」(ツハモノノツカサ)即ち造兵司があったのではあるまいかという疑いが生じてくる。この疑いをさらに強めるのが、前掲の『拾芥抄』門号起事にみえる「造兵司」の文字である。この三字と、その前にある「号兵司御門」とは一連の記事と考えられ、おそらく「兵司」御門という名称に対して、「造兵司」御門という称もあったことを示すものであろう。「造兵司御門」の称があったとすれば、兵庫寮成立以前、その地に造兵司が存在した可能性はいよいよ

高いといわねばならない。

ただ古図の「兵庫寮」については、その用字を尊重すると別に次のように考えることもできよう。即ちこの場所には、造兵司などの本司とは独立して兵庫のみが置かれており、それが兵司(ツハモノツカサ)とも呼ばれていたと考えるのである。大蔵省の場合、古図にもある通り、「大蔵庁」とは別に正蔵院があった。古図に現れる官司名・門名をみると、前述のように大蔵省が「大蔵」、主鷹司が「主鷹」となっており、門名には「門」の字の付かない例が多い。古図の「兵庫寮」も本来「兵庫」であった可能性がないとはいえないであろう。

そもそも一つの古図について、その成立当初からある部分が古くある部分が新しいというようなことは、よほど複雑な成立事情を想定しない限りありえないことである。また捏造されたものとしても、むしろその場合なりの一貫性があって然るべきであろう。この残欠古図の場合、後代の知識によったとしては解しがたいと思われる主鷹司の記載がある。このことからすれば、門名はもちろん、「兵庫寮」という記載についても、本来の用字がどうであったかはともあれ、やはり先述のような追改を想定するのが妥当であろうと判断される。

以上のようなことから、私はこの古図を大同二年四月左右近衛府設置以前の平安宮の状態を伝えたものと考えておきたい(21)。

四　街路名・門名の別称と官衙配置

「南都所伝古図残欠」に関する直接の検討は前節までで終えたのであるが、次にこの古図より派生する一、二の問題について論じておく。

まず改めて注目されるのは、京の街路名や宮城門名と官衙配置との関連である。街路名・門名・官衙配置等の間には現在明確に対照できるものだけでも左のような相関連する実例がある。

〔官衙名より生じた街路名・門名〕

(1)左近衛府―近衛大路・近衛御門(陽明門)
(2)大炊《おおい》寮―大炊御門(郁芳門)・大炊御門大路
(3)左右馬寮《めりよう》―馬寮大路・馬寮御門(談天門)
(4)右近衛府―西近衛大路・西近衛御門(殷富門)
(5)兵庫寮―兵庫寮御門(安嘉門)

〔門名より生じた街路名〕

(6)土御門(上東・上西門)―土御門大路
(7)中御門(待賢門)―中御門大路
(8)美福門(壬生門)―壬生大路
(9)藻壁門(西中御門)―西中御門大路

(1)(2)(6)―(8)については、岸元史明氏が既にふれておられる。(22) (2)の場合、岸元氏は、「大炊御門大路」という街路名を大炊寮の位置から直接説明しようとされているが、これは門名を介した間接的な呼称と解しなければならない。また岸元氏は、これら以外に「正親町小路」の称を正親司及び正親町の所在に基づくとしておられる。しかし正親司の占地に近い右京の方の小路が音町小路の異称をもち、かえって左京の方の小路が正親町小路とされていることをみると、この称は、正親司の厨町《くりやまち》である正親町がこの小路に面していたことによると考えるのが妥当であろう。なお(1)―

⑷、⑹—⑼の門の異名は、やはり『拾芥抄』巻中にみえているので、左に当該条をまとめて抄出しておく(京都大学舟橋文庫写本に拠る。「　」内は朱書)。

〔陽明門〕

山氏造之、「五間、戸三間、号近衛御門」(門号起事)

号近衛御門、北ノハシ(宮城門)

〔待賢門〕

建部氏造之、「同上、号中御門」(門号起事)

号中御門(宮城門)

〔美福門〕

壬生氏造之、「五間、戸三間、本名壬生門」(門号起事)

号壬生御門、東ノハシ(宮城門)

〔談天門〕

壬生《(ママ)》氏造之、「号馬司御門、五間、戸三間」(門号起事)

号馬寮御門、南ノハシ(宮城門)

〔藻壁門〕

西中御門也(宮城門)

〔殷富門〕

伊福部氏造之、「号西近衛御門、已上起自南、西面」(門号起事)

西近衛御門、北ノハシ、已上大宮大路（宮城門）

〔上東門〕

陽明門北、東面、号土御門（宮城門）

〔上西門〕

殷富門北、西面、西土御門也

(1)—(4)、(6)—(9)の街路名は、十二世紀前半の状況を伝えるとみられる九条家本『延喜式』巻四十二の左右京図(23)に既にみえており、『拾芥抄』の巻中及び附図にもあらわれている。(24)

さて前節で考察した主鷹司と鷹司小路、造兵司（あるいは兵庫）と兵司御門の関係も、上掲の諸例と同様に考えられるが、特に注目されるのは、このように停廃された官衙の位置が街路名や門名に反映する例があることである。ここから類推すると、現存古図類の官衙配置によって解釈できない門名や街路名があった場合、それは古図にあらわされた時代以前の官衙配置の一端を示唆していると考えて差支えないであろう。

その例として第一に考えねばならないのは左京の「勘解由小路《かでの》」の場合である。勘解由小路という名称は、前記の諸例から推して官司名の勘解由使《かげゆし》から来ているとみられるが、通常の宮城古図によると、その位置は太政官の北西隅にあり、直接街路名と結びつくようにはみえない。また勘解由使については、京内に官衙町にあたるものの存在も知られていない。とすればこの街路名は、古い時代の勘解由使の所在に基づく可能性が強いのではあるまいか。その候補地として第一に考えられるのは、宮城内勘解由小路南に位置する東前坊の地である。東前坊は西隣の西前坊と並び春宮坊を形成しているが、ここは、『拾芥抄』巻中、諸院の条に、

雅院〈或御曹司、倍二東宮一、城内、東前坊〈中御門北、匣《くしげ》東〉、保明・慶頼御二此所一、西前坊、中御門北、匣西(25)〉

とみえるように、醍醐天皇の皇子保明親王とその子慶頼王の二人が居したのみで、あまり使用されなかったようである。従って当初から東前坊が春宮坊の一部であったかどうかは疑えば疑える。勘解由使の沿革をみると、延暦十六年九月四日、参議藤原内麿がその長官を兼ねたことがみえ、[26] その設置はこのころと考えられるが、[27] 大同元年閏六月丁丑には一旦廃され、[28] 天長元年八月二十日には再び置かれた。[29] 早いころの勘解由使が、通常の宮城古図の位置とは異なり、街路名から想定されるように、後の東前坊の敷地の一画にあったということも、考えておくべきであろう。

第二に注意されるのは、皇嘉門の別称である。『拾芥抄』巻中には先掲の諸門とならび皇嘉門について次のような記事がみえる(京都大学舟橋文庫写本に拠る)。

若犬甘氏造之、「号歌司御門」(門号起事)

号雅楽寮御門、西ノハシ(宮城門)

「歌司」は「雅楽寮」の和訓に基づく用字で、同一の呼称と考えてよい。[30] しかし現存古図では、皇嘉門の周辺に雅楽寮は存在せず、諸図一致して宮城東南隅に雅楽寮を描く。皇嘉門の別称は、裏松固禅も早く言及している通り、[31] おそらく雅楽寮が皇嘉門の近くにあった時代に生じ、それが雅楽寮の移転後も残ったと解しなければならないであろう。ただ問題は、雅楽寮が平安初期の状況を載せるとみられる「南都所伝古図残欠」でも宮城東南隅に描かれていることである。この点を勘案すると、雅楽寮御門(歌司御門)という別称が生じた理由としては、次の二つの可能性が考えられる。

㈠平安初期に宮城東南隅にあった雅楽寮が、その後皇嘉門附近に移り、現存の多くの宮城図にみられる官衙配置が定まった時期(九世紀末以降)には再び旧位置に復していた。

㈡平安宮では、雅楽寮は終始宮城東南隅にあり、皇嘉門の別称は、むしろさらに古い時代の雅楽寮の位置に基づく。

㈠㈡とも大胆な仮定であるが、㈠のように考えた場合、やや問題になると思われるのは、別称の生じた時期がかなり下ることである。なるほど従来の研究によると、門名にこうした別称が現れるのは、『貞信公記《ていしんこうき》』天慶三年三月七日条の「馬寮御門」が初見のようであり、街路名にあっては、やはり『貞信公記』天暦二年五月十五日条の「待賢門大路」を以て始めとする。[32] しかし鷹司小路が主鷹司の存在から名づけられたとすると、この種の別称の成立は相当早い時期にあったと考えるのが自然であろう。この場合参考となるのは「壬生大路」の称である。壬生大路は美福門より南下する東一坊大路であり、その名が弘仁九年改名前の門名「壬生門」に因んでいることはまず確かであろう。また別称が生じる以上、その原因となる官司がやや長期にわたって同位置にあることが前提条件になると思われる。従って㈠のように考えたとき、はたしてかくも頻繁に位置をかえた雅楽寮に因んで別称がつけられたかどうか、幾分疑問もでてくる。このようにみてくると、はなはだ突飛なようであるが、㈡の可能性もまた捨てがたいように思われる。

一体平安宮の官衙配置をそれ以前の平城宮と比較した場合、全面的に同じではないが、現在知られている範囲でも一致する部分が少なくない。たとえば平城宮では、発掘調査の進展によって太政官、陰陽寮、式部省(ないし散位寮)、大膳職、造酒司、馬寮などの位置が推定されるに至っているが、このうち陰陽寮・式部省・馬寮などの位置が、平安宮と類似することも指摘されている。[33] その点からすると、官衙に因む門名、街路名などは平城宮時代から存在し、それが平安宮までもちこされた可能性もないとはいえないであろう。一例として直接官衙名に因む名ではないが、平城京の西二坊大路の別称と考えられる「佐貴路《さきじ》」がある。この称は、宝亀十一年の西大寺資財帳の縁起坊地条に、左の通り西大寺寺地の東を限る路としてみえるもので、これを右京の二坊大路とすることは異論のないところである。[34]

居地参拾壱町、在㆓右京一条三四坊㆒、東限㆓佐貴路㆒除㆓東北角喪儀寮㆒、南限㆓一条南路㆒、西限㆓京極路㆒除㆓山陵八町㆒、北限㆓京極路㆒

この別称は、音がサキよりサヒに転化した形で、平安京の右京二坊大路に「佐比大路」(道祖大路)としてうけつがれた。この点を早く指摘されたのは喜田貞吉氏であって[35]、同氏はこの例をも含め、サチ、サキ、サイ、サヒ、サへの語は相通じて幸福の意をあらわすとされている[36]。また岸俊男氏らによって行われた遺存地割による平城京の復元研究によると、平城宮推定中壬生門の南にあたり「ニフ」の小字名の残ることが指摘されている[37]。このニフという地名は、平安京の壬生大路に相当する街路名が、平城京においてもすでに行われていた可能性を示唆するのではなかろうか。確証がないことでもあり、これ以上の臆測は慎みたいと思うが、平城宮ないし長岡宮において皇嘉門に相当する宮城門の近辺に雅楽寮が存在した可能性は、必ずしも無稽の想像として却《しりぞ》けられないと考える。

五　おわりに

「南都所伝宮城図残欠」の考証より出発して、初期平安宮及びそれ以前の宮における官衙配置の問題につき、気づいた点を述べてみた。これまでの論述でも明らかなように、このような問題を考える上に、「南都所伝宮城図残欠」の示唆するところは決して小さくない。大同弘仁期の大規模な官司の統廃合が、宮内の官衙配置にも影響を与えたことは当然予測されるところであるが、大同二年以前の状況を伝えるとみられるこの残欠には、如実にその点が示されていると考えられる。この意味で初期平安宮や八世紀以前の宮の考察にあたっては、簡単に通行の宮城図に拠るのではなく、本図をはじめ各種の史料を援用して検討を進めてゆく必要が改めて痛感される。「南都所伝残欠図」に関連してさらに多方面からの論及が加えられることを希望して、この稿を終わることにしたい。

（1）　裏松固禅『大内裏図考証』（『新訂増補故実叢書』(26)―(28)所収）。

(2) 福山敏男「平安京とその宮城の指図」（『日本建築史研究続編』墨水書房、一九七一年）。

(3) 田中稔「京図について——九条家本延喜式巻第四十二所収を中心として」（『中世史料論考』吉川弘文館、一九九三年）。

(4) 奈良国立文化財研究所『平城宮発掘調査報告』Ⅲ（一九六三年）。

(5) 村井康彦『古京年代記』（角川書店、一九七三年）三七一頁、同『日本の宮都』（角川書店、一九七八年）一八二頁。

(6) 栄原永遠男「平安京研究の現状と問題点——条坊復原研究を中心に」（『日本史研究』一五三号、一九七五年）。

(7) 『続日本紀研究』二一一号（一九七八年）編集後記。

(8) 『大内裏図考証』と『平安通志』所載の図は相互に少異があり、たとえば『平安通志』の図には「上東門」という門名がなく、『大内裏図考証』の図は「官奴司」を「宮奴司」と誤まっている。この相違が何に基づくかは明らかでないが、本図の性格を考える上に決定的な相違とはならないと思われるので、しばらく位置関係の整っている『平安通志』の図を用いて考察を進めることとした。

(9) 村井康彦注(5)前掲書参照。なお裏松固禅は本図の史料価値に疑いを抱かなかったとみえ、すでに『大内裏図考証』の神祇官(巻十九)・鼓吹司(巻二十八附録)の条などで、本図を利用して立論している。

(10) 栄原永遠男注(6)前掲論文。

(11) 『類聚三代格』巻四所収。引用は、東北大学狩野文庫蔵の『類聚三代格抜』の本文に拠った。熊田亮介校注『狩野本類聚三代格』（吉川弘文館、一九八九年）参照。ただ「尽」（盡）と「画」（畫）の誤りについては、故飯田瑞穂先生の御教示に拠った。

(12) 『類聚三代格』巻四所収。「新訂増補国史大系」に拠る。

(13) 『日本紀略』弘仁九年四月庚辰条に、「是日、有レ制、改二殿閣及諸門之号一、皆題二額之一」とある。この問題については、佐伯有清「宮城十二門号と古代天皇近侍氏族」（『新撰姓氏録の研究』研究篇、吉川弘文館、一九六三年）、福山敏男『大極殿の研究』（平安神宮、一九五五年）六七—六八頁参照。

(14) 「新訂増補国史大系」に拠る。

(15) 同種の省略した記載形式は、たとえば『拾芥抄』巻中の宮城図などにもみられる。

(16) 岸元史明『平安京地誌』（講談社、一九七四年）二七六頁。

(17) 鷹司小路というような街路の称し方は、史料上の初見が十世紀後半であるため、それほど古く遡らないと考える論者もあるようである。川勝政太郎「平安京の街路名と地点指示」（『史迹と美術』一四八号、一九四三年）、同「平安京街路名（追記)」(同上、一六一号、一九四四年)、秋山国三・仲村研『京都「町」の研究』(法政大学出版局、一九七五年)など参照。しかしながら鷹司小路以外にも、後述のように古くから存在したとみられる同様な呼称が街路の名や門名にあり、そのような見解には従いがたい。

(18) 近衛大路に関係する邸宅名に近衛殿があるが、その創始は、『大内裏図考証』巻二十九所掲の諸史料からすると院政期のことと考えられ、その名称はむしろ大路名に因むとみるべきである。

(19) 『類聚三代格』巻四所収。引用は注(11)に同じ。

(20) 京都大学舟橋文庫写本、尊経閣文庫写本(前田育徳会尊経閣文庫編『尊経閣善本影印集成』一七、八木書店、一九九八年)による。国立国会図書館写本や流布版本にはこの注はない。

(21) ただこのように考えるについていささか問題なのは、散位寮の位置である。散位寮に関しては、『続日本後紀』天長十年五月戊申条に左の記事がある。

主計寮言、寮中置㆑厨、苦㆓於慎㆒火、賜㆓散位寮東面地、広七丈、長十丈㆒、将㆑為㆓置㆑厨之処㆒、許㆑之

ここに現れる「散位寮東面地」というのは、散位寮の敷地の東側部分の意か、散位寮の東に面した地の意味で(阿部猛「「頰」考」『日本歴史』一〇五号、一九五七年、今谷文雄「「頰」に関する史料」同一〇八号、同年参照)、いずれにせよこの時点では、散位寮は美福門の近傍、通常の古図でいえば民部省厨や式部省の描かれている一郭にあったことになる。この位置は、今問題としている宮城図残欠にみえる散位寮の位置(通常の図では神祇官の位置に相当)と全く異なっている。

しかしひるがえって考えてみると、大同から弘仁年間にかけては、周知の通り大規模な官司の統廃合が行われており、従ってそれに伴う官司配置の変更がひきおこされたであろうことも想像に難くない。事実天長・承和ごろになると、前掲の主計厨に関する史料の他にも、左のように宮城内での官司配置の変化を示す史料が散見する。

淳和天皇天長七年十月乙丑、宮城内御井町南方半町、給㆓中務省厨地㆒(『類聚国史』巻一〇七、職官十二)

甲子、左大舎人寮、廃来已久、徒為㆓空閑処㆒、勅中㆓分其地㆒、以㆑西賜㆓式部省㆒、以㆑東賜㆓主税寮㆒(『続日本後紀』承和元年七月)

それだけに平安遷都当初に近い時点と、大同弘仁期を経過した後の時点では、散位寮の占地に変化があったとしても不自然とはいえない。宮城図残欠における散位寮の位置については、以上のように解するのが妥当であろうと思う。

(22) 岸元史明注(16)前掲書。

(23) 右京図の年代については、田中稔注(3)前掲論文参照。

(24)　なお略頌の形ではあるが、これらの称呼は平安末期の『掌中歴』、これをうけた『二中歴』にもみえる。
(25)〈　〉内は双行注、〔　〕内はさらにその双行注である。
(26)『公卿補任』延暦十六年条。
(27)福井俊彦『交替式の研究』(吉川弘文館、一九七八年)第四章。
(28)『類聚国史』巻一〇七、職官十二。
(29)笠井純一「平安初期国司監察制度の展開をめぐって」(『ヒストリア』七〇号、一九七六年)。
(30)『令義解』官位令の「雅楽頭」傍訓には、ウタマヒノ頭ないしウタノ頭と読むことが示されている。ウタノ頭の訓からは、容易にウタノツカサの訓が引き出せよう。
(31)『大内裏図考証』巻二之上、皇嘉門の項、同巻二十五、治部省の項など。
(32)注(17)参照。
(33)横田拓実「平城宮跡」(『考古学ジャーナル』六四号、一九七二年)、佐藤興治「平城京と平城宮」(上田正昭編『日本古代文化の探究　都城』社会思想社、一九七六年)など。ただ平安遷都当時の式部省の位置は、注(21)に掲げた『続日本後紀』承和元年七月甲子条の解釈いかんによっては、通行の宮城図のそれと異なっていた可能性も考えられよう。
(34)大岡実『南都七大寺の研究』(中央公論美術出版、一九六六年)二〇四頁。
(35)喜田貞吉『帝都』(再版、日本学術普及会、一九三九年)二八四頁。
(36)喜田貞吉「福神信仰の変遷」(『喜田貞吉著作集』第十一巻、平凡社、一九八〇年、五三—五四頁)、同「道祖神と書いてサイの神と読むことの考」(喜田貞吉編著、山田野理夫補編『福神』宝文館出版、一九七六年)参照。なお岸元史明氏は、注(16)前掲書の西洞院大路の説明の中で、その別称である「佐比大路」は京南の里名に基づくとされているが、これは喜田氏もいわれているように、里名が大路名より来ていると考えるべきであろう。
(37)　奈良市『平城京朱雀大路発掘調査報告』(一九八三年)四三頁。

(補注)　その後、本稿の結論もとりいれ、山中章『日本古代都城の研究』(柏書房、一九九七年)が平安宮の考察を行っている。

5　大和文華館所蔵の延暦二十四年太政官符

一　はじめに

現在、大和文華館に収蔵される中村直勝氏旧蔵文書の中に、延暦二十四年(八〇五)九月十一日付の太政官符がある(図12)。この文書は、日付の古さや、弘法大師空海の伝記に関わる内容からいって、注目すべき史料たるを失わない。しかし、この文書について従来充分な検討がなされてきたかといえば、そうはいえないというのが実情であろう。存在そのものは江戸時代から知られていたが、史料的検討の対象となったのは比較的近年のことであり、それも空海の出家年時如何という視点から派生した論及にほぼ限られている。このような史料に関しては、何よりもまず、物そのものに則した古文書学的調査と研究が必要なことはいうまでもあるまい。私は幸いこの文書の実物を調査する機会を与えられたので、ここに従来の研究をふり返るとともに、調査の際の知見を記し、現在この文書について考えられるところをまとめておきたい。

二　釈読

問題の太政官符は、やや厚味のある楮紙に墨書されたもので、現状で縦三〇・三㎝、横二四・二㎝あり、掛幅装となっている。文面は左の通りである(改行原本のまま。便宜行頭に行数を付す)。

1 □(太カ)政官符　治部省
2 　□(留カ)學僧空海俗名讃岐國多度郡方田郷戸主正六位上佐伯直道長戸口同姓真奐
3 右去延暦廿二年四月七日出家入□□(省カ)
4 □(宜カ)承知依□(例カ)度之符到奉行
5 □(従カ)五位下守左少辨藤原朝臣貞副　左大史正六位上武生宿祢真象
6 　　延暦廿四年九月十一日

この文書の伝来や性格については、後にまとめて考察することとし、まず文面について所見を記しておこう。この文書は、上端を欠く他、中にもまま小さな欠損があるが、大意をうかがう上に支障はない。第一行上端の字は、「太」と推定してよいであろう。

第二行目は、この種の文書の通例として、一字下げで始まっているとみられ、残画の見えるのが行頭の字であろう。この字は、明確に画を追うことは困難であるが、従来の釈文で推定されている通り、「留」とみてよいと思われる。「空海」の下の双行注のうち、左行下端の「真」は、一旦「奐」(魚)と書いた上に重ね書きされている。

第三行目下端の三字は、これまで「入道省」かと推定されている。「入」は間違いないが、「道」は不確かで、もし「道」ならば、辵の上部が残画に現れてもよさそうである。この点を重視すると、むしろ「道」ではないと判断すべきであろう。残画からすれば、「蕃」などの可能性も捨てがたい。「蕃」は、後述するような本文書の内容からいえば、当然、唐をさすことになるが、朝鮮三国だけでなく唐をも「蕃」といったことは、賦役令15・16条、公式令70条など

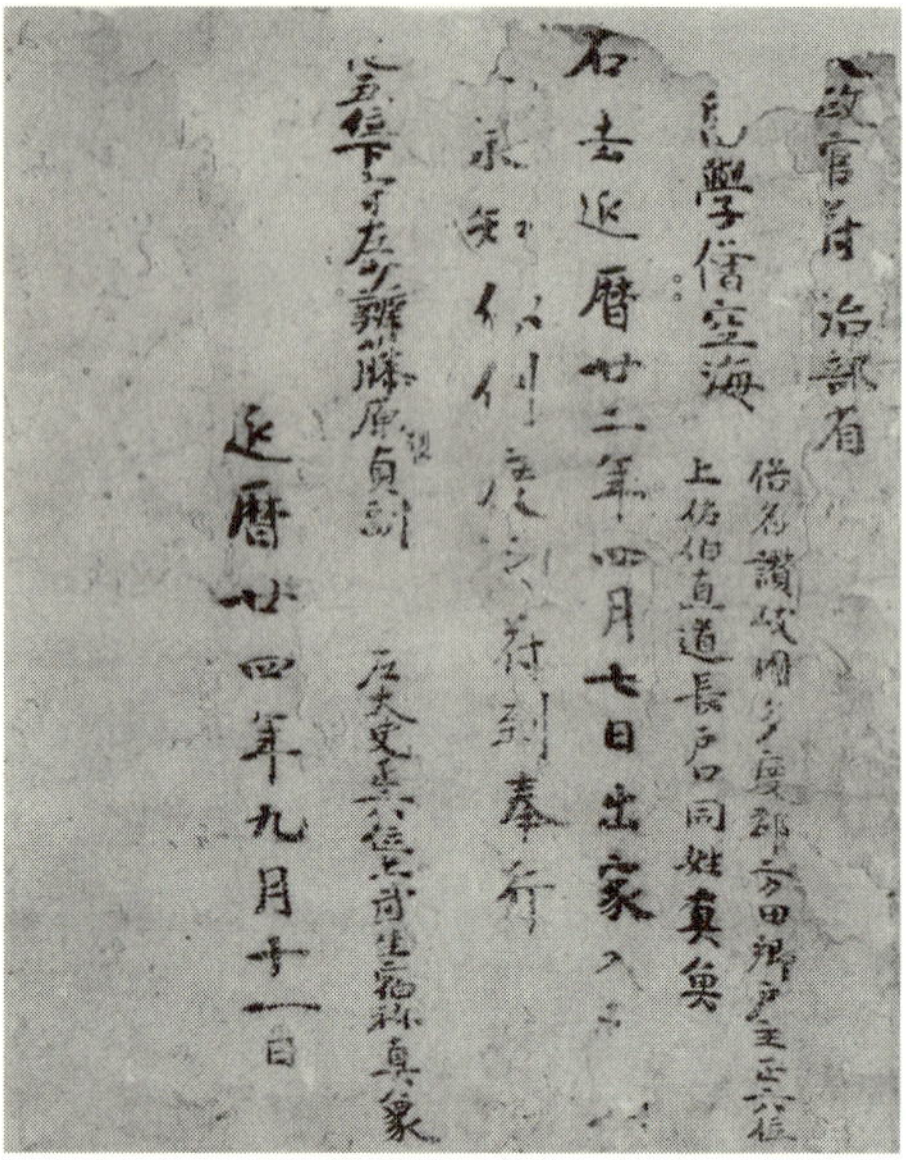
太政官符治部省
留学僧空海　俗名讃岐国多度郡方田郷戸主正六位上佐伯直道長戸口同姓真魚
右去延暦廿二年四月七日出家入唐
省宜承知依例度之符到奉行
従五位下守左少弁藤原貞嗣　左大史正六位上武生宿禰真象
延暦廿四年九月十一日

図12　太政官符案

から明らかで、(1)こうした用字も不都合ではない。

第四行目上端の字はわずかな残画をとどめるのみであるが、文脈からみても「宜」と推定してよいであろう。第四字目は、残画から明らかに「依」と読める。第五字目、第六字目も残画と文脈から「例」「度」とみてよい。なおこの行の末尾、「奉行」の二字は、それまでの部分と墨の調子を異にしている。

第五行目上端の字は、残画によって「従」と推定できる。

第六行については、とくに取り上げるべきことはない。

なお文字とは別に、本文書の現状をみて注意されるのは、虫損による穴が三行目下、五行目下のように一定の間隔を置いてくり返し現れることである。これは本文書が、もと巻子《かんす》装《そう》の形で伝来したことを示している。

以上の点をふまえ、この文書を読み下せば左のようになる(〈 〉内は原文双行、第六行は省略)。

太政官、治部省に符す。

留学僧空海〈俗名、讃岐国多度郡方田郷戸主正六位上佐伯直道長の戸口、同姓真魚〉

右、去る延暦二十二年四月七日、出家して蕃に入る。省、宜しく承知し、
例に依りて之を度すべし。符到らば奉行せよ。

従五位下守左少弁藤原朝臣貞副　左大史正六位上武生宿祢真象

三　文書の性格

次に考えねばならないのは、この文書の性格である。見られる通り、この文書は空海が得度をうけ、太政官がその施行を治部省に下達した官符であるが、第一にこれが官符の正文であるか、案文《あんもん》であるかが問題となる。それについては、藤枝晃氏が、本文書を正文とみる説を発表されたことがあった。(2)しかし原物を見る限り、これは案文と考えざるをえない。

その徴証としてまず指摘されるのは、本文書が何らかの原本を写したに相違ないとみられる痕跡をとどめていることである。たとえば、二行目「真魚」は、一旦「奐魚」と書いたのち、「奐」が「真」と直されているが、このようなことは正文としては理解しがたい。同様に五行目、左少弁の名が「貞嗣」とあるべきところを「貞副」と誤っているのも正文としては不審である。「朝臣」の姓が右脇に傍書されているのも、案文ならば不自然ではない。四行目末尾の「奉行」が墨調を異にすることも、写すという行為から生じたと考えれば納得がゆく。こうした諸点から、本文書は正文ではなく、写しと断じて間違いなかろう。藤枝氏が、主として紙質から正文と決定されたのは、速断に過ぎたといわねばならない。藤枝氏は、この文書の書風も九世紀初頭のものと判断されたわけであるが、この点にも疑問がある。第五行の右に、本文と一筆で書き入れられた「朝臣」などをみると、明らかに平安時代後期の書風がうかがわれる。この写しが作られたのは、従来の推定通り、(3)平安後期と考えてよいであろう。

このように本文書が案文ということになると、いかなる性格の写しかということが当然問題となってくる。またそ

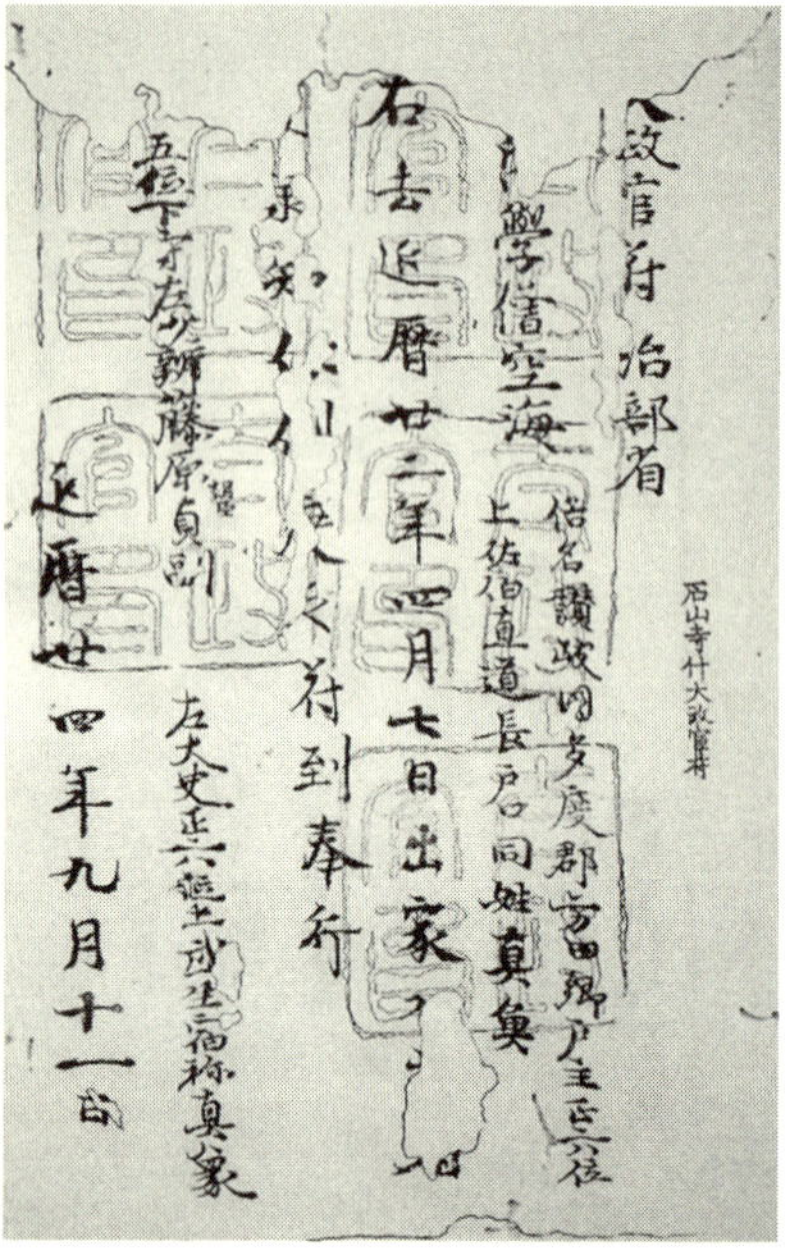

図13 『梅園奇賞』の官符

れに関連して厄介なのは、すでにこれまでにも取りあげられてきたところであるが、(4) 本文書と酷似する文書の摸本が江戸後期に刊行された『梅園奇賞《ばいえんきしょう》』に載せられていることである(図13)。この摸本についての判断も、同時に求められているといえよう。そこでまず、本文書と『梅園奇賞』の摸本との関係を検討したい。

『梅園奇賞』の摸本には、「石山寺什太政官符」という注記がみられる。しかし現在石山寺には原文書の存在は知られておらず、この面からの事実確認は不可能である。ただ『梅園奇賞』という書物の性格を考えた場合、全く捏造された情報ということは考えにくいように思われる。そもそも『梅園奇賞』は、大坂南組の惣年寄であった野里梅園が、書家としても名のあった森川世黄の協力を得て、文政十一年(一八二八)に刊行した古物図録である。大本《おおほん》二冊から成る彩色刷の図録で、摸本はその第二集に収められている。江戸後期には梅園と号する人物が複数確認され、本書の撰者も本草博物学者の毛利梅園と同一視する説があるが、(5) それは誤りである。(6) 野里梅園は、別に古物の標本集ともいうべき貼交帖『摽有梅』を編むなど、(7) その識見にはみるべきものがあり、好んで世間を驚かしたり、偽物の製作をこととするような人物ではなかった。従って『梅園奇賞』の伝えるところには、一定の信を置いてよいと考える。文政年間には、石山寺に摸本のような文書が存在したか、石山寺伝来と伝える文書が現存したのであろう。

そこでこの摸本と本文書を仔細に比較してみると、上部の欠損はもちろん、虫損の穴までほぼ一致することに気づく。これまで推測されているように、(8)双方が同一文書であることは、まず疑いないであろう。問題は摸本にある太政官印が、本文書に押されていない事実をどうみるかである。上山春平氏がこの印影について、梅園の捏造であるかのようにいわれたのは、(9)先のような梅園の人物像から考えて濡れ衣というべきである。一案として考えられるのは、別に押印のある文書があり、それが原本であったとすることであるが、(10)先述のように双方は虫穴まで一致しており、これは成り立つまい。私は『梅園奇賞』のもとになったのは、問題としている官符案そのもので、それに太政官印が書き加えられたのではないかと考える。即ち『梅園奇賞』に採られた文書をみてゆくと、他にも押印のある文書があり、その押印状況を原本通り朱で再現している例があるのに気づく。即ち、嘉祥三年(八五〇)六月十六日僧円珍位記(「三井寺園城寺什智証大師大法師位勅書」)、(11)天平勝宝元年(七四九)十月二十一日柘殖《つげ》郷長解《ごうちょうげ》、延長七年(九二九)七月二十一日伊勢大神宮司解の三文書がそれである。問題の官符案の摸本において、印影が墨線で示されているのは、原本からの謄写ができず、梅園が何らかの摸本によったからではなかろうか。同じ『梅園奇賞』二集に収載される僧最澄請来目録の「遣唐使印」と「明州之印」が、いずれも双鉤《そうこう》風に表されているのは、これを裏づけると思われる。この文書は『梅園奇賞』では「延暦廿三年遣唐使書跋」と題されているが、前記のように伝教大師の請来目録の末尾部分である。それを右のように名づけて収載しているのは、編集者梅園がその全体についての情報を充分に把んでおらず、部分的な摸本などによったためであろう。印を双鉤体で表現しているというだけならば、版行の手数を省略するためであったと解する余地もないではないが、この標題の付け方からすると、前記のように考えるのが妥当である。問題としている官符案の場合も、典拠となった摸本に印影の位置が墨線で入れられており、梅園はそれをそのまま版刻させたのであろう。梅園が押印された文書を直接見ていたならば、『梅園奇賞』の編纂態度からみて、当然朱印も含めた

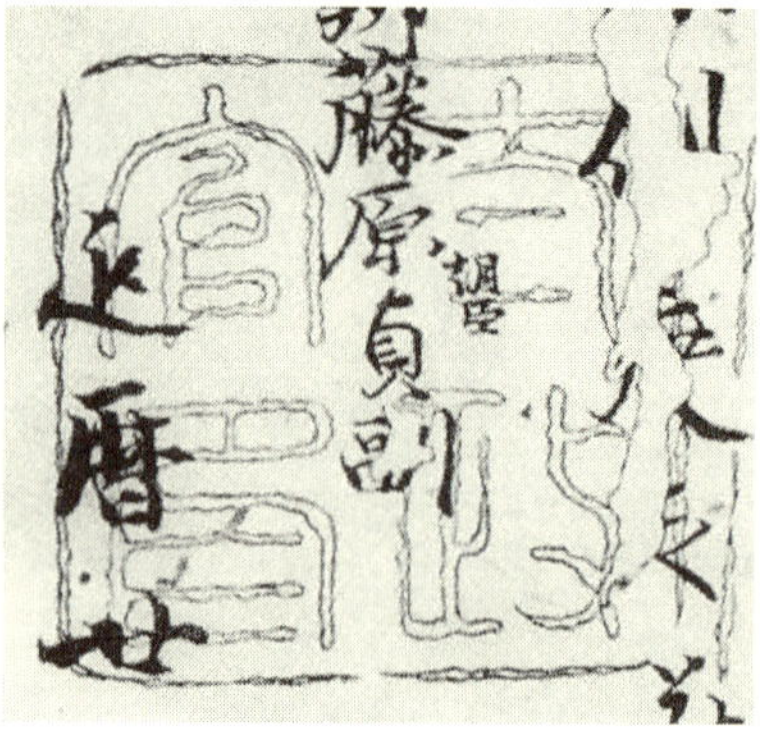

図14　『梅園奇賞』の官符の「太政官印」

図15　延暦2年の「太政官印」

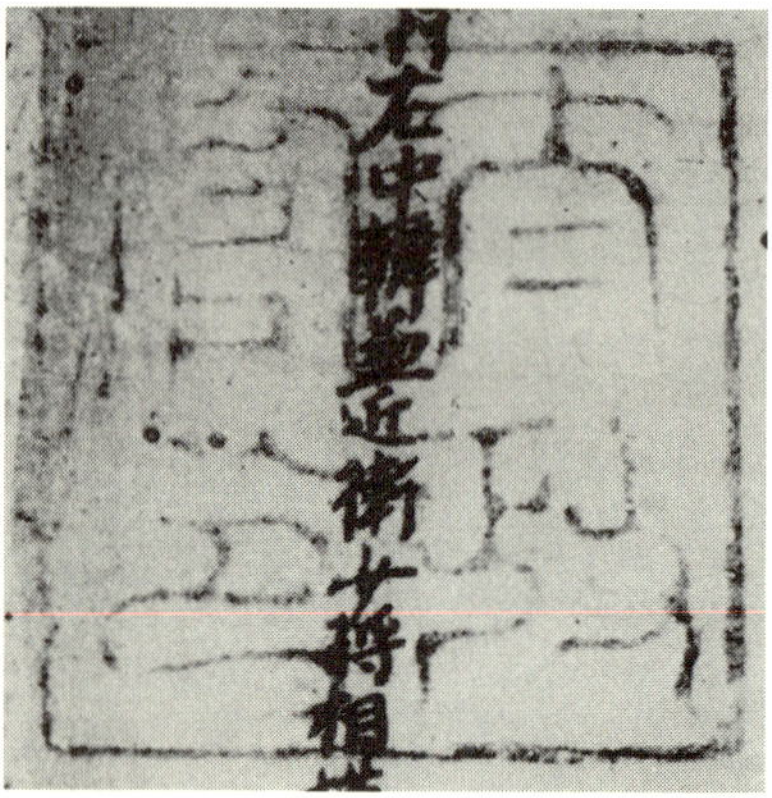

図16　延暦13年の「太政官印」

復刻を行ったと考える。

こうみてくると、この官符案には本来押印がなく、摸本が作られ流布する過程で、何者かが賢しらに外印《げいん》の位置を入れたのではないかと推測されてくる。このような推測をわずかながら支証すると思われるのは、摸本にみえる外印の印影である(図14)。太政官印の押捺例は、奈良時代以来少なくないが、この印影と一致するものは見出せない。最も類似するのは、宝亀から延暦の文書に押された印(図15)であるが[12]、それとは明らかに異なっており[13]、延暦十三年(七九四)以降に登場する印(図16)とも、時期が並行するにもかかわらず異なっている[14]。これは摸本の太政官印そのものが、後世の人の作になることを示唆すると考えられよう。

ただ太政官印が、全く根拠なく書き込まれたのかといえば、そうとも断定できない。そのような行為を誘発する何らかの契機が存在したかもしれない。たとえば現存する最澄関係の文書をみると、国郡で作成された文書の案文には、文書の奥に「国印廿三跡」などの書入れを有するものがある。[15] 問題の官符案にも、もとこのような書入れがあり、それが外印を押した形の摸本を作らせる要因になったというようなことも一応は想定しておくべきであろう。

かくて印影の問題が残るにせよ、本文書以外に同内容の文書が存した可能性は、ほぼ否定される。内容の真偽は本文書のみで考えてよいということになろう。

四　史料価値

本文書の史料批判を行うことは、それが全くといってよいほど孤立した史料であるだけに、極めて困難である。本文書によると、空海は延暦二十二年(八〇三)四月七日に出家しているにもかかわらず、度縁の発給は、この官符が下されて以降のこととなり、その間二年以上の懸隔があることになるが、最澄の場合も度縁の発給まで足掛け三年を要しており、とくに問題とはなるまい。[16] また出家の年について、延暦二十三年が正しいとする説もある。[17] しかし正史である『続日本後紀』の空海卒伝(承和二年三月庚午(二十五日))には、「年卅一得度、延暦廿三年、入唐留学」とあるから、出家が延暦二十三年より前であったことは動かないであろう。もし出家が延暦二十三年であったなら、当然「延暦廿三年、年卅一得度、入唐留学」と書かれるはずである。『続日本後紀』における空海の年齢に問題はあるにしても、出家年次はこの官符が正しいとみるべきである。空海の本貫に関しても、この官符の「方田郷」は「弘田郷」の誤りとする説がある。[18] しかし「弘田郷」とする史料は十二世紀を遡らないのに対し、[19] 飛鳥の石神《いしがみ》遺跡出土の木簡には、「多土評難田□」と記す荷札が見出されている。これは七世紀代の荷札で、のちの讃岐国多度郡が「多土評」と記されており、「難田」は即ちこの官符の「方田郷」に相当する里名と考えられる。[20] これなどは後人の作為の及ぶところではあるまい。やや気がかりなのは、空海の本貫のみあって年齢が記されていないこと、署名部分に「朝臣」を脱し、「嗣」を誤るなどの点である。しかし年齢は関連文書があって省かれたともみられようし、誤脱としても、他の誤りともども、案文故のことと理解できないではない。[21]

全体としては疑わしい点よりも、信頼性を評価すべき要素が多いように感ぜられる。署名者の官銜に矛盾がないこともその一つであるが、なかんずく注目されるのは、本文書が平安後期の案文であるにもかかわらず、空海伝の史料として全く利用されず、わずかに十二世紀に撰ばれた『高野大師御広伝』や『大師行化記』に載せる大同三年(八〇八)六月十九日付官符に引用された形でみえるのみで、近代に至ったことである。

先述のように『梅園奇賞』に載せられて以降も、とくにこれが注目された形跡もない。もしこの文書がためにする偽作ならば、空海の伝記史料として周知流布されねば意味がなく、文書の年代の古さからいって、もっと早くに注目を浴びたはずと考えられる。その意味で本文書が、渡唐以前の史料に乏しい空海の伝記史料として、重要な意義をもつ可能性は極めて高い。それについて注意されるのは、今回の調査で本文書の裏に墨書の存在を確認できたことである。現状では裏打の紙に妨げられて充分に判読できないが、その墨書は文書右端の裏側にあり、一応左のように読むことができた。

□□□□仁王會□□　□□

右の墨書は、位置からすると端裏書《はしうらがき》の可能性があるが、「仁王会」という語句などをみると直ちにそうとも断定できない。先にも述べた通り、本文書はかつて巻子装であった痕跡をもっているから、墨書は裏文書の一部であるか、あるいは逆に本文書そのものが裏文書であるかもしれない。しかしいずれにせよ、このような墨書があること自体、偽物としては考えにくく、本文書の信憑性を裏づける有力な傍証となる可能性がある。ただそのためには、本文書の裏打が一旦除去され、解読を進める必要がある。修理などを機に裏面の調査が遂げられ、この太政官符の価値がさらに明らかになるよう願ってやまない。

(1) 平野邦雄『大化前代政治過程の研究』(吉川弘文館、一九八五年)三九六頁以下。
(2) 藤枝晃「表紙のことば」(『言語生活』三七〇号、三七一号、一九八二年。大和文華館『美のたより』六七号「わたしと美術館」一九八四年にも再掲)、同『敦煌学とその周辺』(なにわ塾叢書51、大阪府、一九九八年補訂版)一七二頁。
(3) 中村直勝博士古稀記念会編『中村直勝博士蒐集古文書』(一九六〇年)解説、二五九頁。なお同解説では、この文書の『平安遺文』文書番号が「三四一三号」となっているが、正しくは「四三一四号」である。
(4) 三浦章夫編『弘法大師伝記集覧』(増補再版、高野山大学密教文化研究所、一九七〇年、初版一九三四年)。
(5) 岩波書店『国書総目録』著者別索引(一九七六年)、国文学研究資料館『古典籍総合目録』三(岩波書店、一九九〇年)、上山春平「空海と最澄」(『上山春平著作集』八、法蔵館、一九九五年)二一九頁。
(6) 多治比郁夫「野里梅園のこと」(『随筆百花苑』10、付録月報一五号、中央公論社、一九八四年)、中田吉信「毛利梅園考」(『参考書誌研究』三〇号、一九八五年)、磯野直秀「『梅園画譜』とその周辺」(同上、四一号、一九九二年)。
(7) 『摽有梅』については、前注の多治比氏の論考の他、林若吉編『従吾所好』(一九一一年)二一頁参照。本書の解説は、短文ながら梅園の経歴、業績について、すでに要を得た記述を行っている。
(8) 三浦章夫編注(4)前掲書解説、上山春平注(5)前掲書など。
(9) 上山春平注(5)前掲書。
(10) 注(4)解説はこの立場をとる。
(11) ( )内は『梅園奇賞』の名称。他の二文書には標題がない。
(12) 宝亀三年正月十三日太政官符、延暦二年六月十七日太政官牒、同十二年六月一日太政官牒など所捺。いずれも同一印とみられる。印影はそれぞれ『書道全集』九(平凡社、一九六四年)図版九一、木内武男『日本の古印』(二玄社、一九六五年)一一一頁、『大日本古文書』家わけ一八、東大寺文書之一、二三六頁参照。

(13)「官」「印」の字に違いがある。
(14) 延暦十三年四月二十五日太政官牒、同二十三年九月二十二日太政官符など所捺。前者の印影は木内武男『日本の官印』(東京美術、一九七四年)八頁参照。なお木内氏著書の図版に年紀が「弘安九年」となっているのは誤り。
(15) 延暦二年正月二十日最澄度縁案(来迎院文書、『平安遺文』8、四二八一号)。
(16) 高木訷元「空海の「出家入唐」」(『空海思想の書誌的研究』(法蔵館、一九九〇年)、牧伸行「入唐前の空海」(『鷹陵史学』二五号、一九九九年)。
(17) 高木訷元注(16)前掲論文。
(18) 松浦美智子『讃岐善通寺の創建について』香川県文化財保護協会、一九五七年。なおこの研究は筆者未見で、藤井直正氏の評「松浦美智子氏『讃岐善通寺の創建について』」(『日本上古史研究』一-一一、一九五七年)に拠った。
(19) 池辺彌『和名類聚抄郷里駅名考証』(吉川弘文館、一九八一年)参照。
(20) 奈良文化財研究所『飛鳥・藤原宮発掘調査出土木簡概報』一七、二〇〇三年、五二号木簡。
(21) 年齢を誤脱したとすれば、本文後述の大同三年官符のように、二行目「留学僧空海」の直下に年齢のあった可能性が考えられよう。

第三章　木簡と銘識

木簡と銘識も、歴史を活性化する役割は大きい。ここに取り上げたのは一断面に過ぎないが、**1**は木簡の史料的性格を述べるとともに、木簡からみえてくる文化、社会の一端を示した。**2**は木簡を丁寧に読み解く試みであり、あわせて近年数をましてきた韓国木簡との比較を行っている。**3**は、同類の木簡から帰納される古代社会の意外な一面を示したものであるが、複数の木簡をグループとして考える重要性も明らかにした。具体例は異なるが、**4**も2や3と同様な試み、**5**は研究方法への注意を喚起する。**6**は写経の銘識が仏教信仰の実態を解明する鍵となる例、**7**は写経奥書を読み直すことで、その意味を考察する。

1　木簡が語る古代の文化・生活

一　竹簡と木簡

きょうは「木簡が語る古代の文化・生活」というテーマでお話しをさせていただきます。これは非常に広いテーマですが、私なりに三つのことをお話ししたいと思います。おもには、やはり長屋王家の木簡がおもしろいので、その話を中心にしたいと思いますが、これについてはすでに鬼頭清明さんが話しておられ(平野邦雄・鈴木靖民『木簡が語る古代史』上、一節・六節、吉川弘文館、一九九六年)、少し重複する場合が出てくると思います。ただ、人が違えば見方も異なってくると思うので、最近考えていることを中心に、お話しさせていただきたいと思います。

最初に申し上げておきたいのは、「木簡が語る古代の文化・生活」といいますが、木簡を使うこと自体が一つの文化であり、生活だということです。

日本では、木簡が当たり前で、竹簡が出土しないわけですね。これはよく一般の方でも疑問にされ、「日本でなぜ竹簡がないんですか」と質問を受けることもあります。

それについてはいろいろな考え方ができると思うのですが、一つは、まず竹という素材を手に入れる場合に、中国では日本と事情が異なっているということです。ご存じだと思いますが、竹は暖かいところの植物で、気象条件からいって、北の方では生えないわけです。日本で竹を使うのは、ごくありふれたことで、身の回りに竹があるわけですが、中国では竹は、全国で手に入るものではない。実際に発掘で出てきています中国の竹簡をみても、地域的に偏りがあります。竹簡はおもに南の方で出てきて、北の方の敦煌であるとか、さらにはその西の方、中央アジアあたりではおもに木簡です。竹簡も出てきてはいますが、ごくわずかです。それはやはり竹が手に入るか入らないかという、即物的な事情によっているのだと考えられます。

竹が北の方ではどこまで自生するのか、これは現在の分布状況からだけでは結論の出せない問題らしく、つまり古代にはどうだったかという問題があるようですが、大体淮河《わいが》以南、山東省ぐらいが北限ではないかといわれています。おもしろいのは、中国では、北の方で竹が欲しい場合、それを育てる役所が置かれていることです。唐の長安・洛陽の近傍に置かれていた司竹監という役所です。これは竹を育てて工芸品の材料を調達する、それから食べるためにタケノコを奉らせる役所です。

次に掲げた『大唐六典』の記事で、それがわかります。

司竹監。監一人、正七品下。

漢官、司竹長丞有り。魏・晋、河内・淇園の竹に各司守の官を置く。江左、省く。後魏、司竹都尉有り。北斉・後周、並びに闕《か》く。隋、司竹監及び丞有り。皇朝これに因る。今、京兆の鄠・盩厔、懐州の河内県に在り。

副監一人、正八品下。

丞二人、従八品上。

司竹監、園竹を植養する事を掌る。副監これに弐たり。凡そ宮掖及び百司須《もち》いん所の簾・籠・筐・篋の属、工人に命じて其の材幹を択び、以てこれに供す。其の笋《たけのこ》は、則ち時を以て尚食に供す。歳終、竹功の多少を以て、こ

れが考課を為《な》す。（巻十九、司農寺）

『大唐六典』は、唐の制度を集成した、日本でいうと奈良時代前半にできた本です。これによると長官が一人、副監（次官）が一人、丞（第三等官）が二人いる。長官の位からみますと決して格の高い役所ではありません。漢以来、この役所がどういう沿革をたどったか説明してありますが、終わりの方に、その所在地が書いてあります。それは京兆の鄠《こ》と盩厔《ちゅうちつ》、それからもう一つ、「懐州の河内県《かだいけん》」です。この京兆は長安、懐州河内県というのは洛陽に近いところです。これらの地域では役所を置いて竹を調達しなければならなかったのです。

その前の方には、隋・唐の統一以前、中国が南朝と北朝に分かれていた時代のことが書いてあり、そこに「江左《こうさ》、省く」という句が出てきます。江左は長江の南で、つまり南朝の時代には、この官職は省いて設けなかった。置かれていた時代は、大体都が北の方にあった時代ですね。つまり自然に放っておいても手に入るような地域ではこういう役所を置く必要がないのです。竹を手に入れるのが、中国ではそう簡単ではなかったことがわかるでしょう。

それにもかかわらず中国では竹簡が主ですし、日本では木簡が主体なのですが、その理由は一体どこにあるのでしょうか。

私は前に、こういう考え方をいたしました。「日本に木簡を使って文字を書くという文化が入ってきたときに、当然モデルがあったに違いない。そのモデルが中国の北の方の文化にあったのじゃないか。あるいはそれを受け継いだ朝鮮の文化にあったのではないか」と（『日本古代木簡の研究』塙書房、一九八三年、五頁）。朝鮮半島でも、竹はごく南の方、昔の百済の最南端や済州島でしか育ちません。ですから、中国の北の方や朝鮮半島の木簡の文化がモデルになったのではないかと考えました。それは今でも一つの考え方だと思うのですが、どうもそれだけではなさそうです。

月刊雑誌『しにか』の一九九一年五月号が、「木簡の世界」と題して木簡の特集をしています。そこで、国立歴史民俗博物館の平川南さんと私と京都大学人文科学研究所の冨谷至さんとで鼎談をしたのですが、そのときに、「日本で竹簡が出ない」というけれども、「木のほうが素材として使いやすいということでしょうか」という質問が編集部からあったわけです。

それは確かにそうで、日本と中国で決定的に違うところは、日本では木と紙が両方使われている。竹簡とか木簡だけの文化じゃないわけですね。もう紙がつくられている時代です。中国の竹簡というのは、紙があったことはあったけれども、まだ普及していなかった時代に使われた。それが竹を使うか木を使うかということと関係がありそうです。つまり竹ですと、一定の長さ、幅が決まってきます。節から節までの間、それから竹を割ったときの幅というのはそんなに大きく、長くはできません。それは、冨谷さんがおっしゃっているように、中国の場合、非常にプラスの要素になるわけです。中国の竹簡はだいたい縛って、横に連ねていく冊書《さくしょ》という形になっている(図17)。

それに対して、日本の場合は、一枚一枚単独で使うのです。日本の木簡と中国の木簡とを比べて見かけの上で一番違う点は、日本の木簡は表裏両面に書いてあることです。展覧会などでご覧になっても、一面だけしか見られませんね。冊書のあるなしは、結局それと関係がある。横に縛って、木簡を使おうとすると、裏に書くことはできません。裏に書くと読めない。日本の木簡は単独で使いますからすぐに裏返して裏側が見られます。冊書は、紙ができてしまえば必要がなく、長い文章は紙に書けばいいわけです。紙の文書や本と並行して木簡を使っているのは、木簡に意味があるからです。その意味とは、大きさを加減できるという点ですね。書き込むことが多ければ大きくできるし、小さくもできる。それは竹ではできない。木でないとできない。

その鼎談の最後に平川さんが、日本では非常に大型の木簡があるということをおっしゃっていて(平野邦雄・鈴木靖民前掲書下、二〇〇一年、参照)、普通には持って歩けないような、つまり立てかけておくような木簡があるわけですね。

それは極端な例ですが、紙では不可能です。ですから、これは紙を使いつつ、それを補う手段として木簡を使うという日本のあり方から来ていると思うのです。

紙を補う形で木を使うというアイデア自身、やはり中国から来ているのだろうと思います。ここではあまり詳しく申し上げられませんが、中国でも漢の時代以降ずっと木簡というのは使われています。数が少ないので注目されませんが、唐の時代の木簡もあります。ですから、そういうアイデアそのものが日本に入ってきたのです。つまり、先ほどいいました、竹のない、木しか手に入らない、中国の北方に都のあった時代の文化が入ってきたことと、今申し上げたこととは、重なってくるともいえる。日本で木簡が使われる意味はそのへんにあるのではないかと今のところ考えられます。

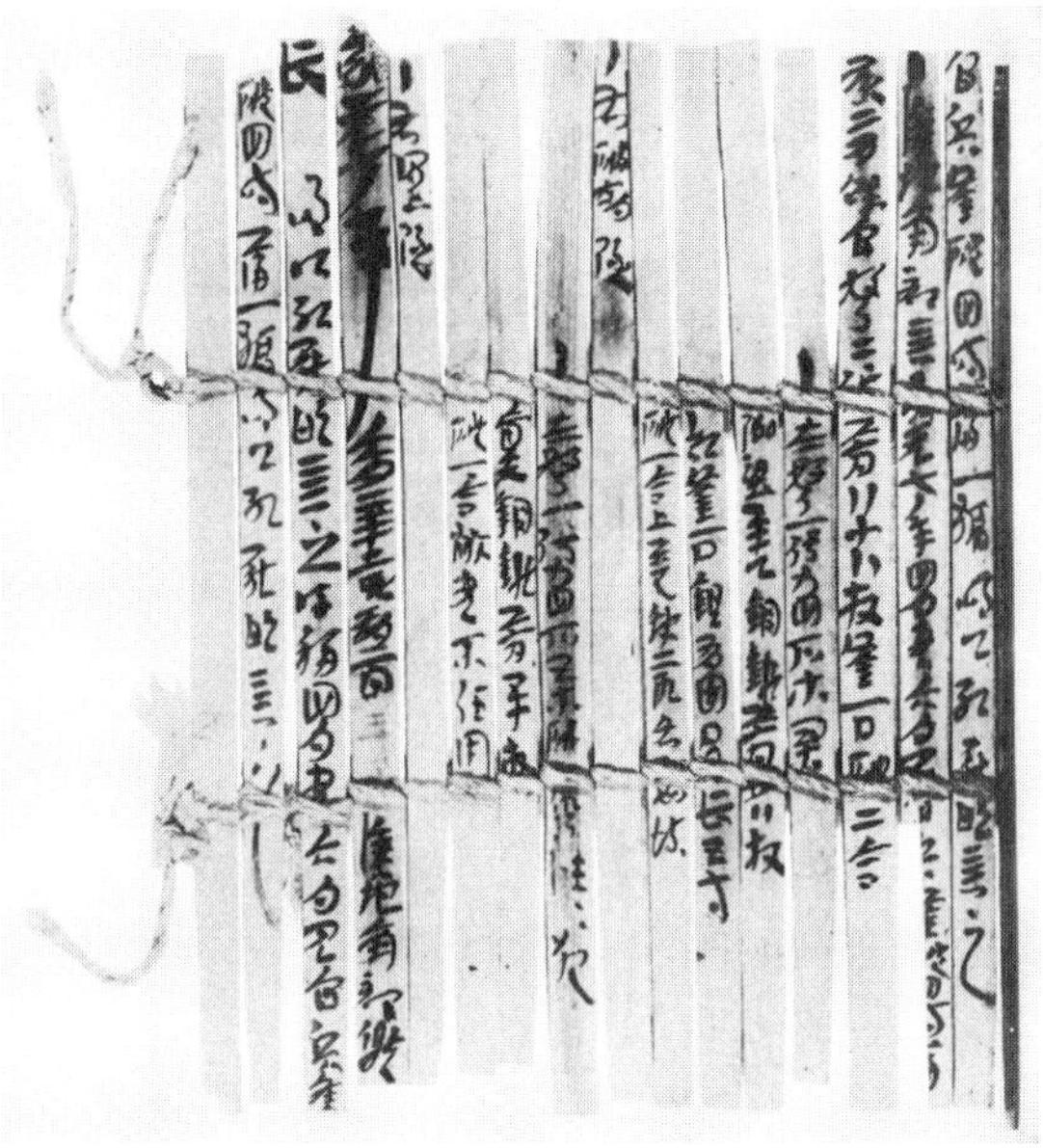

図17　居延漢簡の冊書

鬼頭さんが、日本でどの時代まで木簡が使われていくかを問題にされているようですが、それが一つ重要な点だと思います。日本では木簡を紙と並行して使っていました。それは細かい伝票などをつくるのに、木簡が便利だったからで、伝票類を使った事務がなくなっていくと、もう木簡は付札やまじないの札だけになってしまいます。ですから、これは紙の文書を使う官僚制度とくっついた文化という気がします。そのアイデア自身はやはり、中国や朝鮮から来ているということになるでしょう。

木を使うというのは、以上のようなことですが、そういう木簡から、文化あるいは生活の面でどういうことがわかってくるかとなりますと、いろいろなことがテーマとして取り上げられるわけで、ここでお話しするのは、ほんの一部分だと思っていただきたい。さしずめ長屋王家の木簡が最近では一番大きな発見で、そこからどんなことがわかるのかは、専門家の間でもいろいろ問題になっていくと思います。ただ難しいのは、私も『木簡が語る日本の古代』(岩波新書、一九八三年)などという本を書いたことがありますが、「木簡が語る」といっても、一つ一つの木簡だけをにらんでいても、そんなに物事がよくわかるわけではありません。木簡に語ってもらうためには、肉づけ作業が必要です。日本の場合に恵まれているのは、古代の編纂物や古文書が豊富に残っていることで、それと比較していくことによって、初めて木簡が多くのことを語ってくれるという構造になっているわけです。極端なことをいいますと、木簡で初めてわかることは案外にない。木簡が出てきて「ああ、やっぱりそうだったか」ということは結構あるわけですが、逆に木簡で初めてわかったということは、用心してみなければいけない場合もあるし、案外少ないのです。木簡に語らせるための肉づけ作業をやっていきますと、木簡でしか知りえないことが、少しではあるけれども発見できるというわけで、そういう観点から具体的なものを取り上げてみたいと思います。

二　長屋王家木簡のことば——親王・王子

長屋王家の木簡の時代は、八世紀のごく初め、七一〇年代ですが、この時代の言葉は、長屋王家木簡が出てきて本当に具体的に考えられるようになったと思います。言葉の問題は、歴史学の対象ではないともいえるのですが、どんな言葉を当時の人たちが使っていたかは、これこそまさに文化でして、これを国語学のテーマだといって片づけることはできないんですね。歴史をみていく場合、どんな言葉が使われていたか、当時の人が漢字や漢語を見てどう受け取っていたか、となると、文化史のテーマになってきます。それが非常に重要な問題に結びついていくこともあるわけでして、たとえば次の⑴の木簡に象徴されるような言葉遣い、「長屋親王」という言い方、これはいい例だと思います。

⑴長屋親王宮鮑大贄十編　(図18)

⑵(表)長屋皇子宮御□

　(裏)多土郡□伊西部□三□

⑶(表)長屋王子宮□(符カ)

　(裏)　霊□(亀)[

⑷(表)長屋皇□(宮カ)俵一石舂人夫

　(裏)羽咋直嶋

⑸(表)召　若麻続□麻呂　長屋皇宮侍　急[

図18　長屋王家木簡

（裏）従七位下石城村主広足　九月十九日付
(6)（表）山形皇子宮帳内四口女竪九口右十□口
（裏）分米一斗三升□月廿二日秦□□
(7)（表）山形王子進米一升受□□
（裏）　九月廿二日大嶋「大嶋大嶋」
(8)（表）山方王子進穎稲米二升受余
（裏）女　七日若麻呂　（図19）
(9)竹野皇子二取米三升　余女
(10)（表）竹野王子御所進粥米二升受老
（裏）　九日「万呂」
(11)（表）竹野王子女医二口
（裏）一升半受真木女
(12)（表）円形皇子
（裏）□

長屋王は天武天皇の孫で、当然「王」でなければならないのですが、(1)の木簡には「親王」と書かれています。これを文字どおり受け取って、長屋王は当時親王の扱いをされていたという人も最初のころにはいたわけです。そうではないにしても、親王と同等の権勢をもっていたのだという受け取り方もできますね。それを考える場合に、「親王」という言葉を、この木簡を書いた人はどんな意味で書いているのかと考えてみる必要があります。(1)の木簡だけでものをいうのは危険なんですね。木簡の場合、書かれている内容は、大抵、分量的に少ないので、できるだけたくさん集め比較してみて、結論を出す必要があるわけです。

この場合ですと、⑿までの木簡、これはみな長屋王家木簡ですが、その書き方とあわせて考えていく必要がある。⑴では「親王」とありますが、⑵では「長屋皇子宮」となっていますね。その「皇子」が、⑶ですと普通の簡単な「王子」になっています。それから⑷⑸は、「長屋皇」と、天皇の「皇」が使われています。ですから、長屋王の称号として、「親王」「皇子」「王子」、さらに「皇」があることになります。長屋王の公式の名称として一番ふさわしい、「王」は出てきていないわけです。ただ長屋王家令所あての文書というのが見つかっていて、外部から長屋王家にあてた文書には「長屋王」と書いてあります。

ここに挙げた⑴から⑸は、みな長屋王の邸宅内で使われていた通信、あるいは荷札ですが、「皇子」は親王と同じことです。天皇の兄弟や息子が皇子ですね。「王子」という書き方は今までは珍しかった、まして⑷⑸の「皇」というのも珍しい。

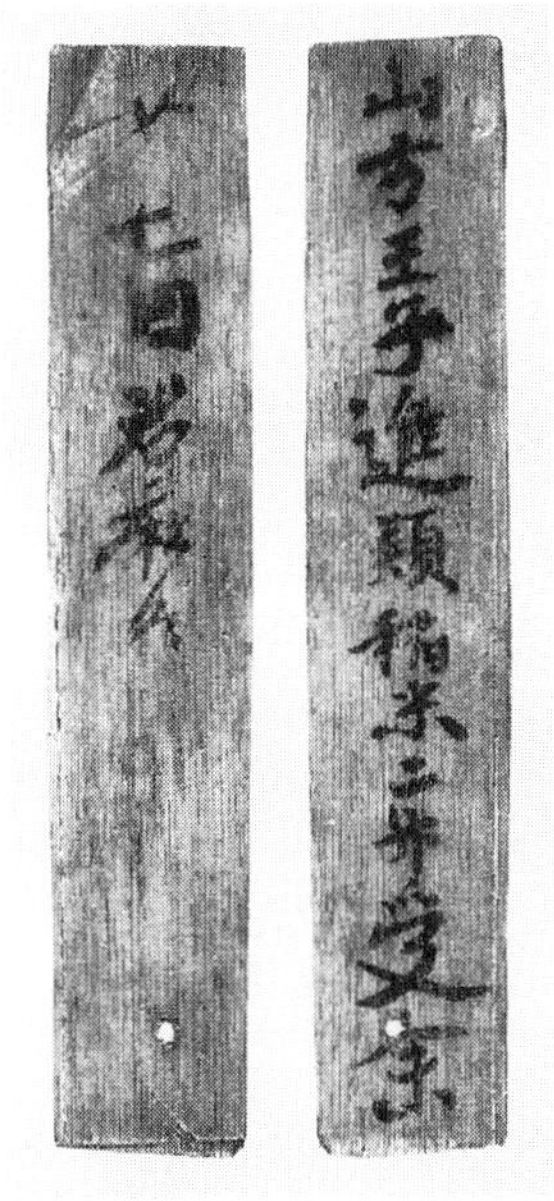

図19　長屋王家木簡

ただ、同一人物に対して、長屋王家の人がこういう言い方をしているのは、やはり理由があると思われるのですが、そういう目でほかの木簡をみますと、たとえば同じ人を、⑹では「皇子」、⑺では「王子」、⑻では「王子」と書いてあって、山形が「山方」となっています(図19)。やはりこれも二種類の称号がある。⑼—⑾にも「皇子」と「王子」が使われています。

この人物は、竹野女王という女性の皇族と思われます。たとえば⑾の木簡に「竹野王子の女医」がみえるわけですが、女性を診療するのが女医なので、竹野王子は女王だった、ということでいいだろうと思います。「山形皇子」も、長屋王の妹に山形女王がいまして、多分その人だろうといわれています。

そうなりますと、山形女王、竹野女王は、女性なのに単に「皇子」とか「王子」といわれているということになります。女性も男性も「皇子」「王子」というし、しかもその書き方もこんなふうに差があることになる。女性を単に「皇子」といっているのは⑿もそうです。⑿の「円形《まとかた》皇子」は、円方女王という長屋王の娘と考えられる。

文字の上からいいますと、ある意味ではでたらめな言い方がされているわけですが、これをどう解釈したらいいか考えてみますと、次の『古事記』の文章が意味をもってくる。「王子」と書いた木簡が出てきて、それを見たときに、「これは『古事記』にある書き方だ」というのが私が最初にもった印象だったですね。まともな漢文で書かれた、正式な歴史書には出てこないのですが、日本風の文章で書かれた『古事記』には出てきます。『古事記』ができたのが、和銅五年(七一二)でして、長屋王家木簡と同時代なのです。そこで『古事記』を見直してみますと、次のように、木簡に出てくる呼び方を考える上で非常に参考になるわけですね。

又、葛城《カヅラキ》之《ノ》垂見宿禰《タルミノスクネ》之女《ノムスメ》、鸇比売《ワシヒメ》を娶《メ》して生みませる御子、建豊波豆羅和気王《タケトヨハヅラワケノミコ》。〈一柱。波より下五字音を以ゐる〉此の天皇《スメラミコト》の御子《ミコ》等《タチ》并せて五柱。〈男王《ヒコミコ》四《ヨハシラ》、女王《ヒメミコ》一《ヒトハシラ》〉(『古訓古事記』開化記)

これは本居宣長の読み方です。現在の読み方とちょっと違っているのですが、本居宣長の読み方ですと、「王」という字を「みこ」と読んでおりますね。「みこ」も、下の注のように男と女と分けて書くときは「男王《ひこみこ》」「女王《ひめみこ》」というふうに書き分けています。ところが、全体としては「此の天皇の御子等」というふうに、男性、女性をあらわすような言葉では書かれていません。この書き方が注目されると思うのです。

実は『古事記』は、本居宣長が本当に苦心して初めてこういう訓をつけた。それは昔の訓を復元したのだということで、『古訓古事記』という本を出しているわけです。この読み方の根拠として、宣長は有名な『古事記伝』という『古事記』の注釈書の中で、次のような『日本書紀』の記事を挙げています。

(イ)癸卯、有《テ》㆓如㆑風之声《オト》㆒、呼《テ》㆓於大虚《ニ》㆒曰、剣刀太子王也《ツルキタチヒツキノミコナリ》《ヒツキノミコノキミ〔北〕》。（履中五年九月紀）

(ロ)於是、再拝称㆑疾固辞、不㆑受曰、請奉㆓洪業㆒、付㆓属大后㆒。令㆓大友王㆒、奉㆓宣諸政㆒。（天智十年十月紀）

(イ)の「太子王」に「ひつぎのみこ」「ひつぎのみこのきみ」と訓がついていますが、これは『日本書紀』の平安時代ぐらいの読み方です。この「太子王」は、やはり「ひつぎのみこ」と考えないと読みようがないというのが、宣長の説です。

それから(ロ)は、天智天皇が亡くなる直前の話なのですが、自分の後を后と息子の大友皇子に託そうとして、遺言をして亡くなるわけです。「大友王」は大友皇子ですが、これも、宣長がいっているように、「おおとものみこ」と読まざるをえません。

ですから、これらの「王」は「みこ」と読ませたというのが宣長の説でして、先ほどの開化天皇記のような読み方になるわけです。その実例は、長屋王家木簡にもあります。木簡には「山方王」という人物も出てきますが、これが先ほどの「山形皇子」と同じ人だと思われるのです。つまり「やまかたのみこ」と読めば、すっきりと意味が通る。

男女が区別されないような言い方はどういうことかといいますと、「みこ」は子供を尊敬していった言葉ですから、高貴な人の子供はみな「みこ」なわけですね。天皇の場合に限らず「みこ」であっていいわけですが、そういう言葉が大和言葉として昔からあります。ところが、「王」「王子」は、これから申します「皇子」や「親王」にしてもそうですが、もともと日本の言葉でなくて、漢語です。親王や皇子には、天皇の兄弟、子供というはっきりと限定された意味があるわけですね。そういう漢語が日本に入ってきた場合に、日本の方でどう対応したのか。

日本の在来の言葉では、天皇の子供や兄弟だけをあらわす言葉はなく、「みこ」しかないわけです。言葉が分化していません。ですから、それらの漢語を大和言葉で読む場合には「みこ」としか読めない。「みこ」といってしまうと、非常に広い意味になってしまい、本当はいけないわけですね。しかし読みようがないから、そういう読み方を対応させたのです。いったん、そういう対応が成立してしまいますと、物を書くときに、どの字を使ってもいいということになってしまいます。

今度、長屋王家の木簡が出てきて、『古事記』にこういう言葉があったなあ、と思い、宣長の『古事記伝』をまたみてみました。現在、あまり手に入りやすい形では出ておりませんが、宣長の全集に入っております。それが大変な先見性のある研究だということをあらためて感じました。つまり、今いったようなことを宣長がどういっているかというと、日本の古い文献を読む場合に、漢字にとらわれてはいけないんだとくり返しいっています。『古事記』に書いてある言葉は、漢字で書いてあるけれども、それを漢字の意味の通りにとってはいけない、それは必ず日本の言葉と対応している、その字で何をあらわそうとしたのかを考えなければいけない、文字の訓は、字面に即して付けてはいけない、と随所で力説しています。それは本当にその通りだと思います。

字面にとらわれて見てはいけないということには、もっと直接の証拠があります。次の『続日本紀』の記事を見てください。

(A)又《マタ》兄《アニ》弟《オト》姉《アネ》妹《イモ》諸王子等《ミコタチ》、悉作親王弖《ミナミコトナシ》、冠位上給治給《カヾフリクラヰアゲタマヒヲサメタマフ》。（宝亀元年十一月甲子宣命）

(B)従四位下三嶋王之女河辺王・葛王、配㆓伊豆国㆒、至㆑是皆復㆓属籍㆒。（宝亀二年七月乙未紀）

(A)は、宣命といって、大和言葉で書いた詔勅の一部です。ご存じと思いますが、奈良時代末、称徳女帝が亡くなりますと、跡継ぎがいません。そこで天智天皇の孫で非常に遠縁に当たる、光仁天皇が出てきて即位することになりますが、その即位直後の宣命が宝亀元年(七七〇)のものです。光仁天皇は、もともと白壁王といって、長屋王と同じように天皇の孫で、ただの「王」です。その人が天皇になると、その兄弟や子供たちは、やはり親王、皇子にしなければいけない。それを命じた詔勅で、片仮名のルビは本居宣長の読みです。

この書き方はおもしろいですね。「兄弟姉妹」を受けて「諸王子等」といっているわけで、この「王子」というのは当然女性も含んでいます。それを「親王」とするというのですが、これを大和言葉で読もうとしたら、「王子」も「親王」も、「みこ」としか読みようがない。そうすると、「みこたちをみことなす」という、妙な言い回しになってしまうのですが、これは結局、親王という言葉が中国から来たもので、限定された意味で制度の上では使われるけれども、在来の日本語でいえば、「みこ」としかいいようがないということを端的にあらわしています。

ですから、これは王子といっても、親王といっても要するに「みこ」なんだということです。この場合の「親王」(みこ)は、当然法律的な意味をもってきますけれども、このように同じ発音でいわれるということは注意すべきでしょう。先の宣長の読みは、やはり正しいと思います。

(B)は、罪を犯した皇族についての史料です。三嶋王の娘である河辺王・葛王を伊豆国に流していたが、また皇族にしたという記事です。注意してほしいのは、「三嶋王之女」とある点です。「河辺王」や「葛王」は「女王」とは書いてありません。「王」というのはやはり女性も含むことが、この正史の記載でもわかります。もっと身近な例では、皆さんよくご存じの額田王という人がいる。額田女王ともいいますが、『万葉集』では「額田王」です。

正確に書こうとすれば、女をつけたり、内親王という言い方もできますが、大和言葉を基礎にすれば、結局どれでも一緒だというわけです。先の(1)以下の「親王」「皇子」も、「みこ」という言葉をあらわしているとみた方がよいのではないかと思います。「ながやのみこ」ですね。場合によって敬意のこもった字を、書く人は使ったのです。ですから、法律制度の世界と、長屋王家の家臣たち、あるいはその周辺とでは、言葉に対する意識が違っています。

「王」ではなく「皇」と書く場合も、やはり同じことです。

安佐麻毛利《あさまもり》　由布能麻毛利尓《ゆふのまもりに》　大王乃《おほきみの》　三門乃麻毛利《みかどのまもり》　和礼乎於吉弖《われをおきて》　比等波安良自等《ひとはあらじと》　伊夜多氏《いやたて》　於毛比之麻《おもひしま》
左流《さる》　大皇乃《おほきみの》　御言能左吉乃《みことのさきの》　聞者貴美《きけばたふとみ》　（『万葉集』四〇九四）

この大伴家持の歌では、前の「おおきみ」は「大王」と書き、あとでは、「皇」を使って「大皇」と書いています。これは書き分けているのではなくて、どちらを書いても一緒だからこう書いているのです。もちろん、「皇」を書く方がより敬意を含むとはいえますが、本質的には「王」を書くのと同じことでしょう。長屋王の場合にも、「皇」と書いたものが先ほどのようにあるわけですが、これはやはり「ながやのみこ」であって、ほかの書き方と変わらないということになってきます。

言葉が変わらないということは、一般の人の意識からしますと、実際上の地位もあいまいになってくるわけですね。同じ言い方で呼ぶと、どうしても厳密に区別するという意識がなくなってきます。もともと「みこ」という考え方しか、一般の人にはなかったのではないか。長屋王の場合も、「みこ」と呼ばれている以上、法律上は区別されていても、天皇の子供である「みこ」とほとんど一緒のように考えられている可能性が強い。まして父親の血筋が非常に高いですから。長屋王の父は、ただの天武天皇の皇子ではなくて、太政大臣にまでなった高市皇子です。その息子ということからいいますと、天皇の息子と変わらない受け取り方をされていて、「みこ」という名称で、何ら違和感がない状況だったのではないかと思います。

又舎人王子、広学㆓内典㆒、兼遊㆓覧経史㆒、敬㆓信仏法㆒、慈㆓愛人氏㆒。毎悕㆔求伝戒師僧来㆓至此土㆒。和上便云、遠承、

昔有二日本長屋王子一、敬信心重、造二一千領袈裟一、附向二本唐一、供二養衆僧一。（『聖徳太子平氏伝雑勘文』下二）

この史料は、唐僧鑑真の伝記『大和上伝』の一節です。鑑真の伝記は二つありまして、これは現在完全には残ってない方の伝記ですが、ここに「舎人王子」「日本長屋王子」が出てきます。鑑真が日本へ行こうと決意を述べるところですが、日本には仏教をよく信じている皇族がいる、それがここで話題になり、舎人親王と長屋王が例に挙がるのです。そのとき「舎人王子」「長屋王子」と全く同等の書き方がしてあります。舎人は天武天皇の息子で、親王です。これをみても、やはり一般の意識には、「みこ」しかなくて、同じように受け取られていたということでいいのではないかと思います。

長屋王に直接関係したことで、実は有名なエピソードがあります。

三月辛巳、左大臣正二位長屋王ら言す、「伏して二月四日の勅を見るに、藤原夫人を天下皆大夫人と称せよ、と。臣等謹みて公式令を検するに、皇太夫人といえり。勅号に依らむと欲すれば、応に皇の字を失すべし。令文を須《もち》いんと欲すれば、恐らくは違勅とならむ。定むる所を知らず。伏して進止を聴かむ」と。詔して曰く、「宜しく文には則ち皇太夫人、語には則ち大御祖《おおみおや》とし、先勅を追い収めて、後号を頒ち下すべし」と。

（『続日本紀』神亀元年）

神亀元年（七二四）三月、長屋王が代表して聖武天皇の母、藤原夫人（宮子）を大夫人と称しなさい、という聖武天皇の勅に異議を唱えたのです。令の規定に照らすと、天皇の母であれば皇太夫人というのが本当だが、勅に従うと、大夫人としか呼べない、令の規定通りにすると、勅命に背くことになる、どうしたらいいか、お教えください、というわけです。

これをみますと、長屋王は、律令の規定を重んじていますし、違った言い方をすると異議を唱えたということなのです。その人が先ほどのような文字の使い方を許していたのか、という疑問もないわけではありません。けれども、その後、どういう結論になっているか。

聖武天皇は、文章では「皇太夫人」と書け、話し言葉の場合は「大御祖《おおみおや》」といえ、と詔しています。ここで、「文には」といい、「語には」といっているのは注意しなければいけないので、公式の文章と話し言葉では用語が分離していて、合致しない。「大御祖」は、母親を尊んだ言い方にすぎません。貴族たちの間や、役所の正式な文書となれば、律令にどうあるかが問題になるわけですけれども、一般には話し言葉、大和言葉が通用しています。だから、「皇太夫人」と書くのは格式張った場合であって、普通だったら「大御祖」といっていたわけです。

木簡は、決して正式な文書ではなくて、王家や役所の中で使っている手段です。そこでは律令にどうあるかということよりも、普段使っている言葉があらわれてくる。つまり、律儀なことを言う人だから、そんな文字の使い方を認めなかっただろうとはいえません。かえって、この事件があるために、大和言葉というのがまだまだ当時生きていたんだということがわかるということになります。

長屋王家の木簡はこういうふうに、当時の話し言葉をかなり反映しているところがあります。次のように送り仮名を入れた書き方もみられます。

（表）以大命宣　黄文万呂
国足

（裏）朱沙矣価計而進出　別采色入筥今□

裏面は「朱沙《しゅさ》矣価計而《をあたいはかりて》進《たてまつり》出《いだせ》」と読むんですね。「矣」は送り仮名のヲです。漢文では「矣」が入ると、そこで文章が切れることになりますが、ここはそういう使い方ではない。『古事記』や『万葉集』に同じ例が出てきます。日本式の文章を漢字を並べて書いたものですね。他にも送り仮名を入れた例が幾つか出てきています。

(表)進上　以子五十束　伊知比古一□　和岐弓麻宇須多加牟奈波阿□(都カ)
止毛々多□(无カ)比止奈□(志カ)止麻宇須

(裏)比上毛□
□我□止□天平□年三月十六日伯部太麻呂巳時

これは長屋王家の北、二条大路から出た木簡です。冒頭の「進上」は漢語ですが、その下の「以子《いね》」が仮名で書いてあります。「伊知比古《いちびこ》」はイチゴのことです。さらにその下は完全に一字一音の仮名で文章が書いてあります。全部は読めませんが、「和岐弓麻宇須《わきてまうす》」で切れて、「多加牟奈波阿都止毛《たかむなはあつとも》、々多无比止奈志止麻宇須《もたむひとなしとまうす》」。「まうす」というのは、今でも祝詞などでは使いますが、「申す」ということです。「和岐弓麻宇須」は、上の用件とは別に申し上げますということで、「多加牟奈」はタケノコです。「阿都止毛」以下は、持ってこいという指令があったけれども、持っている人がいない、と申し上げます、つまり、タケノコは持っていけません、という断り書きです。これは天平の一桁代、八世紀の前半の木簡です。

一方に、こういうような、送り仮名を入れたり、仮名だけで書いたりする世界があるわけで、これが親王や皇子を、ごちゃまぜに使ってしまう世界とかかわりがあります。言葉の問題が、当時の人たちの地位を考え、政治的な立場を考えるということにも結局はつながっていくわけです。

三　長屋王邸の日常

もう一つお話ししたいのは、長屋王家の日常です。この話は耳新しいところはないかもしれません。たとえば『平城京　長屋王邸宅と木簡』(吉川弘文館、一九九一年)が、奈良国立文化財研究所編で出ていますし、展覧会でも取り上げられています。しかしもっとそれこそ肉づけして、文献史料から長屋王家の日常を描くことができないか考えてみたときに、時代がかなり下がりますが、おもしろい例があります。

大体十世紀の終わりごろ、平安時代の前期にできた『うつほ物語』の吹上巻に、神南備《かんなび》種松という、紀伊国の国司をしていた人の邸宅について詳しい記述が出てきます。これは、以前から有名な史料ですが、これと長屋王家とを対比していくと、よく合うんですね。

物語ですから、この神南備種松の家はかなり理想化して書いてありますが、当時の役人、貴族の邸宅をモデルにしていると思います。その家には、田地がたくさんあり、家の四面が築土《ついじ》であったと書いてあり、また蔵が一六〇もあった――これなどはかなりオーバーな話だと思いますけれども、蔵には綾・錦・絹・かとり、それらが棟の高さまで積んであったという記述が出てきます。こういう絹やかとりというものは、木簡の中にも出てきて、もちろん長屋王邸にもあったと考えられます。

さらに、「政所《まんどころ》」「たてま所」「大炊《おおい》殿」「御炊《みかしき》」、それから「酒殿《さかどの》」「作物《つくも》所」「鋳物師《いもじ》の所」「鍛冶屋」「織物の所」「染殿」、さらに「擣物《うちもの》の所」「張物の所」「縫物の所」「糸の所」、そういう主として所と名のつく、家政機関の部署がみられます。「たてま所」というのはよくわかりませんが、平安時代末の東宮の家政機関にみられる「奉所」(『山槐記』治承三年正月七日条)のことでしょうか。

この記述はもともと家の様子が絵に描いてあって、その絵の説明です。あるじの種松がそこに座っていてその御前に二百人ばかりの男の使用人がいるという情景が画かれていたのです。

これを木簡と対照していきますと、次の(1)から(15)の木簡と対応してくる。

(1)進上炭廿四籠六月一日卯時鴨伊布賀

(2)進上木二荷七月十三日鴨伊布賀

(3)(表)丹波杣帳内

(裏)「□上」

(4)(表)鷹所　薗部伊賀麻呂　雪牛養
凡人足　鳥取咋麻呂

(裏)雲国足　并五人

(5)御馬屋犬二口米一升　受乙末呂
古万呂

(6)(表)鋳物師二口飯八升帳内一口二升雇人一口四升

(裏)右四人一斗四升受□□

(7)(表)御酒□(醸カ)所充仕丁　蘇我部道　朝倉小常石　右四人
椋部呰　私部小毛人

(裏)「大瓺米三石麹一石水□石　次瓺米二石麹一石水二石二斗　次瓺米一石麹八斗□瓺米□石
麹一石水□石二斗　次瓺二石麹八斗水二石一斗　少瓺米一石麹四斗水一石五升」

(8)(表)轆露師一口米二升受龍万呂

(裏)□月廿三日　君万呂
家令

(9)(表)気作二人□(六カ)日分食二斗四升塩一升二合
「数百口」

(裏)十一月十四日広足

(10)(表)鍛冶二口米五升受田公

(裏)八月十二日　甥万呂

⑾（表）鏤盤所　長一口米二升　銅造一口二升半
　　　　　　　帳内〔三〕□口一升　雇人二口四升　右五人米九升半受龍万呂

（裏）　十月廿六日　「可加流
　　　　　　　　　　稲栗」　稲虫

⑿染女三口米一升半　受多々女
　　　　　　　　　　□日□

⒀糯粉米五升　受小嶋女
　　　　　　　十一月廿二日稲虫書史

⒁麦粉米六升　受橘女
　　　　　　　十一月三日広嶋

⒂縫殿女二口米二升受加毛女十二月十八日君万呂

⒃（表）以大命符　〔吉〕□備内親王　縫幡様進上

（裏）使文老末呂　二月廿二日　巳時　稲栗

たとえば『うつほ物語』では、「政所」は家政機関の中心で、家司や預が集まっているだけでなく、「炭焼、木樵などいふものども集まりて奉れり」、炭焼きや木こりなどが集まってきて物を奉っているとあります。木簡でも、⑴⑵のように炭・木、これは薪だろうと思われますが、そういうものが奉られている。日付に注意していただきたいのですが、六月や七月は、今でいいますと夏ですよね。ですから暖をとるためのものではなく、後で出てきます鋳物や家事をするための燃料だと思われます。

⑶は、丹波の杣《そま》の帳内ということで、丹波国に木こりが木を切り出す杣があったことがわかるわけですが、おそらくそこから木を奉ってきたと思われます。

⑷は鷹所の木簡です。これは二条大路木簡で、直接長屋王家には見当たりませんが、おそらくあったと考えてもよいかと思います。タカを飼っていて、そのタカにとらせたものを奉る。『うつほ物語』に「鵜飼、鷹飼、網すきなど、

ひつぎの贄奉れり」と出てきますが、それに対応するだろうと思います。「日次の贄」は毎日の贄です。贄は、神や天皇に関係づけられやすいのですが、このように貴族・豪族の家でも贄を奉らせていたわけです。先ほどの「長屋親王宮鮑大贄」も、王家に対して献上される贄でよいと思います。

⑸は、「御馬屋《みまや》犬」とあって、犬が馬の番犬に飼われている。馬屋があったということがわかりますが、『うつほ物語』の種松の邸宅にも、「御厩、良き馬二十づつ」というふうに出てきます。

次に『うつほ物語』の「大炊殿」ですが、これは飯を炊いて、配給するところですね。「二十石入る鼎ども立てて、それが程の甑《こしき》ども立てて飯炊く。（中略）所々の雑仕ども、使ひ人・をのこに櫃持たせて、飯量り受けたり」とあります。それぞれの部署で使われている人たちが櫃を持ってきて、そこで飯をもらっていくわけです。長屋王家で出ている木簡の大部分は、この米とか飯とかを配給されたときの伝票です。おそらく同様な組織があって、そこからもらっていく。⑹がその飯の例で、鋳物師二人分の八升が支給されたときの伝票です。『うつほ物語』では、主人の種松やその夫人には別に「御炊《みかし》き」という炊飯所があることになっていますが、長屋王家でも、米を受けて別に炊くことがあったかもしれません。

「酒殿」は『うつほ物語』に「十石入るばかりの瓶、二十ばかり据ゑて、酒造りたり」とあるわけですが、長屋王家でも、⑺の木簡から「御酒醸所」というのがあったことがわかります。その酒を醸すところに、仕丁という下働きの人が充てられている。裏側に、大きな「みか」のことが書かれています。「大瓱《みか》米三石、麹《こうじ》一石、水何石」という具合です。つまり米とこうじと水をまぜて、その大きな甕の中で酒をつくるわけです。次にも、瓱の米云々とあって、やはり大甕を並べて、酒をつくっている状況がわかります。

それから、「轆轤《ろくろ》師」⑻が出てきます。『うつほ物語』では、轆轤師は、木の細工物をつくる作物所に属していますが、おそらくそういう所でつくられたと思われるのが「気」(9)です。これは何かといいますと、正倉院の古文書に出てくる「水乎気《おけ》十口」(『大日本古文書』四、五六頁)や『延喜式』に「宇《う》気《け》槽《ふね》一隻」(四時祭・鎮魂祭)とあるように平気とか宇気の「け」で、入れ物のことです。その気をつくる人の食料の伝票ですね。

(10)は、鍛冶関係です。(11)も金属と関係があって、「鏤《ろ》盤《ばん》所」というのが出てきます。「鏤盤」(露盤)は、ふつう五重塔の上にある金属の部分をいうので、それとも解釈できますが、ここは少し違った意味ではないかと思います。「鏤」という字を調べてみると、こするとか擦るという意味ですね。当時の食器は、金属製のも使っています。そういうものは轆轤で引いて、すって形を整えるわけです。そういう仕事をやるのがおそらく鏤盤所だと思います。塔の上に乗せる露盤もやはり同じような工程を経なければいけないので、それで鏤盤と呼ばれるのだと思いますね。

(12)には、「染女《そめめ》」。『うつほ物語』に染殿が出てきて、「御達十人ばかり、女こども二十人ばかり、大きなる鼎立てて染草色々に煮る」とありますが、そこで働いている「女子」に当たるでしょう。染色をするのに「煮る」という言葉を使っていますが、木簡にも同じ言い方が出てきます(拙著『木簡が語る日本の古代』岩波書店、一九九七年、一四八頁)。やはり長屋王家でも同様にやっているということですね。

次に『うつほ物語』の「張物の所」。これは「めぐりなき大きなる檜皮屋《ひわだ》、衵《あこめ》、袴着たる女ども二十人ばかりありて、色々の物張りたり」とあります。ご年配の方だと経験があるかもしれませんが、昔は一般の家でも洗い張りをやりました。囲いのない吹抜けの大きな建物で、あの作業をやっているのですが、それには糊が要ります。(13)(14)の木簡にみえるのが糊用の米だろうと思います。(13)は糯《もち》の粉米、それから(14)の方は麦の粉米――つまり麦粉ですね、そういうものを使ってやったと思います。これについては平城宮の木簡に「粥養料《かゆかい》」として飯《いい》を請求した例があります。

(表)請飯三升　御洗布粥養料

（裏）「□(宅カ)良」八月四日鴨家長　（『平城宮木簡』二、二七二九号木簡）

「粥養」というのは、洗った布に糊づけする作業、洗い張りをする作業です。長屋王家の木簡では「粥米」というのも出てきます（一五八頁⑽）。これもそのための米だろうと思います。

「縫物」については⒂⒃のような木簡があります。

このように、平安時代の貴族・豪族の邸宅で行われていたこととあまり変わらないことがこの長屋王家でも行われていて、きちんと読んでいけば、そういう情景もわかるわけです。ただ、違うところは、長屋王家では本来宮廷でしか使われない雑戸《ざつこ》や品部《しなべ》という技術者たちも使役されているという点です。以下にあげるのが、そういう人たちが出てくる木簡です。

⑴（表）矢作一大刀造二人米三升　受別□

（裏）　□月□□麻呂

⑵（表）御鞍具作司　背替縫三口　褥縫二口　羈縫五口

（裏）□□　右十八人米一斗七升二合五夕　九月廿日□
受稲積大春日万侶

⑶（表）狛人給米一升　受田人

（裏）　正月六日書吏

⑷（表）新羅人一口一升　受持万呂

（裏）　七月卅日　甥万呂

⑸（表）牛乳持参人米七合五夕　受丙万呂九月十五日

(裏)　大嶋書吏

(6)(表)□日滓大御滓一乳戸進出

(裏)□□□　七月十三日
扶

(5)(6)の木簡から、牛乳を飲んでいたことも有名になりましたが、牛乳を生産するのは品部の仕事です。長屋王家では宮廷でしか使えない技術者を使って生産していたわけです。当時の社会は、ほしい物を手軽に買うことのできる社会ではありませんので、ほとんど注文生産であり、原則的に手作り、自給自足です。税が現物で徴収されるのも、そこにおもな原因があります。時代が下ると、技術者も開放されていって、売り物をつくるようになっていきますが、奈良時代だとまだそこまでいっていません。長屋王家の場合は、おそらく宮廷に仕えている技術者を回してもらっていた、あるいは独自に抱えていたかもしれません。それは普通の貴族ではできなかったことだと思うのです。そのへんに長屋王の地位の特殊さがあるのではないかと思います。長屋王家木簡にはいろいろ律令の規定に合わないことが出てきますが、長屋王は、やはりそういう特殊な権力をもっていたのでしょう。

文化・生活に関しては、以上のようなことが長屋王家の木簡からわかってきます。まだまだ、これから詳しくいろいろな研究が進むと思いますが、きょうは今まで私の気づいていることを少しばかり申し上げ、今後の参考にしていただきたいと思ったわけです。

2　近年出土の飛鳥京と韓国の木簡

一　上代語上代文学と木簡

木簡の相継ぐ出土は古代研究に大きな変化をもたらした。歴史の分野はもちろんのこと、国語国文学の分野もまた例外ではない。わが国では、一九六一年一月に平城宮跡で四一点の木簡が出土して以来、史料の少ない古代研究における新史料として、木簡が注目されるようになったが、国語国文学においても、その初期から木簡に関心をもつ研究者は、とくに国語学を中心に存在した。しかし関心の対象は、主として仮名書きや宣命書き、和歌・漢籍の習書などに偏していたといっても過言ではない。

しかしこのような状況は、近年変化しつつある。その契機となったのは、大量の長屋王家木簡の発見であろう。[1]一九八九年以降、三万六千点、近傍の二条大路木簡を合わせれば約十万点にも及ぶ出現は、それだけで既知の木簡の総数を上まわるという量的増加をもたらしただけではなかった。長屋王家木簡は、それまでほとんど空白期であった八世紀初めの木簡群であり、しかも令制下の公文書、書簡などとは異なる和文体の木簡を多数含んでいた。これらの特色は、七世紀代の木簡につながるもので、こうした木簡が多量に出現したことにより、七世紀後半から八世紀初めにかけての日常的な文体や表記を考察するまとまった史料が得られたことになる。[2]この時期が、記紀の原史料の蓄積され、編纂が進行した時期に当たることからすれば、木簡と国語国文学研究との関わりも、いっそう広く深いものになってきたといえよう。

最近になって、七世紀代の木簡が各地で出土するようになり、先述のような傾向は今後ますます著しくなるとみられるが、今回、二〇〇二年度古事記学会大会で講演の機会を与えられたのを機に、私が関わることのできた飛鳥京と韓国金海の木簡について報告することとした。事例研究の一つとして、『古事記』ないし上代の国語国文学研究に、いささかでも寄与するところがあれば幸いである。

二　飛鳥京苑池遺構の和文体木簡

まずはじめに取りあげるのは、飛鳥京の苑池遺構から出土した二点の木簡である(図20)。飛鳥京跡では、一九九一年から行われた調査で、通称出水《でみず》の酒船石の出土地の周辺から、大規模な苑池の遺構が発掘され、約一三〇点の木簡が出土した[3]。遺構の状況や木簡の内容から、飛鳥浄御原宮から藤原宮期を中心とする遺跡と考えられている。木簡の内容は、庭園や医薬・米などに関わるものが多く、苑池の東方にあった官司から流入したと推定される。

これらの木簡の中で、上代語や上代文学との関連から特に注目されるのは、和文を記した次の二つの木簡である[4]。

㈠(表)大夫前恐万段頓首白　僕真乎今日国
　(裏)下行故道間米无寵命坐整賜

㈡(表)　　　　□病齊下甚寒
　(裏)薬師等薬酒食教　豉酒

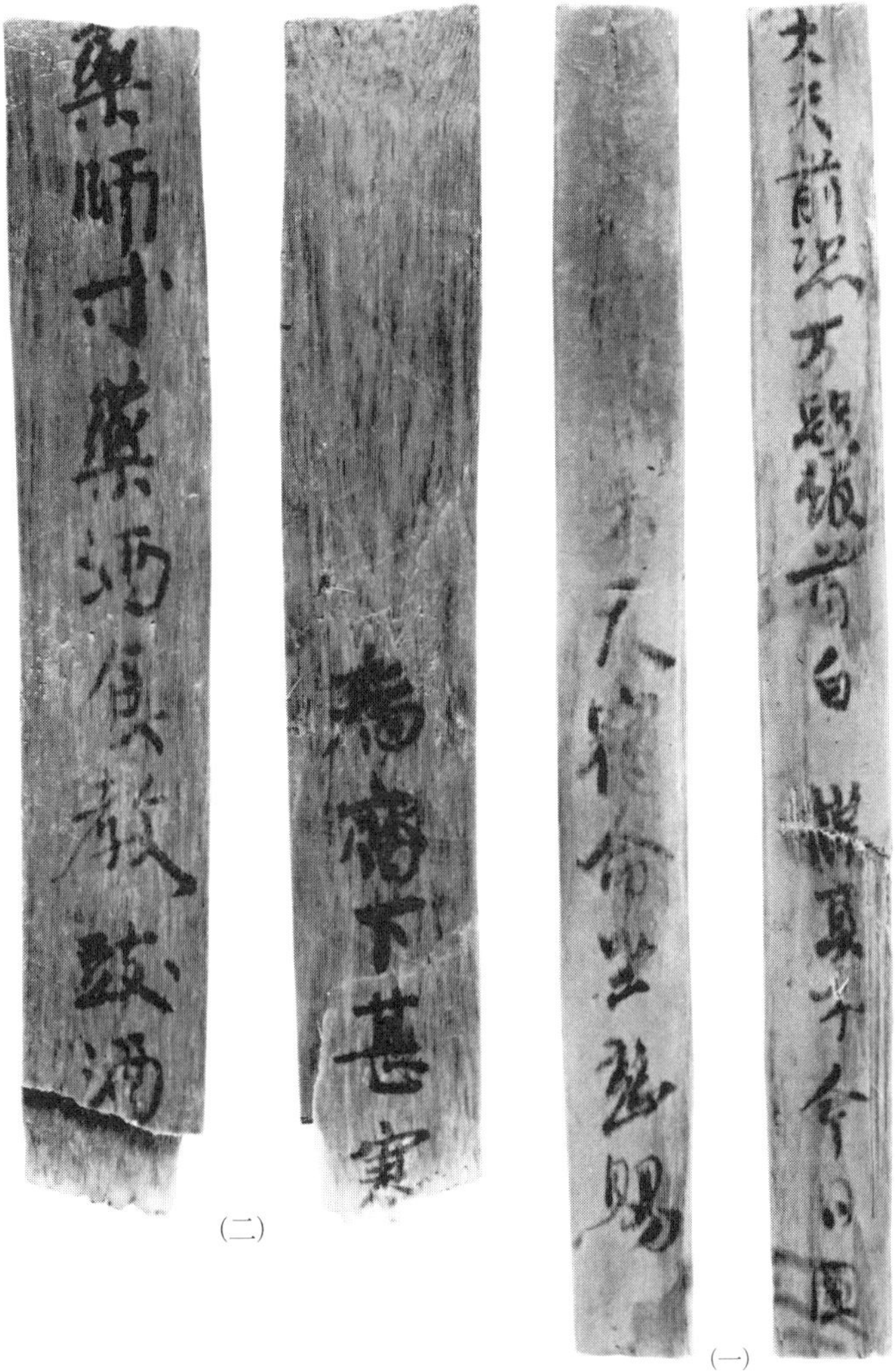

(二)　(一)

図 20　飛鳥京苑池遺構の木簡

㈠の木簡は、完形で表裏に和文体の文章が書かれており、その書風から七世紀末、藤原宮期頃のものかと推定される。和文体の木簡では、断片になると文の解読の困難になるものが多いが、この木簡は、一部に文字の薄れた箇所や損傷しているところがあるとはいえ、文章が完全に残っている点で意義が大きい。

文字の釈読では、六字目の「段」がまず問題となる。一見「髮」などと見まがうような字体であるが、中国南北朝時代の墓誌や造像記の用例からすると、これが「段」の異体であることは間違いない。(5) また一〇字目の字は、木簡の損傷のためわかりにくくなっているが、「僕」の異体字とみてよいであろう。これも類似の字体が南北朝の金石資料にみえる。(6) 裏面上半部は墨が薄れているが、赤外線照写によって、問題なく釈読できた。七字目の「无」は「天」の可能性も考えられるが、これは全体の文意をどう把握するかによって決定されるべきで、この点については後述する。

さて右のような文面をいかに読むかということになるが、この文が、「頓首」「寵命」などの漢語を含んでいるにしても、基本的に和文として読み下されるべきことは、末尾の「寵命坐整賜」あたりから、容易に推測がつこう。「坐」「賜」は、上代の和文表記にしばしばみられる敬語の表現と考えられる。

このような観点に立つと、冒頭の「大夫」は「かみ」ないし「まえつぎみ」と読める。「万段」については、万葉歌における左の表現が参考となろう。

河隈之　八十阿不落　万段　顧為乍

(河くまの　八十くま落ちず　万《よろず》たび　顧みしつつ)　(巻一・七九)

この「万段」が「よろずたび」と読まれたことは、類似表現の仮名書例から確かめられる。さらに木簡との直接的関係では、正倉院文書の大津大浦啓にみえる次の表現が注意されよう。(7)

伏レ地流レ汗愧、更何申、万段頓首、死罪死罪

（地に伏し汗を流して愧《は》ず。更に何か申さむ。万段頓首す。死罪死罪。）

『寧楽遺文』の録文は、右の件りを「更何申万段、頓首死罪死罪」と句読するが、原文書の墨色の変化を参照して右のように読むべきであろう。木簡の表現はこれと類似しており、木簡の文が書状の一種であることを推定させる。

次に「真乎」は人名で、その上に「僕」が冠せられているのであろう。「僕」は謙称としての「やつこ」と解せられる(8)。正倉院文書の書状には、差出人が自らを卑しんで「奴」「主奴」と称する例がままあるが(9)、「僕」はこれに通ずるものと考えられる。

「今日」以下は、裏面にかけて「今日、国に下り行く故に、道の間の米无し」と読める。字形のみならば、「无」は「天」の可能性がないではないが、この文字の排列では、「天」を生かして読む余地はない。「道間米」は、地方へ下向する道中での食料の米であろう。奈良時代後半の例ではあるが、正倉院文書には「道間粮」の語がみえ(10)、近江の石山から京へ上る使者に対する道中の食料の意で用いられている。実際に支給されたのは、いずれも銭貨であったが、おそらくこのような支給は古くからの例に則ったもので、七世紀代には現物の米が支給されていたのであろう。それが「道間米」と呼ばれたとみられる。

「寵命」は「おおみこと」と読める。この語は藤原宮木簡や埼玉県小敷田遺跡木簡などにみえ、長屋王家木簡に現れる「大命」とともに、広く上司・主人の命令をさして用いられていることは、かつて論じた(11)。この木簡の場合も、語本来の意味のように君命をさすとは限らず、真乎なる人物に下行を命じた上司の命令を意味する可能性が強いのであろう。なお「寵命坐」は、『続日本紀』宣命にしばしばみえる「おおみことにませ(12)」と同表現と考えられる。「おおみことにませ」は、普通「天皇の命であるので」と解されているが、ここも「上司の命令であるので」、米を「整え賜え」と解すべきであろう。本来ならば、末尾を「白」でうけて締め括るところであろうが、それが省かれているとみられる。

以上を総合すれば、この木簡は、急拠地方へ下行する官人が、道中の食料とする米の支給を請うために差し出した、書状形式の公文書と判断できよう。宛先は米を管理する官司と考えられる。改めて読み下し案を示せば、左の通りである。

大夫の前に恐《かしこ》みて万段《よろずたび》頓首して白す。僕《やつこ》真乎、今日、国に下り行く故に、道の間の米无し。寵命に坐せ、整え賜え。

「頓首」はそのまま音読されたものか。「道の間の米」は、制度的な用語として音読を交えることも考えられるが、行文からは、これが明確に制度的用語ともいえず、万葉歌の例によって、しばらく訓読した。

書状形式の公文書は七世紀以前から行われ、律令的な公文書制度が成立して後も盛行したが[13]、この木簡はその早い頃の一例であるだけでなく、七世紀後半の表記を考える良好なサンプルといえよう。

第二の木簡は、上端が折損しているため、㈠の木簡ほど明確に読むことはできない。しかしこの木簡もまた、漢文としては読めない文字排列になっており、和文体で記されていることは疑いない。そのような理解から表裏を判断すれば、先掲のように考えるのが妥当であろう。即ち表面は、ある人物の病状が記されているのに対し、裏面はそれに対する処方が書かれていると解するのである。

この木簡の場合、あまり問題となる文字はないが、念のために付言すれば、「齊」は「臍」に通じ「ホソ」と読める。中国や日本の木簡、古医書では、「臍」よりも「齊」の使用が一般的であり[14]、この木簡の表記はその一般的傾向に従ったものといえる。文字の問題ではないが、裏面では墨色の変化と一部の文字間の空白が注目されよう。この木簡の筆者は、現存の裏面上部あたりで墨を継いだらしく、書き進むにつれて墨色は薄くなり、「教」では墨の枯れかけた筆に筆圧を強くかけつつ書いた趣が看取される。これは「教」までが一文と意識されていたためであろう。それを裏づけるように、「教」と次の「豉」の字の間には、他の字間よりやや広い空きがあり、「豉」も明らかに墨を継いで書かれている。このような文の切れ目を意識した空白は、長屋王家木簡にもみられ、それについては以前に述べた(15)。

右のような諸点をふまえて、この木簡を読み下すと次の通りである。

……病みて、齊《ほそ》の下、甚だ寒し。……薬師《くすし》等、薬酒食《お》せと教《の》る。豉酒……

「食」は、この場合酒を飲むことを意味すると考えられるが、酒を「おす」と表現する例は、仮名書ではあるものの、『古事記』中巻(仲哀段)に有名なものがみられる(16)。また「のる」を「教」で表すのは、万葉歌の例(巻九・一七二七)が挙げられよう(17)。

「豉酒」は、豉《くき》(大豆を原料とする嘗味噌状のもの(18))を酒に漬して飲む、一種の薬であろう。その処方を詳細に記した文献は管見に入らないが、豉の薬効に関わって、こうした服用法があったことは記されている(19)。この木簡は、病者が臍下の激しい寒気を訴えたのに対し、薬酒の飲用を医師が勧めたことを伝えていると考えられる。その薬酒が具体的には豉酒であったのであろう。豉は傷寒(風邪)などによる発熱に際し寒気をやわらげる薬効があるといわれるから、その病は風邪のようなものであったろうか。もし裏面の欠落部に豉酒の配合成分と量が記されていたとすれば、この木簡は医師の言を取りついで記された一種の処方箋と解することができるかもしれない。

ここにみてきた二つの木簡は、その文体・表記・筆使いなどの点で、七世紀の木簡の中でもとりわけ豊かな情報を含んでいるものであって、七世紀の多くの木簡が常にこのように有意義であるわけではない。しかし冒頭でも少しふれた通り、七世紀末から八世紀初めという時期が、まさに記紀編纂の最終段階であったことを考えれば、こうした情報を含む木簡の存在を抜きにして、記紀の文章や表記を論じられなくなったことは明らかである。しかもそれは七世

紀に限ったことではない。万葉歌の表記についても、近年次のような木簡が出土している。(20)

恵我鴨天□□

□□□□□□

これは山口県美東町の長登《ながのぼり》銅山跡から出土し、概報では歴名《れきみょう》として発表された。この遺跡は、奈良時代の大規模な鉱山関連遺跡として脚光を浴びているが、右の木簡は、出土した八世紀前半の木簡中に含まれる。他の木簡が、鉱山における労働、原料、製品、資養物などに関するものであるため、この木簡も歴名と判断されたのであろうが、概報の図版からでも明らかに左のように読むことができる。

恋我鴨天□□ □

□□□□□□□

上部が欠損しているが、「恋我鴨」は「恋うる我かも」であり、和歌の結句と判断されよう。同じ表現は『万葉集』(巻四・六八二)に「恋流吾毳」とみえる。歌の断片とみられる木簡は他の遺跡でも出土しているが、この木簡は詠嘆表現の「かも」を「鴨」で表記した、今のところ最古例であり、木簡資料の強みを示すものといえる。

こうした個々の表記や表現については改めていうまでもないが、この方面の研究者の関心が、それらをこえて広く木簡の内容全般に及ぶことを期待してやまない。

三　金海鳳凰洞遺跡の木簡と古代日本

さて、木簡という書記材料はもちろん、その表記や表現に大陸文化の影響があることはいうまでもない。このような問題を考える上に興味深い木簡が、近年韓国でも出土している。

まず注目したいのは、さきの苑池遺跡から発見された左の木簡である(21)（下端は折損、『　』内は異筆）。

（表）西州続命湯方　麻黄□（六カ）
石膏二両

（裏）當帰二両　『杏人卌枚　□水九□（代カ）□
乾薑三両　其　』

これは中風に効力のある処方として、『千金要方』や『外台《げだい》秘要方』にみえる西州続命湯の内容を記した木簡である。この処方は、『外台秘要方』からうかがわれる中国南北朝時代の医方書などを通じ、早くから日本に入っていたとみられ、それらから抜書きされた可能性が強い(22)が、ここで注意したいのは、その書式である。これとよく似た書式の薬方木簡が、中国甘粛省の武威から出土している(23)。みな後漢代のものであって、一例を挙げれば次の通りである。

（表）百病膏方　蜀椒四升　白茝一升　凡四物父〔文〕且漬以淳
弓窮一升　付子卅果　醯三升漬□□□
三斤先□□□□

（裏）枚煎葯□□□□□浚去宰

竹簡ではなく木の札を用い、冒頭に処方の名を記入した後に、複数行に分けて成分の薬物を挙げる書式は、苑池遺跡の木簡と共通する。こうした内容が竹簡ではなく木簡に記されたのは、あるいは材料調達の制約からくるかもしれないが、単にそれだけではなく、利便性があったからであろう。即ち、竹簡より幅広の木簡（牘）を用いることによって、表裏に一つの処方をまとまった形で記すことができる。処方を単体で参照するには、これが最も有効な方法といえよう。木簡にこのような「抄出」の機能があったことはかつて述べたが(24)、この木簡は、そうした用法が木簡とともに海外から伝えられていたことを、如実に示すものである。

同じように木簡の用法として興味深い例が、韓国の金海から出土している。鳳凰洞遺跡から発見された『論語』の習書木簡である[25]（図21）。長さ二〇・九㎝、幅一・五―一・八㎝角の木簡の四面に、公治長《こうやちょう》篇の文が記されている。遺跡の状況から遺物の年代判定が困難なようで、残念ながら年代は明らかでない。今のところ、三国時代から統一新羅にかけてのものとしておく他はないようである。保存処理を経た結果、現状では墨の残りが悪くなっているが、出土当初の赤外線照射による写真などを参考にすると、文字は次のように読める[26]（便宜、第一行の右に文字の通し番号を入れて掲げる）。

(1)不欲人之加諸我吾亦欲无加諸人□〔子カ〕
(2)□子謂子産有君子道四□〔焉カ〕　其行
(3)□〔三〕己□〔之〕无□〔慍カ〕色舊令尹之改必以告新令
(4)違〔違〕之何如子曰清矣□〔曰〕仁□〔矣〕乎□〔曰〕未

この木簡は上下を折損しており、前後になお文があったことは疑いないが、その欠損部を現在の文字から概算すれば、約六三―六五字分ほどとなろう。そうなると、この木簡は、もと九〇㎝に及ぶ長大なものであったことになる。木簡の筆者は、この角材を向かって右に回転しながら、公治長篇の文を書いていったことになる。もともとこのような形で全篇が書けるはずはなく、また四面に文字があって編綴することもできないから、これは『論語』の習書とみなければならない。

いま、この木簡の文を、唐以前の『論語』本文を伝える正平版『論語集解《しっかい》』と比較すると、(1)面の七字目・一四字目の下に「也」がない。これは習書ゆえの脱落ともみられるが、トルファン出土、唐景竜四年（七一〇）書写の鄭注『論語』には「也」がなく[27]、しかもこれが二箇所にわたることを考えると、この系統のテキストに基づいて、習書が

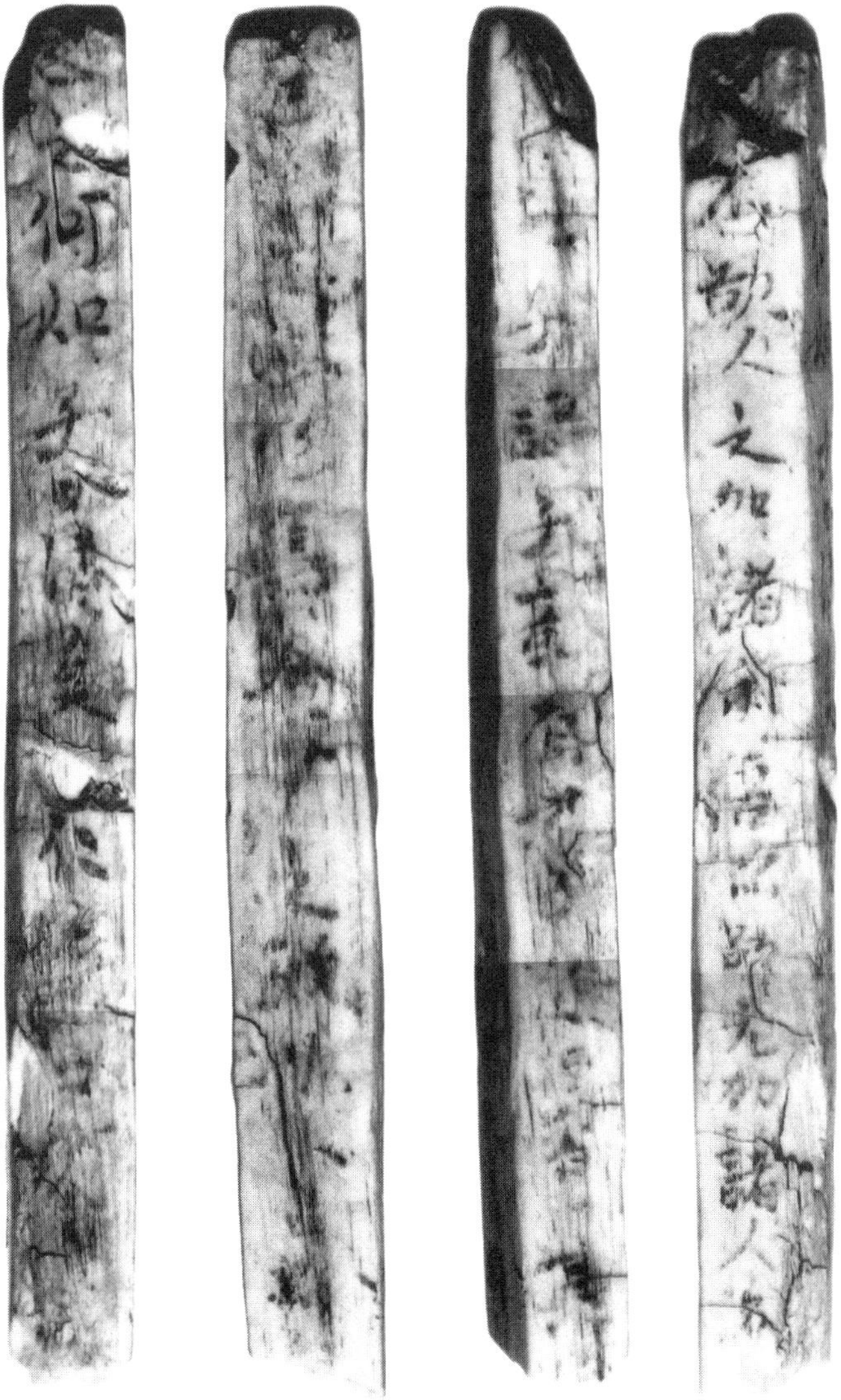

(4)　(1)　(2)　(3)

図 21　韓国金海市鳳凰洞遺跡『論語』木簡(釜山大学校博物館提供赤外線写真)

なされたとみられる。一般に助辞は、諸本間で異同の存する場合が少なくなく、北朝系のテキストでは無いことが多いのに対し、日本古伝のテキストでは存在する場合が少なくない。従って習書のもとになったテキストが、北朝系のものであった可能性も考えられよう。

　このような木簡を前にして、ただちに想起されるのは、徳島県の観音寺遺跡から出土した細い角柱状の木簡である。この木簡は現在長六五・二㎝、幅二九―一九㎝で、四角に墨書があり、うち一面に『論語』学而《がくじ》篇冒頭の文が書かれている。公表されている釈文は、次の通りである(28)(便宜、各面に番号を付す)。

(イ)子曰　学而習時不孤□乎□自朋遠方来亦時楽乎人知亦不慍
(ロ)□□□□乎
(ハ)［　　］用作必□□□□□(兵カ)人［　　］□□(刀カ)
(ニ)□□(冀カ)依□□(夷カ)乎□(還カ)□(耳カ)止□所中□□□

この木簡の下端には、尖らせたかのような痕跡があり、地面に立てられたのではないかとする推測も示されている(29)。ただ実物を見る限り、奇古な字体のせいもあって、右の釈文ほど読むことはむずかしく、実際には左の程度にとどめておくのが穏やかであろう(30)。

(イ)子曰　学而習時不□□乎□自朋遠方来□□楽□不□□不慍
(ロ)□□□□乎□［　　］□□
(ハ)［　　］□□□□□□□□人［　　］□□□
(ニ)□□□□□□□□□□□□□□□□

とはいえ、一面に『論語』の文が記されていることに間違いはない。他の面との関係は不明な点が残るが(31)、いずれにせよ学而篇の本文が、この木簡で書ききれるとは思われず、既にいわれている通り、観音寺遺跡の木簡もまた、『論語』の習書に用いられているといえよう。

改めて述べるまでもないが[32]、四角・六角などの角柱状木簡(觚《こ》)を習書に用いることは、中国に早くから例があり、それは削って再利用する場合の利便性に基づく。観音寺遺跡の『論語』木簡の年代については、年代推定の根拠となる土器編年をめぐって異論もあり、七世紀後半を下限とみておくのが穏当であろうが[33]、このような木簡を用いた習字方法は、『古事記』応神段の有名な『論語』『千字文』舶載伝承からみても、朝鮮半島経由で伝えられたと考えられる。鳳凰洞と観音寺の木簡は、中国の觚を母とする姉妹の関係とみるべきであろう。ただ、百済、新羅の木簡には、習書以外でも角柱状のものが少なくない。これは後にもふれるような朝鮮半島の植生事情から、松の枝を角柱状に整形して使用することが多かった結果とも考えられる。現に韓国簡には、枝を半加工しただけのものも目につく。この点は今後の検証課題であるが、当面すべてを觚の影響とするのは保留した方がよいであろう。なお観音寺木簡の下端が尖らせられているとの指摘があることは先にふれたが、この加工部分は極めて短く、角材の周囲から刃物を入れて切断したときのものと解するのが妥当ではないかと判断する。

このようにみてくると、鳳凰洞遺跡の木簡は、古代日本における木簡使用や学問の系譜を考える上にはもちろん、『古事記』の記事とも関係ある興味深い資料といえる。韓国における木簡の出土例は、現在二三〇点余りと、日本に比べて格段に少なく、加工に適した木材に恵まれていない自然条件をあわせ考えると、今後も日本ほど多くを期待することは、あるいは無理かもしれない[34]。しかし鳳凰洞遺跡の木簡一点をとっても、上代語上代文学の分野において、今後韓国の出土例に注目してゆかねばならないことは明らかと思われる。

（1）奈良国立文化財研究所『平城京 長屋王邸宅跡』（吉川弘文館、一九九六年）。
（2）拙稿「長屋王家木簡の文体と用語」（『長屋王家木簡の研究』塙書房、一九九六年）参照。
（3）奈良県立橿原考古学研究所『飛鳥京跡苑池遺構調査概報』（吉川弘文館、二〇〇二年）。
（4）この遺跡の木簡の釈読には、和田萃・鶴見泰寿の両氏と私が当たったが、この二つについては主として私が担当し、その結果は報道機関への発表時（二〇〇一年四月十六日）や、それに先立つ検討会（同年三月八日）などの場で発表している。
（5）高田竹山監修『五体字類』改訂新版（西東書房、一九九二年）、秦公輯『碑別字新編』（文物出版社、一九八五年）。
（6）秦公注（5）前掲書、『類聚名義抄』仏部上、四丁裏、四二丁裏。古事記学会大会講演の時点では、「僕」字は未解読であったが、その後気づいて和田・鶴見両氏の承認を得たので、ここに加えた。
（7）この用例は、佐竹昭広他校注『万葉集』一（『新日本古典文学大系』岩波書店、一九九九年）六二頁に指摘。この文書の鮮明な写真が、正倉院事務所編『正倉院の書蹟』（日本経済新聞社、一九六四年）一三〇図にある。
（8）三省堂『時代別国語大辞典』上代篇によれば、「ヤツカレ」の訓は古訓にしかみえないので、ここでは採らない。
（9）竹内理三編『寧楽遺文』下、九五三頁、九五四頁、九五六頁など。
（10）「造石山院所銭用帳」（『大日本古文書』五、三六四頁、三六五頁）。この史料については、舘野和己氏の教示による。
（11）拙稿注（2）前掲論文。
（12）『続日本紀』神亀元年二月甲午条（宣命第五詔）他。
（13）拙稿「木簡に現れた「某の前に申す」という形式の文書について」（『日本古代木簡の研究』塙書房、一九八三年）。
（14）宋刊本『諸病源候論』（隋、巣元方撰）巻十六（『東洋医学善本叢書』六、東洋医学研究会、一九八一年）、半井家本『医心方』（オリエント出版社、一九九四年）巻十、平城宮跡出土『葛氏方』断簡（注（13）前掲書）など。
（15）拙稿注（2）前掲論文、四八頁。
（16）『古事記』歌謡第四十番、「麻都理許斯美岐叙　阿佐受袁勢　佐佐」（まつりこし御酒そ　あさず食せ　ささ）。
（17）「妾名者不教」（わが名は告らじ）。「教」は諸本「敷」に作るが、従来の校訂が正しいであろう。むしろこの木簡がその傍証となる。
（18）関根真隆『奈良朝食生活の研究』（吉川弘文館、一九六九年）。
（19）陶隠居『本草集注』（『経史証類大観本草』巻二十五所引）の「豉」条。
（20）美東町教育委員会『長登銅山跡出土木簡』（二〇〇一年）所収、六二一号木簡。

(21)　注(3)前掲書。
(22)　小曾戸洋「飛鳥京庭園跡出土木簡「西州続命湯」の出典について」(『日本医史学雑誌』四八‐三、二〇〇二年)。
(23)　甘粛省博物館・武威県文化館編『武威漢代医簡』(文物出版社、一九七五年)。
(24)　拙稿「平城宮木簡中の『葛氏方』断簡――習書と木簡」(注(13)前掲書)。
(25)　この木簡は、釜山大学校による二〇〇一年の発掘調査で出土し、釜山大学校博物館の蔵となっている。韓国ではじめての漢籍木簡であり、私はたまたま同年三月、所属する大学の研修旅行で同博物館を訪ねた際、保存処理を終えてソウルから帰ったばかりの同木簡を、外国人として最初に調査する幸いに恵まれた。国立慶州博物館『文字로본新羅』(二〇〇二年)に保存処理後のカラー図版所載。
(26)　釈文は釜山大学校博物館提供のものに拠ったが、正平版『論語集解』(四部叢刊)と対照して一、二補訂を加えた。
(27)　金谷治編『唐抄本鄭氏注論語集成』(平凡社、一九七八年)。
(28)　徳島県教育委員会他『観音寺遺跡』Ⅰ(観音寺遺跡木簡篇)、二〇〇二年。
(29)　同右。
(30)　このような見解はこの木簡を実見して抱いたもので、同じ釈文案は国立歴史民俗博物館『第38回歴博フォーラム　古代日本　文字のある風景』(二〇〇二年)にも掲げた。
(31)　実物観察の結果では、(イ)(ハ)面は左右が削られて筆画の欠けた字があり、(ニ)面はわずかに右側が欠けた字がある一方、下部では筆画が左側面へ回っている箇所がある。和田萃氏が、かつて『木簡研究』二〇号(一九九八年)で述べられたように、(イ)(ハ)面が当初の表裏である可能性が強いと考える。
(32)　拙稿注(24)前掲論文参照。
(33)　この点は、かつて拙稿「出土資料からみた漢文の受容」(『国文学　解釈と教材の研究』四四‐一一、一九九九年)でふれた。
(34)　拙稿「木簡研究の近状」(本書第三章5)参照。

(付記)　金海市鳳凰洞遺跡の『論語』木簡について、調査の機会を与えられ、関連資料の使用を許可してくださった釜山大学校の申敬澈教授、及び同博物館の学芸研究士全玉年女史に厚く御礼申し上げる。また徳島県観音寺遺跡の木簡調査に当たり、お世話いただいた同県埋蔵文化財調査センターの藤川智之氏にも謝意を表したい。

本稿は、二〇〇二年六月十五日、古事記学会大会における同名の講演に、その後の知見を若干加えて成稿したものである。

3　長屋王家木簡の「御六世」

木簡をはじめとする出土文字資料の相つぐ発見によって、上代語の研究は新しい局面に入った。近年の出土資料で特に注目されるのは、八世紀初頭を遡る木簡が多数知られるようになってきたことと、それにともなって、古い時期について様々なレベルの表記例をみることができるようになったことである。一〇年前までは思いも寄らなかった変化といえるであろう。

七世紀は律令国家の形成と並行して、漢字の使用が拡大、定着していった時代と考えられるが、そうした現象の広がりは、当然表記の多様なヴァラエティを生みだしたものとみられる。一例をあげるなら、編纂された書物や、後世への伝存を期待する金石文などの表記とは別に、より日常的な表記が数多く存在したはずである。しかし従来の表記史は、史料上の制約から、編纂物や金石文に拠らざるをえないところがあった。記紀と同時代ないしはそれより前の表記を、多様な形で目にすることができるようになったことは、それだけでも従来の表記史に大きな反省を要求する材料といわなければならない。

同様なことは、奈良時代についてもいえるであろう。七四〇年代以後、正倉院文書が大量に遺存することもあって、新出資料のもつ意味は八世紀初頭以前ほどではない。また正倉院文書中にみられる多彩な表記のあり方については、佐々木信綱・橋本進吉両氏によって、早くから望みうる最良の形で公表されてもいた（『南京遺文』一九二一年、『南京遺芳』一九二七年）。さらに国語学者からは全く見落とされてしまったが、福山敏男氏が正倉院文書に関する一連の研究

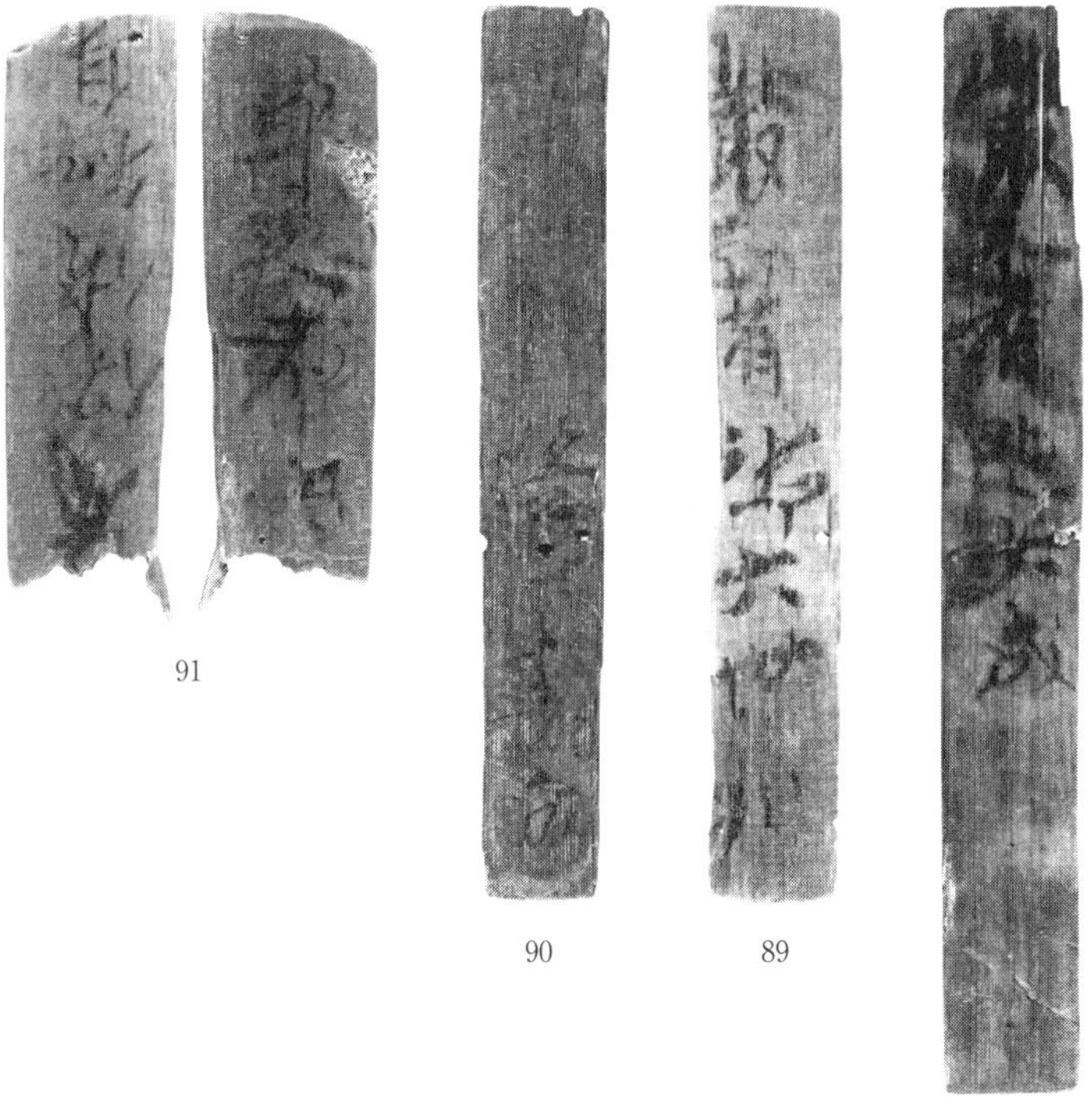

91　90　89　88

図22　長屋王家木簡 88-91 号

で、難解な表記を適確に解釈されていたことも注目に値しよう[1]。しかしこれらの資料や研究成果が正当に位置づけられてきたかどうかは疑問もあり、新資料の広がりをうけて、総合的に表記史の中に意義づけてゆくことが望まれる。

　このような認識のもとに、長屋王家木簡に含まれる四点の木簡を取りあげてみたい。長屋王家木簡については、改めて詳しい解説を要しないと思うが、八世紀初めの上級貴族に関わる一括資料として、各方面から注目を集めた史料群である。その中に次のように釈読されている木簡がある[2](図22)。

88　此取人者逃女成　140・19・3
89　此取人者御六世□(相カ)　116・(18)・1
90　此取人者盗人妻成　116・17・3
91　(表)取人者□(者カ)

（裏）「有」保佐知身　（この面、倒書）　　　（82）・24・4

釈文の上の数字は木簡番号、釈文下の数字はミリ単位による木簡の長さ、幅、厚さの最大値、（　）付の数値は欠損がある場合の現存値を示す。これらの木簡は、長屋王邸敷地の東北部分で見つかった井戸に埋まっていたものの一部で、ともに出た木簡の年紀から養老元年(七一七)前後の木簡とみられる。

91号については後にふれることとして、88～90号の三点は、文面も大きさも似通っており、一連の木簡であることが明らかである。試みに88号と90号を読み下せば次のようになろう。

88　此れを取る人は、逃ぐる女に成る。

90　此れを取る人は、盗人の妻に成る。

このように、漢字を和文の文脈に沿って並べた文章は、長屋王家木簡に例が多く、この木簡群を特色づけているといってもよいであろう。(3) 文意については、90号は問題なかろうが、88号の「逃女」はいかに解すべきか。おそらくこれは、当時の戸籍・計帳にみえる「逃」の注記とあわせ考えるべきもので、本貫地を離れて流浪する女の意であろう。律令制下のいわゆる「逃亡」については、他地域への積極的移住とする学説もあるが、(4) 90号とのかね合いでは、やはりマイナスイメージのこととして記されているとみられる。

そのように解して想起されるのは、盗難、盗用を禁じるために書かれた土器の墨書である。たとえば平城宮跡から出土した坏の口縁部に、

　　丼坫勿他人取

　弁垸勿他人者

と墨書したものがある。(5)「丼坫」も「弁垸」もこの土器そのものをさし、他人が取ることを戒めているのであろう。

また坏の口縁部に、

炊女取不得

若取者笞五十

と書いた例[6]などは、律の条文を真似て罰則風の文言をなしたものである。こうした墨書と同類ならば、先の木簡は何らかの物に添えて、もし取れば「逃女」や「盗人妻」になるであろうと、取ることを戒めた札となる。

しかしここに問題となるのは、89号の木簡である。これもまた同様に解することができるであろうか。報告書の図版でも明らかな通り、この木簡の「御六世」は墨色も字間もそろい、ひとかたまりに書かれている。88号や90号の「逃女」「盗人妻」に当たるのがこの三字であり、その下の「相」らしき字が動詞であると考えてよかろう。通常考えられるのは「六世」に「御」の付いた形の語であろうが、それでこの文を理解するのは困難ではあるまいか。

私はこの三字を「ミロクの世」と読みたい。「御六」は弥勒の当て字と解するのである。この読みはあまりに恣意的とみられるかもしれないが、当時の表記のあり方を考えると、必ずしも牽強付会とはいえないように思う。たとえば同音の漢字を、意味の異なる字に当てた例として、正倉院に伝わる宝相華文の版画に書き込まれた文字があげられる[7]。これには花弁や葉、茎に「六」「白六」「子」「丹」「井」などの朱書や墨書が認められる。これらは仕上がりの色を指定する書入れと推定され、「六」は緑、「子」は紫土(ベンガラ)、「丹」は鉛丹などと考えられている。このうち「六」が緑であることは、この当て字が唐墓の壁画の色指定でも使われていることから確かであろう[8]。

この種の書入れが、賦彩によって見えなくなる部分で使われていることは興味深い。そもそも文を記した木簡は、特別な場合を除き、当座の用に供せられた実用的なものであって、書風や用字、文体も、それにふさわしく飾りの少ない整わないものが大半である。いま取り上げている木簡もその例に漏れないことは、書風を一見すれば明白である。

そうした場合、弥勒にこのような当て字が行われるのも、極めて自然に理解できよう。現に長屋王家木簡には、他にも「沙弥」を「舎弥」、「僧」を「曾」と記すような例が散見する。[9] ただ「御六」をミロクと読んだとき、「御」を訓、「六」を音で読むことになり、そこにやや異和感があるかもしれない。しかし「御」は、仏教に関わって使われる場合、のちの時代にも音読の漢語に冠して、「御堂」「御修法《みしほ》」などと訓読みされることが少なくない字である。まして全体が当て字である場合、この点は問題とするに当たらないであろう。はるか後代の例ではあるが、文化十一年の記録に「巳六」の例があるのも、[10] 当て字の自在さをうかがう上に、一つの参考とはなると思う。

そこで次の問題は、ミロクの世の意味である。仏説弥勒下生《げしょう》経などによると、弥勒菩薩は五十六億七千万年後という遠い将来にこの世に降臨して法を説き、救い残された衆生を救うとされる。この救済が実現するときを「弥勒の世」と称した。それは『源氏物語』夕顔の、

長生殿の古き例《ためし》はゆゆしくて、翼《はね》をかはさむとはひきかへて、弥勒の世をかねたまふ。

という件りなどでよく知られている。これまで「弥勒の世」という語は平安時代を遡る例が知られていないが、[11] 弥勒信仰の受容は飛鳥時代以来のことであるから、八世紀初頭にこの語が存在しても、何ら不思議はあるまい。むしろこの木簡によって、弥勒信仰が八世紀初めには貴族の邸宅内で木簡を使っていた下級の人々にまで、広く浸透していたことが証せられる。中世以降、弥勒信仰は土着化し、先にみたような当て字すら用いるミロク信仰として流布したが、その素地は古くから形成されていたといえよう。

このようにみてくると、89号の木簡は、「弥勒の世に相《あ》う」と読め、他の二つとは異なってユートピアに相遇するというよい意味になる。従ってこれらを盗みを戒める札とすることは再考されなければならない。その場合に注目されるのが、91号の木簡である。この木簡は両端が完全でなく、表面は習書とみられるものの、文面からすると88―90

号と同類の木簡とみなされる。しかも裏面の「有」は「者」と読める可能性が高い。おそらく89号と同様な「者」が書かれ、その上部が欠損しているのであろう。また「者」と「保」以下は筆の調子が異なり、報告書はこれを異筆と解したわけであるが、88―90号の木簡をみると、「此取人者」とそれ以下とでは、やはり筆致が異なっている。これは異筆というよりも、まず最初に複数の木簡に「此取人者」と書き、そのあとで適宜異なる文句を下に書き入れていったとみるのがよいであろう。そうなると、91号木簡には、

此取人者保佐知身……

とあったことになる。これは「保佐知(菩薩)の身に(なる)」ではあるまいか。[12]元来、語頭に濁音のこない和語では、「菩薩」のような語は「ほさち」と表記されておかしくない。また「薩」のような歯音を末尾にもつ語が、和語に入った場合、母音と融合して「サチ」となることも、「勿論」がモチロンとなることなどをみれば明らかであろう。すなわち、これもまた幸運を予測した文言といえる。

以上のような読みをふまえて、これらの木簡の用途を考えるなら、思いうかぶのはくじ引き用の札という解釈である。これらが比較的小型の札で、似たような規格になっていることも注意されてよい。木簡がくじ引きに使われたことは、『続日本紀』天平二年正月辛丑条にみえる「短籍《たんざく》」の例からも明らかである。この天平二年の場合のように、札の文句によって何らかの賭物があり、いわば福引きに使われたのか、あるいは文句の好し悪しを競い合って遊んだのか、そのあたりは断言できない。ただ89―91号に小さな穿孔があることからすると、容器に入れた札を錐のようなもので突いて引いたことが考えられてよいであろう。先述した木簡への記入の仕方も、こうした用途を想定すると理解しやすい。

さらに見逃せないのは、88号や90号木簡が、「逃女」や「盗人妻」という、女性を意識した語を使用している点で

ある。これらは「逃男」や単に「盗人」でも差支えないはずであろう。ことさらこうした語が選ばれているのは、これらを使用した遊びが、王家に働く女性たちの間で行われていたことを示すように思う。これらの木簡が邸宅のいわば裏手に当たる位置の井戸に投棄されていたという状況も、それと矛盾しない。91号木簡の文言も、経典に説く「変成男子《へんじょうなんし》」を念頭に置いたものではなかろうか。これらは女性の識字率や仏教信仰をうかがう上にも貴重な史料というべきである。

長屋王家木簡に含まれる四点の木簡について、その読みと機能を論じてみた。その結論に誤りがないかどうかは今後の検証に委ねなければならないが、こうした木簡資料を扱うには、表記のあり方についても、その用途についても、幅広い可能性を考慮に入れつつ検討してゆくべきことは動くまいと思われる。数少ない資料を単線的につないで表記史を考えることには、かつて疑義を呈したが、(13)同時点における表記の多様さを念頭において考察することは、今後ますます重要となってゆくであろう。

(1)　福山敏男『伊勢神宮の建築と歴史』日本資料刊行会、一九七六年復刻、同『日本建築史の研究』桑名文星堂、一九四三年。
(2)　奈良国立文化財研究所『平城京木簡』一、一九九五年。
(3)　その意義については、拙著『長屋王家木簡の研究』(塙書房、一九九六年)一二九頁以下でふれた。
(4)　逃亡についての学説は、長山泰孝『律令負担体系の研究』(塙書房、一九七六年)第二部第六章参照。
(5)　奈良国立文化財研究所『平城京出土墨書土器集成』I(一九八三年)第六号。
(6)　同右、第六五号。
(7)　正倉院文書続々修四十六帙四巻。帝室博物館『正倉院御物図録』六(一九三一年)第九図「版画宝相華文図」、石田茂作「古代版画概説」(石田茂作『日本版画美術全集』1、講談社、一九六一年)、岡田譲『正倉院の宝物』(現代教養文庫、社会思想社、一九五九年）七六頁、「年次報告」（西川明彦氏執筆、『正倉院紀要』二五号、二〇〇三年）一二二頁参照。

（8）　唐昌東「唐墓壁画の製作技法」（『大唐壁画展』福岡市博物館、一九九二年）参照。

（9）　奈良国立文化財研究所『平城宮発掘調査出土木簡概報』21、二六頁下、同25、一三頁下。「曾」が「僧」に等しいことは同28、八頁中の「書法僧」と比較すれば明らかである。

（10）　和歌森太郎「近世弥勒信仰の一面」（宮田登編『弥勒信仰』民衆宗教史叢書8、雄山閣、一九八四年）参照。

（11）　「弥勒の世」の形ではないが、「乃知乃与」（のちの世）、「麻多乃与」（またの世）という形ならば、すでに奈良時代の仏足跡歌碑に現れている。

（12）　この可能性については、三木雅博氏の示唆を得た。記して感謝したい。

（13）　拙著注（3）前掲書に同じ。

4　長屋王家木簡管見

一　長屋王家木簡と伊場遺跡木簡

長屋王家木簡の文書の中に、「矣」を助詞「を」に当てて用いた表記があることは、かつて論じた通りである。(1) 一例をあげれば、それは次のような場合である。

(表)以大命宣　黄文万呂
　　　　　　　国足
(裏)朱沙矣価計而進出　別采色入筥今□
(奈良国立文化財研究所『平城宮発掘調査出土木簡概報』二一―五頁上)

この裏面の文は、「朱沙を価《あたい》計り而《て》進《たてまつ》り出せ」と読むべきものであろう。拙著でも論じたように、このような「矣」の用法は、『古事記』『万葉集』『法隆寺東院資財帳』などにもみえるが、肉筆資料として今のところ最も古いとみられるのが、伊場遺跡八四号木簡である。(2) その文面は、次のように釈読されている。(3)

乙酉年二月□(下カ)□□□(父カ)□御□久何沽故□(買カ)□□
□(以カ)御調矣本為而私マ政負故沽支□者
□(老カ)天□□□□□不患上白

即ち二行目に「以御調矣本為而」とあるのは、「御調を以て本と為而《して》」と読むべきものと思われ、先の拙著でもこの点にふれておいた。[4] ただ拙著での言及は注の中でのものであり、詳細を尽くしてはいない。またこの木簡については、既発表の釈文そのものに問題もあるようである。もしこの木簡が上記のように読めるならば、送り仮名の表記が古代のいつから始まるかという、国語学の大きなテーマともかかわってくる。長屋王家木簡の背景をさぐる意味で、改めてこの木簡を検討してみよう。

最初に検討の基礎となる、木簡の釈読をとりあげよう。私は赤外線テレビモニターによる写真を熟覧した結果、この木簡を次のように読むべきであると考える(図23)。

乙未年二月□□□□(下官白父カ)丈マ御佐久何沽故買□□□□
□御調矢本為而私マ政負故沽支□者□□□
□(老カ)□□□□□□不悉上白

図23 伊場遺跡84号木簡
(赤外線写真)

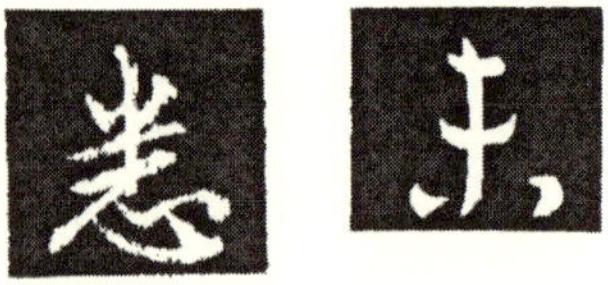

「悉」　「未」

図24　王羲之の法帖の文字

右の釈文でまず問題となるのは、冒頭の干支である。「乙酉」と読めば、天武十四年(六八五)となり、助詞などの付属語を仮名で挿入した最古の木簡ともなる。国語学界では、こうした表記は、持統朝以降、柿本人麻呂によって創出されたとする説があり、[5] その成否について大きな影響を及ぼすことはいうまでもない。

しかしこの干支を「乙酉」と読むのは、誤りであろう。「乙」は、古い時代の字形には、このような例が珍しくなく、[6] 異論はない。問題は「酉」である。もしこれが「酉」ならば、その字画の半ば余りしか残存していないことになるが、赤外線テレビモニターによる写真を見ても、他の残画に相当するような痕跡が全くなく、本来、字画はなかった可能性が強いと思われる。そうした状態であるにもかかわらず、あえて字画を追加想定して、「酉」と読むのは疑問ではあるまいか。現にこの文字は、そのままで別の字に読むことができる。それが「未」である。「未」の末画二つを点のように書く字形は、中国に例が少なくない(図24)。ここは素直に「乙未」と読むのが妥当であろう。そうなるとこの「乙未」は、持統九年(六九五)に当たる。助詞などを仮名で挿入する文体の成立を持統朝以降とする説には異論もあり、私も疑問を抱く一人であるが、[7] とりあえずこの木簡によって、その問題を直接論ずることはできないということになろう(なお本項末尾参照)。

そこで次に本文に入るわけであるが、釈読の前提として、この木簡が書簡文体をとっていることに注意を促しておきたい。その最も明らかな徴証は、文末の「不悉」である。この箇所は、既発表の釈文で「不患」と読まれていたが、それでは文意が明瞭でなく、「充分に意を尽くしていない」という意味の「不悉」と解すべきである。運筆上も「悉」で問題ないであろう(図24)。「不悉」は左の例にもみえる通り、書簡における常套表現の一つで、「不宣」(意を述べ尽くせない）などと同類のものである。

イ　因表、不悉

（因りて表す。不悉）（『文選』巻四一、孔文挙「論盛孝章書」）

ロ　遅書不悉耳　（王羲之書簡、『全晋文』巻二十三）

このような表現の使用は、この木簡が書簡体で書かれていることを示す。七世紀の文書に書簡体のものが少なくないことは、かつて論じた通りであって(8)、年紀が冒頭におかれていることともあわせ(9)、この木簡もその一例といってよいであろう。

以上の特色を念頭におくと、年紀の次にくる一節は、残画を参考に「下官白」と読みとってよさそうに思われる。「下官」は自己の卑称であって、「不悉」ほど書簡文体との関係は密接でないが、書簡にもよく使われる語である(10)。助詞の挿入などがみられることからすると、この木簡は一見和風のものと思われそうであるが、「不悉」の語の使用や、「本」をはじめとする書風は、かなりの中国的教養がある人物を想起させる。「下官」のような表現がとられても不思議ではないであろう。

「下官白」に続くのは、この木簡の筆者の言葉であろうと考えられるが、「父丈マ〔部〕御佐久」は、仮りにそう読んだものの、とくに難解である。ただ第二行の表記などから推すと、この木簡の書き出しと書き止めは中国的な書簡文体に倣っているものの、用件を記した中間部は、和風の文体をとっていると判断できよう。従って先の箇所も、このような観点から理解する必要があろうと考えられる。そこで「父丈マ御佐久」は、「父丈マ御《しら》さく」と読んで、木簡筆者の「父である丈部《はせつかべ》が管理されることには」と解してはいかがであろうか。「御宇」が「天の下知らす」と読めること(11)からすると、「御」が「知らす」を表記している可能性は充分あると考えられる。「御」と「久」の間の字は、字形から「佐」以外には考えにくい。「知らす」は、第一義的には「お治めになる」の意であるが、その結果として「管理なさる」の意にもなる。なお後出の「私マ《きさいべ》」との関係で、この「丈マ」も、「父」によって管理される丈部集団と解釈できなくもなかろうが、とりあえず上のように解しておく。

さて「御佐久」以下は、判読不能の文字が入ってくることもあって、文段を切りにくい。現状では無理をして解釈すべきではなかろう。なお既発表の釈文では「買」の下を二字と判定しているが、全体の字配りからみて、この行がそうした中途半端の形で終わるとは考えにくい。写真にも残画らしいものが見えるから、行末まで文字があったと理解したい。この点は、第二行についても全く同様である。

第二行は、これまでから部分的に文意の解釈が試みられている。即ち「私部の政《まつりごと》負う故に沽りき」と読んで、私部として貢納すべき物を負担として負っているので、売却した、とする解釈である。[12] これは妥当な解釈であって、特に加えるべきことはない。乙未年の木簡としたとき、私部は誰のためのものかという問題もあるが、当時は持統が即位したものの、天智、天武の后妃たちが複数存しており、彼女らのいずれかとみればよいであろう。[13] ただ従来の解釈に補足しておく必要があるのは、「□御調矣本為而」の読み方である。「御」の上の一字は、従来の釈文のように「以」かもしれないが、残画が少なく積極的に肯定はできないように思われる。しかしいずれにせよ、この箇所は「御調を本《はじめ》て」（あるいは「御調を以て本《はじめ》て」）と読まれるべきである。その根拠となるのは、『古事記』中巻、仲哀天皇段の次の文である。[14]

金銀為レ本、目之炎耀種々珍宝、多在其国

（金銀を本《はじめ》て、目のかがやく種々《くさぐさ》の珍宝《たから》、其の国に多《さわ》なるを）

「為」を返読するか否かや、助詞「を」（矣）を明示するかどうかに違いはあるが、基本的に同じ意味を表した文とみてよく、それに続く文と合わせ、文意は「御調をはじめ、私部としての貢納負担を負っているために、売却した」と解せられる。何を売却したかは依然として不明であるものの、私部としての負担の中に、「御調」と呼ばれる貢納品があったことは確認できよう。この私部の性格に関しては、既往の解説でもあまり明らかにされているとはいえず、その解明は今後の課題であろう。ただ持統朝ともなれば、后妃を資養する部が大化前代のあり方のまま存続していたとは考えられない。東宮湯沐《とうもく》(壬申紀)や中宮湯沐(禄令)と類似する封戸的な形で維持されていたと考えるべきであろうか(15)。

さて最後に、この木簡の表記史上に占める位置についてふれておこう。この木簡は、遺跡の性格からいって、古代の遠江周辺で作製、使用されたものにほぼ相違なく、地方の下級官人クラスの人物によって書かれたと判断される。中国の書簡文言や文体の使用、やや古風ではあるが、力強い優れた書風(16)など、かなり高度な教養が七世紀末のこの地方で確認できるのは、文化史上興味深いといわねばならない。しかもそれのみでなく、一字一音の仮名で助詞や活用語尾などを挿入している点で、現在判明している限り、年紀の明確な最古の木簡である。はじめにも述べた通り、類似の形をもつ文体が、約二十年をへだてて長屋王家木簡にも現れることを考えると、伊場木簡のような文章は、それ以前にかなり長い実用の歴史を想定するのが自然ではなかろうか。地方での出土例ということも重要であって、それが持統末年にこの地でにわかに始まった表記、文体ではないことを物語る。日本語の表記の歴史を、単純なものから複雑なものへという単線で理解することに疑問を投げかける意味では、長屋王家木簡の多様な表記に優るとも劣らない意義をもつといえるであろう(17)。

二　長屋王家木簡の「店」

長屋王家木簡の発見によって注目を浴びるようになった事実は少なくないが、その一つに「店」の存在があげられる。舘野和己氏は、長屋王家木簡に特徴的に現れる「店」に注目し、交易との関わりでその性格を分析された[18]。舘野氏は、木簡にみえる「店」「西店」は同一場所であって、店舗と倉の機能をあわせもつ存在であり、長屋王家の交易活動の拠点として、東西市とは別に王家の西方に存在したと結論されている。店を王家の交易拠点とする舘野氏の解釈は極めて妥当なものであり、私もこれに賛同する。ただ「店」の訓詁をめぐっては、なおあわせ検討すべき史料があり、東西市との関係について再考を要する点もなくはないように思われる。ここに史料を示して私見を述べることとしたい。

まず論の便宜上、長屋王家木簡にみえる店の例のうち、代表的なものをあげておく[19]。

(1)(表)自西店進上米十斛
(裏)　八月十□
(奈良国立文化財研究所『平城京木簡』二、一七六三号木簡　081)

(2)(表)西店交易進近志
(裏)呂五百隻　□　十二月
(同右『平城宮発掘調査出土木簡概報』二五－二六頁下　032)

(3)(表)店食米三斗七升半　十一月十七日稲虫
(裏)□　□
((1)前掲書、一九八四号木簡　081)

(4)(表)十一月四日店物　飯九十九笥 直九十九文　別笥一文

(裏)酒五斗直五十文　別升一文　右銭一百卌九文　(2)前掲書二一―二九頁上 032)

これらの意味するところについては、舘野氏の論考をみていただきたいが、(1)は店に大量の米が貯蔵されていたこと、(2)は店が「近志呂」(このしろ)など、物資の交易調達を行っていたこと、(3)は王家から店に米の支給が行われたこと、(4)は店において物資の売却が行われたことを示すと考えられる。とくに(1)(2)(4)が示す事実は、舘野氏のいわれた通り、店が物資の蓄蔵と交易の要め的地位にあったことをよく表している。

そこで当然問題となるのが「店」と市との関係であろう。舘野氏もこの点に着目し、「店」の字の訓詁を歴史的にたどられている。その結論を要約して示せば、唐代の文献にみえる店は旅宿・倉庫の意であること、日本の古辞書では、十世紀の『和名抄』以降、店舗、市を構成する町の意で現れるが、タナ・ミセタナなどの訓が確認できるのは、十二世紀後半以降であることなどである。結局舘野氏は、肆・鄽などの和訓イチクラをもとに、それは「市倉」であり、店舗と倉の機能をあわせもつことを示すとして、木簡の店も同様なものと解せられた。

店が市と深い関係をもつと予想されるにもかかわらず、通常の方法ではその明確な文献的徴証を求めにくいことは確かであって、舘野氏のような解釈もそれはそれで一理あるといえよう。ただイチクラを「市倉」と解されたのは問題で、『新訳華厳経音義私記』(20)下に、

城邑聚落村隣市肆上京云城邑也。(中略)市、音之、訓伊知。肆、音四、訓市位也。

(城邑・聚落・村隣・市肆〈上京、城邑を云う也。〔中略〕市、音は之《し》、訓は伊知《いち》。肆、音は四《し》、訓は市位也《いちくら》〉)

とあるように、クラは「位」「座」などと同様、座を意味すると考えられる。座は一段高い所で、この場合、後述のような「貨を陳べ」る場所であったとみてよい。従ってイチクラという和語そのものから、倉庫の意味を引き出すことはできないであろう。木簡にみえる店が、舘野氏のいわれるような性格をもつとしても、その裏づけは別に求めら

れる必要がある。

そこで改めて問題となるのが、店の訓詁である。この文字の意味を考えるとき、是非とも参照されねばならないのは、仏典に現れるこの字の用例である。たとえば中阿含経（東晋、罽賓三蔵瞿曇僧伽婆提訳）巻七、分別聖諦経第十一[21]には、その末尾に近く、

若有レ不レ愛二妻子・奴婢・給使・眷属・田地・屋宅・店肆・出息財物一

という表現があり、この他になお類似の構文が二回みえる。[22]この文中の「店肆」について、初唐の玄応の『一切経音義』は次のように注している。[23]

店肆今作坫同、都念反、肆陳也、言此皆陳物売買之処也

（店肆〈今、坫に作るも同じ。都念の反。肆は陳也。言うこころは、此れ皆、物を陳《なら》べ売買するの処也〉）

「都念反」までは、店の注、「陳也」が肆の注であるが、「言うこころは」以下は店肆の二字をうけ、みな物を並べて売買する所であるというのである。即ちこれでみると、店の意味は肆と同じといってよい。このような解釈は、同じ音義の他の注でも行われている。即ち維摩詰所説経巻上の玄応音義[24]には、次のようにある。

酒肆相利反、肆陳也。列也。謂陳二列酒器於市店一也。

この「市店」が「肆」と同義であることは詳しく述べるまでもなかろう。なお店肆の注にみえる「坫」については、『新撰字鏡』巻十（天治本二十丁表八行目）の訓詁にもみえ、舘野氏が指摘された通り、物を載せる台の意である。以上のように店と肆が同じ意味とすると、『唐律疏議』（名例三十四）の左の注も新たに評価する必要がでてくる。

邸店者、居レ物之処為レ邸。沽売之所為レ店。

この注については誤りとする説もあるが、[25]上記の音義などからみて、実情に則した解とみるべきである。なお邸に

関しても、音義の解釈は参考になる。たとえば玄奘訳の瑜伽師地論(巻二)に付けられた玄応の音義には、左のようにある。(26)

邸肆丁礼反、下相利反。邸諸市坐売舎也。肆陳也。所三以陳二貨鬻之物於邸一也。
肆亦列也。謂列二其貨一賄二於市一也。

また慧琳の『一切経音義』(巻三十九)でも、

邸店上低礼反。蒼頡篇云、邸市中舎也。
説文、属レ国舎也。従レ邑氐声。

と注している。(27)邸もその機能の一端に店舗を含んでいたと解すべきであろう。

さて玄応や慧琳の音義はいずれも唐代のものであるが、店・肆を同義とする解釈は、どこまで遡るであろうか。西晋の崔豹が撰した『古今注』(都邑)には左のようにある。(28)

肆、所三以陳二貨鬻之物一也。店、所三以置二貨鬻之物一也。肆、陳也。店、置也。

ここでは店は肆と対置され、「置」という機能に重点があるようにみえる。店は本来、倉庫的なものであったことを示しているのかもしれないが、先の坫の音義をも参照すれば、この場合の「置」は台に置くことを意味するとも考えられよう。既にみた通り、東晋に訳された中阿含経に「店肆」の語があることからすると、店をいわゆるミセダナの意に用いることも、かなり長い歴史をもっているとみるべきであろう。

このようにみてくると、長屋王家木簡の「店」は東西市の肆と同義ということになり、店は平城京の市にあったと解しても、よさそうにみえる。しかし舘野氏は、雑令《ぞうりょう》24皇親条に次のような規定があるため、長屋王家が東西市に肆をもったことを否定されている。

凡皇親及五位以上、不得遣帳内資人及家人奴婢等、定市肆興販、其於市沽売出挙、及遣人於外処、貿易往来者、不在此例

（凡そ皇親及び五位以上、帳内・資人及び家人・奴婢等を遣わして、市肆を定めて興販することを得ず。其の市に於いて沽売・出挙し、及び人を外処に遣わして貿易往来するは、此の例に在らず）

この規定を参照すれば、長屋王ないしその近親者が、市肆を置いていた可能性は確かに低い。ただ注意すべきは、これらの人々も市で沽売、出挙することを禁じられてはいないことである。肆を設けて交易するということは、関市令12毎肆立標条によると、その行名を標示しなければならず、従ってその交易品目は限定される。即ち雑令の条文は、皇親や貴族が特定の品の交易に営利目的で携ることを禁じているのであって、そうでない一般的な交易は認められていたといってよいであろう。木簡にみえる長屋王家の店は、そうした一般的交易を行うための拠点であり、それは最も便利な市の周辺に存在したと考えるべきではなかろうか。交易活動を行うのに、よほどの理由があればともかく、市を避けねばならない事情は考えにくい。雑令の規定が上記のように解せられるとすれば、なおさらである。「西店」という名称も、当然西市との関係で理解するのが自然であろう。

このように考えると、肆とほぼ同義であるにもかかわらず、令にも使用されていない店の語が用いられた原因も、推測がつくように思われる。即ちこうした交易拠点は、法制的に肆と呼ぶことは許されず、交易の内容においても制度上の肆とはやや異なっていた。店の語はこのような交易拠点を称するのに丁度ふさわしいと認められていたのであろう。店は、先にも考証した通り、当時決して特殊な用語でなく、一般的な交易拠点を呼ぶ語として通用していたとみてよかろうが、あるいは先の雑令24条に相当する唐令の文に、

於㆓邸店㆒沽売出挙

とあることも、その使用に一役買っているかもしれない。この字句は復原された開元二十五年令(29)のものであるが、それ以前の令にも類似の句が存在した可能性があろう。唐令では禁止の対象として、右の行為が示されているが、日本

令でこれに当たる行為が認められているのは上記の通りである。

以上述べたところを約していえば、長屋王家木簡の店は、市の周辺に設けられた王家の施設で、そこには物資が集積され、交易活動の拠点としての役割を果たしていたということになる。店は一般的には肆と同義であるから、和語としてはイチクラといわれたのではないであろうか。ただ関市令の肆とは異なるという意味で、店の用字が選ばれたのであろう。おそらくこうした店の存在は、長屋王家に限ったことではなかったと思われる。舘野氏の指摘された平城左京二条二坊十二坪の邸宅(ないし施設)の場合などは、その実例であろう。

(1)　拙著『長屋王家木簡の研究』(塙書房、一九九六年)一九頁、一四二頁、本書一六六頁など。
(2)　浜松市教育委員会編『伊場遺跡遺物編』2(一九八〇年)三九頁、静岡県編『静岡県史資料編4　古代』(一九八九年)九五六頁所収。
(3)　各行一字目の下寄りに引かれた横方向の刻線は省略した。
(4)　拙著注(1)前掲書、五三頁。
(5)　稲岡耕二「国語の表記史と森ノ内遺跡木簡」(『木簡研究』九号、一九八七年)、同『人麻呂の表現世界』(岩波書店、一九九一年)。
(6)　たとえば慶雲四年(七〇七)の威奈大村墓誌銘の「乙未」。
(7)　拙著『書の古代史』(岩波書店、一九九四年)七〇頁以下参照。そこでは北大津遺跡出土木簡にみえる「阿佐ム加ム移母」という表記をとりあげて、天智朝ごろに文章が音仮名で書かれていた証とした。この表記は、「誈」という字が特定の文脈の中でどのように読まれるべきかを示したもので、一般的な音注ではなく、文章の一部を書いたとみなすべき例である。単なる音注ならば、「阿佐ム久」などと注するだけでよいであろう。
(8)　拙稿「木簡に現われた「某の前に申す」という形式の文書について」(『日本古代木簡の研究』塙書房、一九八三年)。
(9)　同右、二七〇頁参照。
(10)　『文選』巻三十九所収、江文通「詣建平王上書」など。

(11) 「御宇」は、『日本霊異記』上巻、序の訓釈に「阿米乃之多」「乎佐女多比之」とあることから、「天の下治めたまう」と読まれることも多いが、『万葉集』では「御宇」と同意の「治天下」を、「天の下しらしめす」「天の下しらしめたまう」と読む例があり、これを「御宇」に当てはめることは認められてよいと考えられる。拙稿「江田船山古墳の大刀銘」(『日本古代金石文の研究』岩波書店、二〇〇四年)一〇二頁参照。

(12) 静岡県編『静岡県史通史編1 原始・古代』(一九九四年)四六八頁(原秀三郎氏執筆)。これより先、石上英一・山中敏史「伊場遺跡」(木簡学会編『日本古代木簡選』岩波書店、一九九〇年)は、「……御調を以てす〔矣〕。本として私部の政を負う故に、沽りき」云々と読んでいるが、この読みには従えない(なお本文後述)。またその読みに関連して、「推測すれば、私部の政を負う人物が売買により御調を調達したことを報告した書状」かとの見方が示されているが、結果的にはそれに近い意味になるとしても、先の訓みとこの解釈との間には、かなりの飛躍があるように思われる。

(13) 私部は広く后妃を対象とした部で、大后(おおきさき)に限定されるものではない。岸俊男「光明立后の史的意義」(『日本古代政治史研究』塙書房、一九六六年)第四節。

(14) 訓読は『古事記伝』(『古訓古事記』)による。他に「本《はじめ》と為て」(『古事記標注』他)、「本《もと》と為て」(『新編日本古典全集古事記』小学館)などの訓もあるが、「もと」の訓は『古事記』本文やこの木簡の文脈からして不適切であろう。

(15) 岸俊男注(13)前掲論文参照。なお石上英一・山中敏史注(12)文献も、「「私部の政」は封戸の経営かも知れない」とする。

(16) 既知の筆蹟の中では、法隆寺金堂薬師如来像光背銘の書風に共通するところが多い。

(17) 日本語表記の展開に関する私見は、拙著注(1)前掲書、一一二頁以下参照。

(18) 舘野和己「長屋王家の交易活動――木簡に見える「店」をめぐって」(奈良古代史談話会編『奈良古代史論集』三集、真陽社、一九九七年)。

(19) 関連木簡の全容と法量などは、舘野和己注(18)前掲論文参照。

(20) 築島裕主編『古辞書音義集成』一(汲古書院、一九七八年)一五六頁。

(21) 『大正新脩大蔵経』(一)四六八頁。

(22) 同右、四六八―四六九頁。

(23) 同右(五四)、六五一頁。

(24) 同右、四九六頁。

(25) 日野開三郎『唐代邸店の研究』(一九六八年)。

(26) 注(23)前掲書、六二五頁。
(27) 同右、五六三頁。
(28) 『百部叢書集成』初編所収。
(29) 雑令復元22条。池田温編『唐令拾遺補』(東京大学出版会、一九九七年)一四七九頁参照。

(付記)伊場遺跡八四号木簡については、関心を抱いていた筆者に対し、石上英一氏が保存処理前と処理後の赤外線テレビモニター写真を、一九九二年に手配してくださった。第一項はそれを眺める中で成ったもので、石上氏に対し厚く御礼申し上げたい。なお第一項の論旨は、拙稿「出土資料からみた漢文の受容――漢文学展開の背景」(『国文学　解釈と教材の研究』四四－一一、一九九九年、通巻六四六号)でも簡単に述べたことがある。

5　木簡研究の近状

古くから木簡に関わってきた研究者なら、誰しもここ二、三十年の変化に感慨なきをえないであろう。木簡専門の研究人口が十指に収まりかねない初期の様子は、会員三三〇人をこえる現在の木簡学会の盛況ぶりからは到底想像できない。この間の大きな変化が、木簡の出土量の増大によるものであることは疑いないであろう。特殊な史料とみられてきた木簡が、古代史研究の中で認知されるようになったのも、もともと独自の価値があるとはいえ、出土量や出土遺跡が目覚ましく増えたことにより、その意義が再認識された結果と思われる。

この状況に対応して、木簡のデータベースが整備されたのは時宜を得たことであった。これは長屋王家・二条大路木簡が出現した副産物ともいうべく、また奈良国立文化財研究所の方々の御苦労もあったわけだが、いまや木簡研究に欠かせない道具として定着した。木簡の研究も、多数の木簡から抽出した用例を駆使するものに、重点が移ってゆくことであろう。

しかも木簡データベースはほんの一例であって、木簡研究が情報化によって受ける恩恵は計り知れない。各種データベースの整備も期待されるが、現在の普通の検索エンジンですら思わぬ役に立つ。先般、飛鳥京の苑池遺構から、「西州続命湯」という薬湯の処方を書いた木簡が出土したが(本書一八三頁参照)、その出典を調べるのに、まずグーグルで検索してみると、文献名まで出てきたのには驚かされた。考えてみれば、東洋医学は今日でも往事の文献をもとにして生きており、データが入っていておかしくない。こちらの認識不足を恥じたことであった。出典といえば、これまで記憶頼みだった漢籍の検索も、四部叢刊や四庫全書の全文検索が可能になって、革命的な変化が起きている。ただ自戒をこめて注意したいのは、データは全て人が入れたものという当たり前の事実である。かつて『続日本紀』の一字索引が企画されたとき、その試用版をいただいた私は、宣命にあると記憶していた「大夫人」の用例を捜そうと、引いてみたことがあった。しかしいくら調べても出てこない。結局、その語を含む一行が脱落していることに気づいた。念のため編者に通報したが、その一行が入力漏れになっていたのである。入力以前の様々な作業にこそ、専門家の存在意義があるといえよう。

ところで出土量の増加といえば、中国や韓国も例外ではない。特に韓国の木簡は、まだ三五〇点足らずとはいえ、新羅のほかに百済や伽耶のものも現れ、今後も発見例が増えてゆくことであろう(1)。かねてから日本古代の木簡とのつながりが予想され、比較研究が望まれていたが、それを実現する素地が形成されつつある。平川南氏や李成市氏がその先鞭を付けられているのは周知の通りであろう(2)。

二〇〇二年私は、遅まきながら始めて韓国を訪れ、関係当局の御好意で、百済の宮南池や陵山里の木簡を実見し、釜山では韓国最初の漢籍木簡である論語の木簡などに対面することができた。改めて日本の七世紀の木簡との類似を実感したことはいうまでもない。すでに韓国の研究者も関心を寄せているが、日韓の比較は重要な分野となることであろう。

しかし私は、類似点と同時に、一種の大きな違和感を味わったことも書いておかねばならない。それはかつて日本で展示された新羅木簡にも感じたものであったが、何故か韓国の木簡は総体に材や作りが荒々しい。しかしこの疑問は木簡の材質を聞いて氷解した。韓国簡のほとんどが松材という。おもえば松材が使われているかどうかは、飛鳥仏の産地比定にも判定基準とされている(3)。檜はもちろん、杉などの良材に恵まれない韓国では、木簡もまた違った外貌をみせて当然であろう。保存処理を経た韓国簡が、多くの場合劣化したようにみえるのも、材質が災いしているのではなかろうか。それはともかく、この材質の差が投げかける問題は小さくない。良材に恵まれない点は、中国も地域次第で同じであるが、ならば中国や韓国では、日本古代ほど紙木併用が盛んだったのであろうか。アジアでは、日本でのみ木彫仏が盛行したことも示唆深い。古代の日本が、割箸ならぬ木簡の消費大国であった可能性も追求してみなければなるまい。

（１）　国立昌原文化財研究所『韓国의古代木簡』（芸脈出版社、二〇〇四年）参照。
（２）　平川南「韓国・城山山城跡木簡」（『古代地方木簡の研究』吉川弘文館、二〇〇三年）、李成市「韓国出土の木簡について」（『木簡研究』一九号、一九九七年）。
（３）　西岡常一・小原二郎『法隆寺を支えた木』（日本放送出版協会、一九七八年）一六九頁。

6　橘夫人厨子と橘三千代の浄土信仰

一　はじめに

法隆寺に伝存してきたいわゆる橘夫人厨子（図25）は、その中に安置された阿弥陀三尊（伝橘夫人念持仏）と相まち、白鳳美術の精華として名高い。しかしこの厨子が橘夫人三千代と真に関係を有するかどうかは明証がなく、これを否定する見解があるのも周知の通りである。[1]もとよりこの問題について確たる結論を示せるわけではないが、これまで注意されていない関連史料もあり、改めておもに文献史料の面から再検討を加えてみたい。

二　厨子の墨書の年代

三千代との関係に入る前に、まずこの厨子の年代にふれておこう。美術史的な考察によって、厨子及び仏像の制作年代は、七世紀末から八世紀初頭にかけてとみるのが定説である。[2]その場合、須弥座の右側面左上隅に「越前」という墨書（図26）があることが傍証とされているが、この墨書の年代は、いま少し限定できる可能性がある。この墨書は単独でなされたものではなく、写真によると他に「越」らしき字や、複数の「尓」「尓時」などの文字が読みとれる。[3]

図 25　橘夫人厨子

このうち「尓時」などは仏典に頻出する語であり、あるいはそれらと関係する習書かとも思われるが、「越前」は国名の習書であろう。秋山光和氏は、越前の国名が成立する時期を『日本書紀』から探られ、七世紀末から八世紀初めという結論を導かれた。確かに持統紀六年(六九二)九月癸丑条には、「越前国司、献㆓白蛾㆒」という記事がみえており、厨子の制作年代を決める一つの手掛りとしてよいであろう。

ただ国名表記に関する古代史の研究成果をふまえれば、「越前」という表記は大宝初年以降のものとみるのがよさそうに思われる。越前・越中・越後の三国は、はじめコシの国と呼ばれていたが、七世紀末に三国に分かれた。前引の持統紀にみえる「越前」はその証であるが、当初から国名が「越前」のような二字表記であったかどうかは疑問である。たとえば『古事記』では、コシが全て「高志」と書かれ、のちの越前について「高志前」という表記がみえる(仲哀段)。『古事記』の国名は、一般に大宝令前、即ち浄御原令段階での表記によっているとされ、現に藤原宮木簡の荷札の中には、備中(キビのミチのナカ)を「吉備中国」と書く例がある(4)。同様な表記は八世紀初頭にはなお名残りをとどめていて、同じく藤原宮跡発見のその時期の木簡には、備前を「备道前国」、備中を「吉備中国」、備後を「吉

▲図 26　橘夫人厨子須弥座(右側面左上隅)墨書
◀図 27　法隆寺五重塔天井組子落書

備後」と記した例もある。[5]『日本書紀』では、コシを全て「越」と表記するが、これは編纂時の書換えである疑いをぬぐいきれず、越前についても、七世紀末の実際の表記は、「高志前」ないし「高志道前」であった可能性が大であろう。[補注1]こうした古い表記が、通常の二字国名に改められるのは、全国に国印の頒布される大宝四年(七〇四)頃とみるべきで、[6]従って習書の「越前」は、このころ以降のものと考えるのが自然である。

　ではこの落書は、八世紀初頭以後、どの程度の年代幅で考えられるであろうか。おそらくこの習書は、八世紀初めをさほど下るまい。その参考となるのは、習書の書風である。この習書の書風は隷意を含んだ古風なもので、法隆寺金堂天井板や五重塔天井組子の落書(図27)と共通するところがあるが、「尓時」の幅広の「尓」などは、むしろ五重塔落書の「尓」[7]と通う気分が看取される。五重塔の完成は和銅四年(七一一)頃と推定されており、厨子の書は、ほぼ大宝から和銅頃のものと考えてよいであろう。従って厨子自体の年代も、このあたりに置くことができると考える。

三　橘三千代と法隆寺

制作年代は以上のようにみられるとして、厨子と三千代との関係はいかがであろうか。後述のように、厨子は天平期には法隆寺に存在していたとみる説が有力であるが、そうとすれば、直接三千代との関係を探る前に、まず三千代と法隆寺のつながりを検証しておく必要がある。

結論的にいえば、三千代と法隆寺の関係を裏づける直接の史料はない。かつては、法隆寺東院資財帳に薬師経などの寄進主体としてみえる「橘夫人宅」が、三千代の邸宅と考えられたこともあったが、福山敏男氏の研究で、この夫人は聖武天皇の夫人であった橘古那可智であることが判明していて[8]、異論の余地はない。しかしそうであるからといって、三千代と法隆寺の関わりを全く否定することはできないであろう。早く町田甲一氏が指摘されている通り[9]、法隆寺の西院や東院の資財帳からうかがえる法隆寺への施入物には、三千代の血縁の女性たちに関わるものが少なくない。施入者ごとにその品目と、判明する施入年次を列挙すれば、左のようになる[10]。

光明皇后

銀多羅二口(丈六分)　天平八年二月二十二日

白銅鏡二面(　〃　)　同右

褥一床(阿弥陀仏分) 天平五年
五色糸交幡四首(法分) 天平六年二月
阿弥陀仏宝頂一具 天平五年
雑物四種(犀角船・象牙尺・象牙縄解・小刀)(丈六分) 天平六年三月
練絁帳四張(寺掃分)
香四種(丈六分) 天平八年二月二十二日
麝香一両(丈六分) 天平六年二月
白笘二合(〃) 天平八年二月二十二日
漆涅笘五十合(法分) 天平六年三月
革箱一合(丈六分) 天平八年二月二十二日
韓櫃二合(法分) 天平六年三月
法華経一巻(11) 天平九年二月二十日
経櫃二合及び付属品 同右
無漏王
白銅鏡一面(丈六分)
橘夫人宅
薬師経四十九巻 天平十八年五月十六日
経櫃一合・櫃座二具 天平十四年二月十六日

案机一足　同右
韓櫃三台　同右
瓦葺講堂一間

右のうち、光明皇后はいうまでもなく三千代の娘であるが、無漏王は、その異父姉で、藤原房前の室となっていた牟漏女王、橘夫人は聖武天皇夫人の橘古那可智をさし、三千代の息、橘佐為の娘と推定されている。また『東院古縁起』(「皇太子御斎会奏文」)には、東院造営を推進した人として阿倍内親王の名がみえるが、この女性が光明皇后所生であることは周知の通りである(本書三九頁の系図参照)。これらの女性たちの法隆寺ないし聖徳太子に対する信仰の背景に、共通の母または祖母に当たる三千代の信仰を想定するのは、決していわれのないことではないであろう。[12]

さらに三千代と法隆寺との濃厚な関係を推測させるのが、西円堂の存在である。西院伽藍西北の丘陵上に立つ西円堂については、顕真の『聖徳太子伝私記』に「橘夫人御願也」「此堂橘大夫人令所レ造也」とあり、橘三千代の造立とする。[13] ただちにこれを信ずるわけにはいかないが、遡って平安末の『七大寺巡礼私記』に、

口伝云、為レ除二播(橘カ)大夫人御悩一、所二造願(顕カ)一也。

とあるのは注目されてよいであろう。即ち、橘三千代その人の造立ではなく、三千代の病気平癒を願って、発願造営されたとする伝えである。三千代の病といえば、遂には死に至った天平五年(七三三)のそれがただちに想起されるが、その際、おそらく光明皇后によって発願されたのがこの堂とその本尊薬師如来ではなかったか。後にこれが三千代直接の願と誤り伝えられるようになったのであろう。

このことを側面から支持するのが、光明皇后による「丈六分」の施入物である。西院の資財帳には、丈六分の資財が少なからず含まれるだけでなく、判明する限り、施入者はほとんど光明皇后である点が目立つ。しかもその中に、

天平六年二月、三月の施入品があることが注意されよう。周知の通り、西円堂の本尊は丈六仏であり、天平六年二月、三月といえば、三千代の一周忌の直後に当たる。かつて亀田孜氏も示唆されているが、一周忌の後に西円堂本尊のため、これらの品が皇后から施入されたと解してよいのではなかろうか[14]。同様の施入が大安寺には行われておらず、法隆寺に限った措置であったらしいことも留意される。

もっとも西円堂本尊や資財帳の「丈六分」をめぐっては、これまでにも多くの議論がある。西院の資財帳に、西円堂やその仏像のことが全くみえず、「丈六分」との関係が定かでないからである。西円堂の現本尊が、八世紀の作ではあるとしても、後半の様式を示す点も、議論を複雑にしている。「丈六分」の丈六は金堂本尊をさすとか[15]、西円堂は半官半私の造営物であったので、資財帳に載せられなかった[16]、というような、無理な解釈が出されるのも、上述の事情に基づく。

しかし、資財帳が「丈六分」にふれながら西円堂について記事を欠くのは、次のように解すると説明がつく。即ち、これまでにもあった解釈であるが[17]、西円堂は西院伽藍の寺院地外にあったため、堂宇や仏像の記載が資財帳から除外されているという解釈である。資財帳にみえる西院の「寺院地方百丈」については諸説あるが[18]、その東西を、浅野清氏のように中門前にもとあった築地の東西幅(東は東大門の西付近から西は西円堂への道の東側まで)と考えれば[19]、西円堂は寺地の外となろう[20]。資財帳が寺地内の資財を対象としていたことは、文中に「以前、皆伽藍内蓄物如レ件」とあることから明らかである。資財帳に「丈六分」の品がみえるのは、それらが寺内に保管されていたためと解したい[21]。

なお「丈六分」の「丈六」を西円堂本尊と考える上に示唆深いのは、法隆寺献納宝物の龍首水瓶にみえる左の墨書銘である。

北堂丈六貢高一尺六寸

右の銘文は、書風から明らかに奈良時代のものであって、この水瓶が北堂の丈六仏に献じられた資財であることを示し、奈良時代の法隆寺に丈六仏を安置する北堂なる建物のあったことが推定できる。この北堂は、創建年代不詳の上御堂《かみのみどう》を除くと、講堂前身建物か、西円堂を措いて考えられない。(22) しかし講堂前身建物ならば、何らかの正式名称(講堂、法堂など)(23)で呼ばれてよく、おそらくこの「北堂」は、「西北円堂」(『金堂日記』)の称をもつ西円堂とみるのが妥当ではなかろうか。(24)

そうなると、改めて西円堂本尊の制作年代が問題となってくるが、おそくとも三千代の一周忌頃までには完成していたとみるべきである。本尊台座宝瓶の花文が古様であるとする井上正氏の指摘(25)は注意すべきで、本尊の造形については、のちの修補や造替の可能性を含め、さらなる検討を期待したい。

さてこのように、三千代ゆかりの造営があったとすれば、三千代と法隆寺の関係は、さらに現実味を帯びてくる。西円堂は実質的には三千代追善のための堂という意義をもったと考えられるが、それは円堂形式という点で、興福寺における藤原不比等のための北円堂と対応する。これが興福寺にではなく、法隆寺に営まれたところに、三千代との縁の深さをみるべきであろう。こう考えると、法隆寺に三千代の念持仏が施入されるということも、あながち無稽のこととはいえなくなる。かつて亀田孜氏は、資財帳に「阿弥陀仏分」の褥《じょく》一床や「阿弥陀仏宝頂」一具がみえ、いずれも天平五年に光明皇后が施入していることから、この「阿弥陀仏」は、いわゆる念持仏に当たる可能性を述べられた。(26) また秋山光和氏は、西院の資財帳にみえる「宮殿像弐具」のうち、「一具、金渥銅像」とある分を橘夫人厨子に比定した上で、やはり前記の施入品に注目し、この阿弥陀仏は橘夫人厨子の仏であって、褥や宝頂は、その年正月に没した三千代供養のため、皇后が施入したものであり、この前後に、それまで四面吹放し形式だった厨子の上階に漆画を施した扉をつけるなどの改装が行われたと考えられた。これは即ちこの厨子が橘三千代のものであったことを認められたものに他ならない。

そもそも資財帳の「宮殿像」一具をこの厨子に当てることについては、かつて批判もあったが、現在ではこれを認めるのが通説となっている。批判の論拠は充分でなく(27)、通説は承認してよかろう。厨子の仏以外に該当しそうな阿弥陀仏の存在を確認できない以上、光明皇后の施入対象となった「阿弥陀仏」を厨子の仏と考えるのは、妥当な判断といえる。また、こうした厨子入りの金銅仏が寺院用に制作されるとは思われず、貴人の念持仏とみるのが適当であること、天平五年という年に皇后の施入物があったことなどを勘案すれば、秋山説は極めて説得力に富むといわねばならない。

ただその場合、この厨子の施入時期は、秋山氏もほのめかされた通り、三千代の生前であったとみた方がよい。もし三千代の死後であれば、施入は光明皇后によってなされた可能性が高く、資財帳にその旨の注記があって然るべきである。西院の資財帳には貴族以外の施入者の個人名は挙げない原則があったようであるから、三千代の施入ならば現状の記載形態でおかしくないであろう。

以上、三千代につながる女性たちと法隆寺の関係から始めて、西円堂と三千代のつながり、光明皇后の施入物とその年代などをみてきたが、直接の証拠に欠けるとはいえ、秋山氏のいわれたように、橘夫人念持仏厨子がその伝承通りのものである可能性は高いと考えられた。ただそこで問題となるのは、三千代が阿弥陀信仰を有したのかどうか、もしそうとすれば、その内容はどのようであったかという点である。この厨子が、全体として阿弥陀浄土の様相を造形作品として表したものである以上、三千代に関係づけるとすれば、この点を明らかにする必要がある。次にこの問題を考えてみよう。

四　橘三千代の信仰

橘三千代と阿弥陀浄土信仰の関係については、これまで全く検討がなされていないといってよいであろう。養老五年（七二一）五月に三千代が出家していることからしても、厚い仏教信者であったことは明らかであるが、具体的な信仰内容は霧に包まれている。史料の欠乏が直接の原因であるのはいうまでもないが、見逃されている史料がないわけではない。それは石山寺に蔵される如意輪陀羅尼経の跋語（図28）[28][補注2]である。

大夫人観无量寿堂香函中禅誦経

天平十二年歳次康辰（ママ）四月廿二日戊寅、以内家印、蹋西家経三字之上、謬与大家蹋印書、不可雑乱、亦即以印蹋此記上者、見印下西家之字、応擬西宅之書、故作別験、永為亀鏡

〔訓読〕

大夫人の観无量寿堂の香函中の禅誦経

天平十二年歳次庚辰、四月二十二日戊寅、内家の印を以て、「西家経」三字の上に蹋す。謬りて大家蹋印の書と、雑乱す可からず。亦即ち印を以て此の記の上に蹋するは、印の下に「西家」の字を見て、応に西宅の書に擬すべし。故に別験を作り、永く亀鏡と為す

この跋語については、大和古印の一つとして有名な「内家私印」との関連で、加藤優氏がこれをとりあげ、詳しく考証されたことがある。[29]跋語を含め、この経全体が平安時代の写しとみられるが、加藤氏も述べておられるように、内容は奈良時代のそれをほぼ忠実に伝えていると考えられる。いま加藤氏の成果によりながら内容をみてゆくと、ま

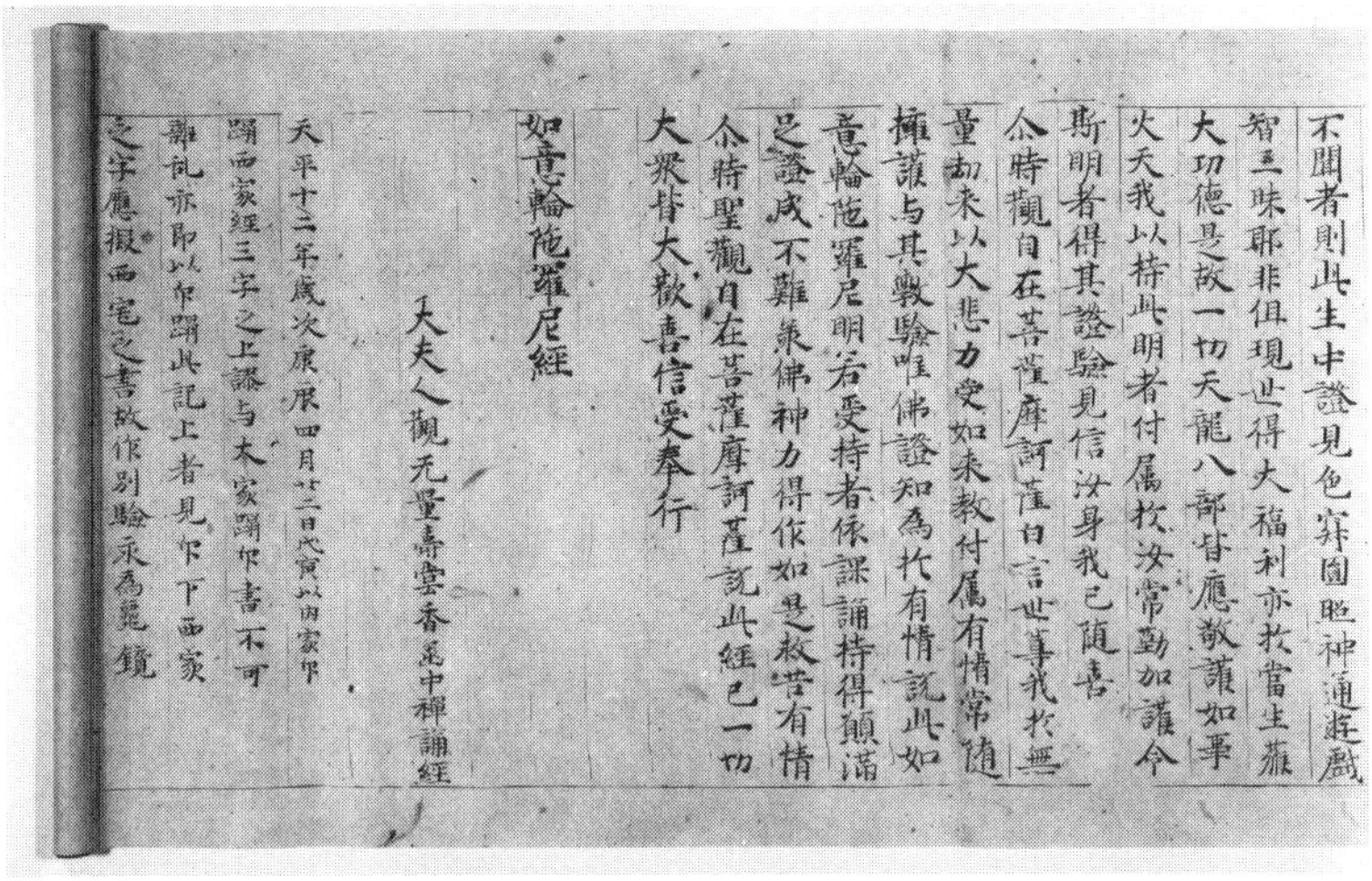
不聞者則此生中證見色身圓照神通遊戲
智三昧耶非但現世得大福利亦於當生蒙
大功德是故一切天龍八部皆應敬護如事
大天我以持此明者付屬於汝常勤加護令
斯明者得其證驗見信汝身我已隨喜
尒時觀自在菩薩摩訶薩白言世尊我於無
量劫來以大悲力受如來教付屬有情常隨
擁護与其數驗唯佛證知為於有情說此如
意輪陀羅尼明若受持者依課誦持得願滿
足證成不難承佛神力得作如是救苦有情
尒時聖觀自在菩薩摩訶薩說此經已一切
大衆皆大歡喜信受奉行
如意輪陀羅尼經
大夫人觀无量壽堂香函中禪誦經
天平十二年歳次庚辰四月廿二日戊寅以内家印
踏西家經三字之上誤与大家踏印書不可
雜亂亦即以印踏此記上者見印下西家
之字應擬西宅之書故作別驗永為龜鏡

図 28　如意輪陀羅尼経　巻尾(石山寺蔵)

ずその一行目は、この経が「大夫人」の観无量寿堂にある香函に納められた禅誦経であることを示す。問題はこの「大夫人」が誰をさすかであるが、加藤氏は聖武天皇の母、藤原宮子と、橘三千代の二人を可能性として挙げ、宮子は神亀元年(七二四)に大夫人となるものの、直後に皇太夫人と改められたので、五月一日経の願文に「橘氏太夫人」、天平十三年二月の国分寺建立詔に「橘氏大夫人」などとみえる三千代がふさわしいとされた。妥当な比定であり、加藤氏も説かれるように、この経は三千代の所持経であって、三千代は私的な仏堂として「観无量寿堂」をもっており、そこに納置されていたとみてよい。この一行は、経の由来、性格を後人が記したものと考えられる。

「天平十二年」以下の文については、加藤氏は、「西家」の経と「大家」の経が判別できるように、「西家経」という記載(おそらく墨書)の上に「内家」の印(「内家私印」)を押捺した際に書かれた跋であると解された。文中の「西家」と「西宅」は同一の家をさすとみられるが、加藤氏は正倉院文書にみえる「西宅」の用例を検討して、西家・西宅は三千代の邸宅と考えるべきことを論じておられる。[30]「内家私印」の主は、当然、三千代の娘光明子ということになる。詳しくは加藤氏の論考についてみられたいが、いずれも手堅い考証、推論であって、拠るべき解釈である。

かくて「大夫人」云々の一行と、それに続く跋語の内容をあわせ考えれば、三千代が自己の邸宅に観无量寿堂という堂舎を営み、そこに多数の経典を蔵置していたことは疑いないであろう。加藤氏によれば、現在所在は知られないが、同じ跋語をもつ法華経の存在したことも、他の史料から推定できる。

加藤氏の研究は、主たる関心が印章にあったため、「観无量寿堂」について特段の言及はみられない。しかし右の事実は、三千代の浄土信仰を知る上にまたとない材料である。観无量寿堂という堂名が、観無量寿経に基づくことは容易に判断できよう。三千代がこの堂において、観経に説く浄土の観想を行っていたであろうことも、これまたたやすく類推できる。古代の浄土信仰について幅広い検討を遂げられた井上光貞氏は、結論として八世紀以前の浄土信仰は故人の追善供養の性格が主で、観想によって阿弥陀浄土への往生を願う信仰は普及していなかったとされている[31]。井上説については、一部にこれを批判する研究もなくはないが[32]、現下の通説となっているといってよかろう。しかしこの結論は、明白な史料的裏づけをもたない造形作品を除外して導き出されているだけでなく、ここでとりあげた跋語なども史料として用いられていない。先のような跋語が存在する以上、おそくとも八世紀初頭の貴族層には、観経信仰が浸透していたと判断すべきであろう。

またこれに関連して注意すべきは、観経と女性との関係である。周知の通り観経は、王子阿闍世《あじゃせ》の悪逆に悩む韋提《いだい》希《け》夫人が、世尊に憂悩なき浄土を求め、阿弥陀仏の浄土に生まれることを願うところから展開される。いわば貴族の女性が主人公の経といってよく、わが国においても上流の婦人たちにとっては特に親しみ深い経典と映ったであろう。その意味で橘三千代が、この経の信仰を有したのも偶然とは思えない。

さらにいま一つ注目されるのは、観経が、その用語、教理において、法華経やその中に含まれる観音の信仰と深い共通性をもつ点である。(33) 法華経は、聖徳太子によってわが国に将来されたとされ、(34) 光明皇后によって太子忌日の法華経講讃が始められ、やがて法隆寺東院の造営に発展してゆくように、(35) 太子信仰の核ともなっていた。三千代の場合、その観経信仰は、法華経を介して太子信仰ともつながっていた可能性を考えておくべきであろう。

このようにみてくると、三千代が生前、浄土観想の一助として、阿弥陀浄土の造形作品を営ませていた可能性は極めて大きいといえる。さしずめ観无量寿堂には、彫像、画像いずれかによる浄土の造形が安置されていたに相違あるまい。身辺に念持仏として浄土を具現した厨子が置かれたことも当然予想できよう。前節では、主として資財としての面から厨子と三千代の関係をたどったが、双方が結びつく必然性は、本節でみた三千代の浄土信仰の性格からも、一層補強されるということになろう。

五　おわりに

本稿で述べようとしたことは、ほぼ以上につきる。橘夫人厨子が光明皇后と深いゆかりで結ばれた品であることは、資財帳の関連記事から認めてよいが、西円堂の由緒やその発願年代から推測すれば、それはやはり皇后の母、橘三千代に関わる品であろう。三千代は私邸に観経による観想の場として、観无量寿堂と呼ぶ堂舎を営むなど、熱心な浄土信仰の持ち主であったが、観経や法華経を介して聖徳太子への信仰も有していたことが想定できる。橘夫人厨子は、こうした三千代の念持仏としてまことにふさわしいものであり、それが法隆寺に施入されるのも極めて自然である。橘夫人念持仏という寺伝が、何らかの事実から出ている可能性は、決して少なくないであろう。

ところで厨子が三千代の旧蔵品として、これがその生前に法隆寺に入ったらしいことは、先にも述べた。あまりに憶測を重ねるのは憚られるが、三千代が厨子を手離した背景には、あるいは観无量寿堂の新営ということがあったかもしれない。天平十三年(七四一)に完成し、光明皇后との関係が取沙汰される東大寺の阿弥陀堂が、群像によって浄土を具現していたことを考えると、三千代の観无量寿堂もまた彫像主体のものであった可能性が高い。念持仏厨子の構想を堂宇に拡大したものが観无量寿堂であったという想像も、全く荒唐なものとは言いきれないように思われる。

なお、それに関係して付言しておきたいのは、厨子の改作時期についてである。先述の通り、現在の厨子の扉は、もと吹放しであった上階部を改造して取付けられたものであるが、現状では阿弥陀三尊と天蓋との間がやや空きすぎており、扉取付けのとき、天蓋の位置をかさ上げした可能性が指摘されている[36]。もしこの改作が、厨子を法隆寺に納めた段階や三千代死没に伴ってなされたものであるなら、このようにバランスを欠いた仕事が行われるのは不可解ではなかろうか。扉は本来のバランスを保つ形で造られて然るべきである。この点を重視すると、現在の扉は転用材という可能性も否定できない。厨子の改作と扉の制作時期が同時ではなく、改作の方が遅れてなされたかもしれないことを、視野に入れておくべきであろう。

本稿では、三千代の信仰と厨子が自然に結びつくことを明らかにしたが、そこから派生してくる問題も右のように少なくない。この小文が、厨子の新たな検討の一助となれば幸いである。

(1)　この厨子の研究史については、林南寿「伝橘夫人念持仏厨子」(大橋一章編『法隆寺美術　論争の視点』グラフ社、一九九八年)参照。

(2)　秋山光和『玉虫厨子と橘夫人厨子』(「奈良の寺」六、岩波書店、一九七五年)。以下、秋山氏の見解として言及するのは、全てこの著作である。

(3) 同右、二二頁の赤外線写真による。
(4) 直木孝次郎「古事記の国名表記について」(『飛鳥奈良時代の研究』塙書房、一九七五年)。
(5) 備前、備後の例は、奈良国立文化財研究所『飛鳥・藤原宮発掘調査出土木簡概報』五の一〇頁上段、備中の例は同十の七頁下段にみえる。
(6) 鎌田元一「律令制国名表記の成立」(『律令公民制の研究』塙書房、二〇〇一年)参照。
(7) 『書道全集』九(平凡社、一九五四年)図版二一、「奈尓波都」の歌の「尓」参照。
(8) 福山敏男「平城法華寺・東大寺大仏殿・法隆寺伝法堂について」(『東洋美術特輯　日本美術史五　寧楽時代下』飛鳥園、一九三四年)。
(9) 町田甲一『法隆寺』(角川新書、一九六七年)二一八頁以下、同『増訂新版法隆寺』(時事通信社、一九八七年)三一五頁以下。
(10) ( )付きで某分とあるのは西院の資財帳にみえるもの、他は東院の資財帳による。
(11) この法華経については、拙稿「初期の太子信仰と上宮王院」(石田尚豊他編『聖徳太子事典』柏書房、一九九七年)参照。
(12) 若井敏明「法隆寺と古代寺院政策」(『続日本紀研究』二八八号、一九九四年)、拙稿注(11)前掲論文。
(13) 良訓の『古今一陽集』では、西円堂は「光明皇后母公、橘大夫人之御願」で、養老二年の造立かとする。
(14) 亀田孜「法隆寺流記資財帳に見ゆる諸尊」(『日本仏教美術史叙説』学芸書林、一九七〇年)。
(15) 藪田嘉一郎「法隆寺金堂薬師・釈迦像光背の銘文について」(『仏教芸術』七号、一九五〇年)。
(16) 井上正「官大寺の仏教美術」(梅原猛監修『人間の美術四　平城の爛熟』学習研究社、一九九〇年)。
(17) 加藤泰「法隆寺伽藍縁起并流記資財帳の「寺院地」と「丈六分」とについて」(『大和文化研究』六―八、一九六一年)。ただし、この論文で主張されている古代尺の存在については賛同できない。
(18) 太田博太郎『南都七大寺の歴史と年表』(岩波書店、一九七九年)参照。
(19) 浅野清『法隆寺建築綜観』(便利堂、一九五三年)五二頁。
(20) 現在の西円堂は鎌倉期の再建であるが、旧基壇の存在から、創建時の位置を動いていないと考えられている。なお西院の寺地「方百丈」を、鈴木嘉吉氏のように高麗尺による概数とみる解釈もあるが(「西院伽藍の建築」法隆寺昭和資財帳編集委員会『法隆寺の至宝』一、小学館、一九九一年)、資財帳のここにのみ、高麗尺が残ったとするには疑問もある。また西院の寺地は、創建法隆寺が焼亡して後、改めて定められたとみられるから、創建時の寺地の区画をとどめる道路が存在するとはいえ、新寺地の広さをその枠に合わせて考える必然性は認めにくい。

(21) 西円堂は、資財帳のできた天平末年に未だ造営途上にあったとする見方も、ありえないではなかろうが、堂も仏も未完成な段階で、資財帳にあれほどの資財がみえるというのは、やはり不自然であろう。
(22) 釈文と解釈については、拙稿「法隆寺献納宝物 龍首水瓶の墨書銘」(『日本古代金石文の研究』岩波書店、二〇〇四年)参照。
(23) 「法堂」の称は、『令集解』僧尼令15所引『古記』や正倉院文書の造石山院所労劇文案(『大日本古文書』一五、二三六頁)にみえる。
(24) 「北堂」と『金堂日記』の「西北円堂」との関係については、高田良信師より示唆をいただいた。
(25) 井上正注(16)前掲論文。
(26) 亀田孜注(14)前掲論文。
(27) 林南寿注(1)前掲論文。
(28) 石山寺文化財綜合調査団編『石山寺古経聚英』(法蔵館、一九八五年)図一九一。
(29) 加藤優「『如意輪陀羅尼経』の跋語について」(石山寺文化財綜合調査団編『石山寺の研究——深密蔵聖教篇下』法蔵館、一九九二年)。以下、加藤氏の見解はこの論文による。
(30) 西洋子「岡本宅小考」(『国史談話会雑誌』三八号、一九九七年)も、正倉院文書の「西宅」を橘三千代の邸宅に比定する。
(31) 井上光貞『日本浄土教成立史の研究』(『井上光貞著作集』七、岩波書店、一九八五年)。
(32) 竹居明男「東大寺の阿弥陀堂」(『日本古代仏教の文化史』吉川弘文館、一九九八年)。
(33) 入沢崇「観無量寿経の背後にあるもの」(仏教大学総合研究所紀要別冊『浄土教の総合的研究』一九九九年)。
(34) 『延暦僧録』上宮皇太子菩薩伝(『日本高僧伝要文抄』所引)に、「於㆑是法華経、創伝㆓日本㆒」とある。
(35) 拙稿注(11)前掲論文及び本書第一章3。
(36) 村野浩「橘夫人念持仏厨子の復原試案」(『仏教芸術』九一号、一九七三年)。

(補注1)　はたして二〇〇三年、藤原宮跡朝堂院地区から、「高志前」と記した七世紀末—八世紀初めの木簡が出土した。奈良文化財研究所『飛鳥・藤原宮発掘調査出土木簡概報』十八(二〇〇四年)、六七号木簡。

(補注2) その後、この奥書をもつ奈良朝写経が発見され、小倉慈司「五月一日経願文作成の背景」(笹山晴生編『日本律令制の展開』吉川弘文館、二〇〇三年)で検討が加えられている。

7　光覚知識経の「皇帝后」

天平宝字五年から翌六年にかけて書写された、いわゆる光覚知識経は、その知識集団の構成の特異さ、広範さや、写経の規模の大きさなど、顕著な特色をもつ古写経として、種々の面から注目されてきた。ところでこの写経の供養対象については、岡田精司氏によって研究が深められ、宝字四年六月に崩じた光明皇太后とする解釈が提出されている。[1] 私もこの結論に賛意を表するものではあるが、従来の論拠には、なお同意できない点が残る。ここに別の面から、この写経の供養対象者が光明皇太后であることを立証してみたいと思う。

まず最初に本写経の跋語を一例、左に掲げる。宮内庁書陵部蔵の中阿含経巻五十六の跋語である。

奉為　　皇帝后
維天平宝字六年歳次□(壬カ)寅五月二日願主僧光覚
頭僧願林
長屋連久米麻呂　　山階臣白刀自
錦部兄麻呂　　佐味臣白刀自
矢集宿禰広道　　長屋連刀自古
錦部張人　　長屋連大本女
錦部万岐麻呂　　大和宿禰日女比止女

錦部寺女

錦部田須麿

長屋連古須美女

問題は「皇帝后」をいかに解するかという点にかかっている。岡田氏は、これは「皇帝の后」であり、皇帝は聖武天皇をさすとして、皇帝后を光明皇太后にあてられた。しかし「皇帝后」を「皇帝の后」と読むのは、岡田氏の詳細な論にもかかわらず、説得力が薄いように思われる。

岡田氏の考察の根拠になっている第一の点は、『寧楽遺文』所引の中阿含経巻五十六跋に「奉為　皇后」とあることであるが、これは『寧楽遺文』の録文に脱字があるためで、原文は前引の通り「皇帝后」である。(2) 従ってこの録文をもとに、皇帝后＝皇后であるとはいいがたい。

また岡田氏は、光覚知識経以外の文献における「皇帝后」の用例を、根津美術館蔵の中阿含経巻四十五に見出され、この写経が、

奉為　皇帝后

維天平五年六月四日敬奉写竟

の跋語をもつところから、(3) この皇帝后は、『続日本紀』によってその当時病床にあったことの判明する光明皇后に他ならないとされている。確かにこれは、皇帝后を皇后と考える根拠になりそうであるが、はたしてこの中阿含経巻四十五は、天平五年当時のものとして問題ないであろうか。この経巻は前半後半で筆を異にするという、特異な形態をとっている(跋語は後半部分と同筆)。しかもこの跋語と酷似した文面の跋語をもつ奈良朝写経が、大東急記念文庫に現存する。それは五千五百仏名経巻第七であって、いま跋語のみをあげれば左の通りである。(4)

奉為　皇宮《ママ》后

維天平宝字五年三月八日敬奉写竟
願主僧光覚

この跋語は、「皇宮后」という用語や、その筆力の弱さからみて、妄補されたものであることは疑いない。根津美術館の中阿含経巻四十五との関係については今後の精査にまつ点があるとしても[5]、これが光覚知識経と何らかの関係をもつことは充分考えられよう。従って「皇帝后」の考察にあたって、この経の跋語を傍証とするのは差し控えるべきであると思う。

この他、岡田氏は、古代における「皇帝」の用例にもふれておられるが、これは「皇帝后」が「皇帝の后」と読めるとした上ではじめて意味をもつものであるから、言及を省略する。

さて皇帝后が「皇帝の后」でないとすれば、いかに解すべきであろうか。私はこれを文字そのままに「コウタイコウ」と解するのがよいのではないかと考える。

その直接の証となるのは、『延暦僧録』逸文の聖武皇帝菩薩伝[6]にみえる左の記事である。

又願、太上皇太上皇・太皇后藤原氏・皇帝子以下、親王子（及）大臣等、同資二此福一、倶到二彼岸一

この部分は、遡れば天平十三年の国分寺創建の勅（『類聚三代格』所収）に基づく文で、同勅や正倉院蔵の聖武天皇勅書銅板に、ほぼ同一の字句がみえるが、文中の「皇帝子」は、それらでは「皇太子」と表記されている。これは単なる誤字とは考えにくい。ただ『延暦僧録』は、今日その原撰本が伝わらないわけであるから、その用字が『延暦僧録』の成った八世紀[7]末のものかどうかは、なお問題ではあろう。しかし後人の手が入る場合、「皇太子」を表記するのに、ことさら目なれぬ「皇帝子」といった表記に改められるとは考えにくい。この表記は、八世紀末に「皇太子」を「皇帝子」とも書く場合のあったことを示すといってよかろう。

これと考え合わされるのが、正倉院文書の生江臣《いくえのおみ》家道女本願経貢進文（『大日本古文書』一二、二九二頁、『南京遺芳』第三〇図）に、左のような文がみえることである。

上為帝上天皇大御奉仕、退聖御門、共天地日月不動、欲将大坐、次天下平安、於公御門、无退欲令奉仕

（上は帝上天皇の大みために仕え奉り、退きては聖御門《ひじりのみかど》、天地日月と共に動かず、おおましまさむと欲す。次に天下平安に、公の御門に退くことなく仕え奉らむと欲す。）

この文書の日付は天平勝宝九歳五月二日となっているが、この日はあたかも聖武天皇の忌日に合致しており、この「帝上天皇」が前年に崩じた聖武太上天皇であることは疑いない。故天皇の一周忌に当たり、その菩提を願うとともに、今上（孝謙）のゆるぎないことと天下の平安を祈り、朝廷への忠誠を述べたものであろう。太上天皇の古訓はダイジョウテンワウと復原されているが、「帝上天皇」は、『大日本古文書』の注記に「帝《（太カ）》」とある通り、「太上天皇」の意であって、帝＝太通用の例といえよう。

このように考えて注意されるのは、福山敏男氏の言及された「帝子御方」という用語である[8]。この語は正倉院文書の天平宝字六年四月十日付造石山院所牒案[9]にみえる。福山氏は、「廃帝」がハイタイないしハイダイと呉音で読まれることをあげて、「帝子」を「太子」と解する余地のあることを示唆された。鋭い着眼というべきである。元来わが国の古代には、呉音で読まれた語が多く、律令の用語等でも「皇帝」はワウダイ、「皇太子」はワウダイシ、「皇太后」は「クワウダイゴウ」と、読みが復原されている[10]。「皇帝子」や「帝子」が、皇太子・太子と通用しても何ら不思議はなかったといわねばならない。そしてこのような表記の存在が認められるならば、皇太后が「皇帝后」と表記されるのも、当然のこととして理解できる。私は、「皇帝后」を皇太后（当時の読みではおそらく共にクワウダイゴウないしワウダイゴウ）と解し、光明皇太后をさしたものと考える方が、これを「皇帝の后」と考えるよりもはるかに

自然であろうと思う。

ただこのような通用が認容された背景には、岡田氏の指摘された天平年間以降における「皇帝」の用例の増加という現象が、あずかって力あったかもしれない。しかしその場合も、「皇帝」の用例が特に聖武・孝謙朝に多いとされたのは疑問であり、むしろ平安時代にかけて、かかる称呼はより広範に使用されるようになるとみてよい。「皇帝后」や「皇帝子」の表記は、皇帝后の存在を前提とするにせよ、古代に多い文字通用の一例として理解すべきであろう。その場合、さきにふれた生江臣家道女本願経貢進文は、こうした表記の使用範囲を知る上に参考になり、ひいては光覚知識経の知識構成員の性格を考えるにも有益である。

(1)　岡田精司「光覚知識経について」(『続日本紀研究』一三〇号、一九六六年)。
(2)　田中塊堂編『日本古写経現存目録』(思文閣、一九七三年)は正しく「皇帝后」として引載しているが、改行など著しく原本と異なるので、本文中の引用は原本に拠った。
(3)　奈良国立博物館編『奈良朝写経』(東京美術、一九八三年)所収。
(4)　『大東急記念文庫貴重書解題』仏書之部(大東急記念文庫、一九五六年)所収。引用と所見は筆者の原本調査に基づく。
(5)　是沢恭三『写経』(根津美術館蔵品シリーズ11、一九八四年)は、この写経を光覚知識経の僚巻とみている。また田中稔「中阿含経巻四十九解説」(『唐招提寺古経選』中央公論美術出版、一九七五年)は、この跋の「天平五年」は、「天平」の下に「宝字」の二字を脱したものと解し、やはり僚巻とする。
(6)　『日本高僧伝要文抄』第三所引。『大日本仏教全書』本による。
(7)　『延暦僧録』の成立年代については、後藤昭雄『平安朝漢文文献の研究』(吉川弘文館、一九九三年)二頁参照。
(8)　福山敏男「石山寺・保良宮と良弁」(『寺院建築の研究』(中)、中央公論美術出版、一九八二年)。
(9)　『大日本古文書』一五、一八七頁。
(10)　日本思想大系『律令』(岩波書店、一九七六年)公式令30・36・38条など。なお同書解説「律令の古訓点について」(築島裕執筆)参照。

第四章　文献史料と文物

取り上げた種類は様々であるが、いずれも文物と文献史料を総合する試みである。**1**は最古の貨幣と話題を呼んだ富本銭を、関連のモノや史料の中で考え、改めて厭勝銭であることを確認する。**2**は皇位継承にまつわる厨子の検討で、モノと史料が並行して遺存する正倉院宝物ならではの論である。**3**は正倉院宝物の中で、やや特異な文様を有する櫃を出発点に、宝物のもつ歴史的な重層性を考えた。**4**もまた実物、文献双方の残る正倉院宝物の利点を生かした論であるが、実物のみ残るもの、実物と文献の残るもの、文献のみ残るものの三形態にわたり、新羅からの輸入品を検討してみた。**5**は八世紀の装身具の実態を、各種の資料や史料から解き明かそうとする論である。

1　東アジアの中の富本銭

一　はじめに

本稿は、一九九九年七月二十五日に開かれた「市民の古代研究会」全国集会における記念講演を文章化したものである。講演内容は、同会の河野宏文氏によってテープ起こしされ、同年十月一日及び十一月一日刊行の『市民の古代ニュース』(一九六、一九七号)の付録として会員に配布されたが、その性格上、一般に周知されたとはいえなかった。それにもかかわらず、富本銭関係の論文に引用してくださる方もある。そこで右の付録の内容に大幅な筆削を加え、公刊することとした。

講演であることを尊重して、文体は「です」「ます」調を踏襲し、史料は読み下しとした。論旨に関わるような改変は加えていない。ただ和同銀銭と「前銀」の関係にふれた箇所は、新たに付け加えた。また注も、発言の典拠を示すため新たに付けることとした。

なお、飛鳥池遺跡出土の富本銭に関する情報は、その後刊行された『奈良国立文化財研究所年報 1999-Ⅱ』『同上 2000-Ⅱ』にまとめられている。

二　文字とデザイン

富本銭という銅銭は、これまで遺跡からも出ていましたが、製作場所である飛鳥池遺跡から去年（一九九八年）三三枚、今回また発表があって、[1]一七〇枚が見つかったということです。断片が多く、完形品は前回の六枚だけです[2]（図29）。遺跡の年代は遺物や考古学的な層位に基づいて判断すると、大体天武朝から七世紀の末あたりまでと考えられます。確実に七世紀代のものであるというわけで非常に大きな話題になりました。

従来この貨幣は、いわゆる厭勝銭《ようしょうせん》で、通貨ではないと考えられてきました。それは江戸時代以来のことですが、大量に見つかったということもあって、これは流通貨幣であるという考えが出てきています。

その場合、次の(1)―(3)の史料に結びつけて考えられるようになりました。

(1)壬申、詔して曰わく、「今より以後、必ず銅銭を用い、銀銭を用いること莫《なか》れ」と。
乙亥、詔して曰わく、「銀を用いること、止むること莫れ」と。（『日本書紀』天武十二年（六八三）四月）

(2)乙酉、直広肆《じきこうし》大宅朝臣麻呂・勤大弐《ごんだいに》台忌寸《うてなのいみき》八嶋・黄書連《きぶみのむらじ》本実等を以て、鋳銭司《じゅせんし》に拝す。（『日本書紀』持統八年（六九四）三月）

(3)庚子、始めて鋳銭司を置く。直大肆中臣朝臣意美麻呂を以て長官と為す。（『続日本紀』文武三年（六九九）十二月）

富本銭は、このような天武朝から文武朝にかけての、銅銭あるいは鋳銭司の記事と結びつくのではないかというわけです。

以前は富本銭は奈良時代のものとするのが普通でしたから、(1)―(3)をどう解釈するかについて、いろいろ議論はあったけれども、富本銭とは結びつけられておらず、実のところ、(1)―(3)を今までの貨幣研究では説明できかねていました。古くからあったのは、和同開珎の一部が既にこの時代に造られていたという解釈です。しかしそれはどちらかというと否定されぎみで、(1)―(3)の銭は和同開珎でないとすれば、何なのかという疑問はずっと続いてきたわけです。以前、私は『貨幣の日本史』(朝日選書、一九九七年)という本を出したときに、(1)―(3)は、富本銭のような、通貨でないものを造って使うことに関係する記事ではないだろうかと書いたことがあります。おそらく富本銭は八世紀のものではなくて、七世紀まで上がるだろうと考え、そうなるとこういう文武朝までの記事は、この貨幣に結びつけて考えられはしないかと思ったのです。それが本当になって、飛鳥池遺跡で富本銭が大量に見つかるようになり、時代も確かに七世紀代に上がって、こういう史料と同じ時期のものということになってきました。

ただ、この三つの記事はいずれも非常にわかりにくいところがあります。(1)は「今より以後、必ず銅銭を用い」よというのですが、こうした表現はそれより前に銅銭があったことを示します。「銀銭を用いること莫れ」というのですから銀銭もあったはずです。このような命令が出るときは、大体その前に「現在までこういう状況だから、今より以後はこうせよ」という文章がついているのが普通です。ところがその経過が書かれていません。説明の部分が省略されてしまっているということだと思います。しかし、このとき銅銭を発行したというのだったら、別の書き方があるはずです。ですから、これは銅銭発行の記事でもなさそうです。(2)(3)は、銭を造る役所の関係の記事ですが、それを受けて、銭を発行したという記事は出てきません。(1)―(3)は何か舌足らずで、これでもってこの時代に

図29　富本銭(原寸)と開元通宝銭(原寸)

独自の貨幣が発行されたということには、なかなか研究者の意見が一致しませんでした。鋳銭司を任命したのは、貨幣の試作をやるためだったというような解釈もあったわけです。従って、この三つの記事が富本銭に結びつくということになっても、依然として説明は難しいところがあります。

今、富本銭をめぐって、いろいろな解釈が出ていますが、流通用ということであっても、厭勝銭ということであっても、それなりに説明はつきます。古代史の話はそういう場合が多く、理屈をつけようとすれば何とでもなるところがありますが、それで終わりにしてしまってはいけないと思います。そのためには富本銭の実物と文献史料だけで話を組み立てるのではなくて、もう少し広げて考えていく必要があるでしょう。

そこで、とりあえずデザインという観点から、この貨幣をみてみようと思います。「何が描かれているか」「何がデザインされているか」ということです。理屈は後にして、「モノ」というところから出発してみたいというのが、今日の話の考え方なのです。

まず「富本」という文字の解釈について、「本」は「夲」という字体で書かれています。これは「本」という字と同じだと、奈良国立文化財研究所の松村恵司氏も後掲の論文で書かれていましたが、それが正しいのです。余計なことかもしれませんが、やはりこれは確認しておくべきなので申しますと、「大」に「十」と書いて「夲(トウ)」という字があります。これは漢和辞典を引いていただくとわかりますが、「すすむ」という意味です。しかしどんな大きな辞書でも「夲」という字を使った熟語などは挙がっていないと思います。書道の方で使う書体辞典のようなものをみると、中国ではずっと古い時代から、「本」を書くとき、「夲」という字体で書くことが行われています。一方、辞書に字が載っていても用例がないというのは、実用にはなっていない字なのです。「夲」もまさにその一つで「とう」という字ではあるけれども、「本」の異体字として使われていると考えていただきたいと思います。ですから、「ふほん」という読みで間違いありません。

さて「富本」は「富の本」というような漠然とした意味で考えられているわけですが、この遺跡を掘られた松村恵司氏が、さらにこれを詳しく考えられて、何から取られた言葉であるかということをお書きになった。それは「富本七曜銭の再検討」(『出土銭貨』一一号、一九九九年)という論文です。それには根拠として、左のような二つの史料を挙げておられます。

(4)光武の中興に至り、莽《もう》の貨泉を除く。建武十六年、馬援又上書して曰わく、国を富ますの本は、食貨に在り。宜しく旧の如く五銖銭を鋳るべし、と。帝、之に従う。是《ここ》に於て復《ま》た五銖銭を鋳る。天下以て便と為す。(『晋書』食貨志)

(5)又曰わく、馬援、隴西に在りて上書して曰わく、民を富ますの本は、食貨に在り。宜しく旧の如く五銖銭を鋳るべし、と。天下其の便に頼る。(『芸文類聚』巻六十六所引『東観漢記』)

(4)は『晋書』の食貨志です。晋は四世紀の王朝ですが、その中に、時代を遡って、後漢の初め、建武十六年(四〇年)に、それまで使われていた王莽の「貨泉」という貨幣を止めて、かわりに五銖銭を復活させるようにしたことが書かれています。このとき、馬援という人が、その政策を上奏し認められたわけですが、その申請文に、「国を富ますの本は、食貨に在り」という言い回しが出てきます。同じ馬援の上申は、(5)の『芸文類聚』に引用された『東観漢記』にも出ているので、松村氏もいわれるように、七世紀の後半であれば、どちらでも参照できたと思います。『晋書』は唐になって初めて編纂されたもので、唐の太宗の作った歴史書として有名な本です。『芸文類聚』というのも、七世紀、唐代に作られた、文章や詩を書くための百科事典です。

「富本」の典拠については、もう一つ別の説があります。それは『管子』から取られたのではないかという説です。

これは中国の浙江工商大学の王勇教授が講演をされ、その趣旨を直接うかがいました。(3) それによると、『管子』巻二十三に、次のような桓公《かんこう》と管子の対話が載っています。

(6)桓公、管子に問いて曰く、吾、本を富まして五穀を豊かにせんと欲す。可なるか、と。管子対《こた》えて曰わく、不可なり、と。

「本を富まして五穀を豊かにせん」は、「国の資本を富ませて五穀の収穫を豊かにしようと思っている」と訳されています。王勇氏は富・本の二字が直接つながって出てきているので、これを取ったものではないかといわれています。しかし、つながっているから『管子』が典拠というわけにもいかないでしょう。「本を富まして五穀を豊かにせんと欲す」といったのに対し、「そういうことはできないだろう」と管子が答えているのもマイナスな要素だと思われます。しかし、「富」「本」が連続してみえているのは、確かにこちらの説のメリットでしょう。

ところで先にふれた松村氏の論文には誤解が含まれています。松村氏は、「国を富ますの本は、食貨に在り」の「食」は食べ物で「貨」は貨幣であるといわれます。そこで貨幣を発行するときに、この文句をもってきて、貨幣の意義を知らせる意味があったのだろうとおっしゃっています。しかしこの場合の「貨」というのは、貨幣という意味ではありません。「貨」は宝物一般をさす言葉で、金、玉、あるいは絹、麻布をいいます。「食貨」は『尚書』などの古典に出てくる言葉ですが、その注釈に金とか、玉、布帛であるといっています。布は麻布、帛は絹です。「貨」は、そういう財産一般、宝物一般をさす言葉です。貨幣という言葉そのものも、もともとが宝物の代用品ということにほかなりません。馬援の上申文も、一般的に「国を富ませる根本は経済にあるのだ」というぐらいの意味だと考えた方が正しいと思います。

いずれにしても「富本」の典拠はどちらでなければということはできません。やはり漠然と富の本というような意味でもよろしかろうという気がします。

ちなみに富本銭のモデルのことですが、図に他の貨幣の例を挙げました。図30－aが前漢の五銖です。書体に注目いただきたいのですが、漢代の貨幣と富本銭とは、だいぶ字の趣が違います。これは漢字としての書体が違うからで、図30－aは篆書、図29は、強いていえば、隷書と楷書の交じった字体で、わかりやすい点では富本銭の方がはるかに優っています。富本銭は二字しか入っていない点に大きな特色があり、それで図30－aのような五銖銭がモデルではないかといわれていますが、この書体の違いからいうと、そうはいえないと思います。富本銭のモデルとなったのは、やはり開元通宝（開通元宝、図29）でしょう。開元通宝の字体は隷書を主体に楷書を交えたもので、読みやすく今の字体に近いものです。富本銭では縦方向に字が入っている点も、五銖銭とは違います。本来は四字入るところを、左右の文字を入れずに七つの点を置いたのが富本銭で、四字を基本にした開元通宝をモデルにしていると考えるべきではないかと思います。

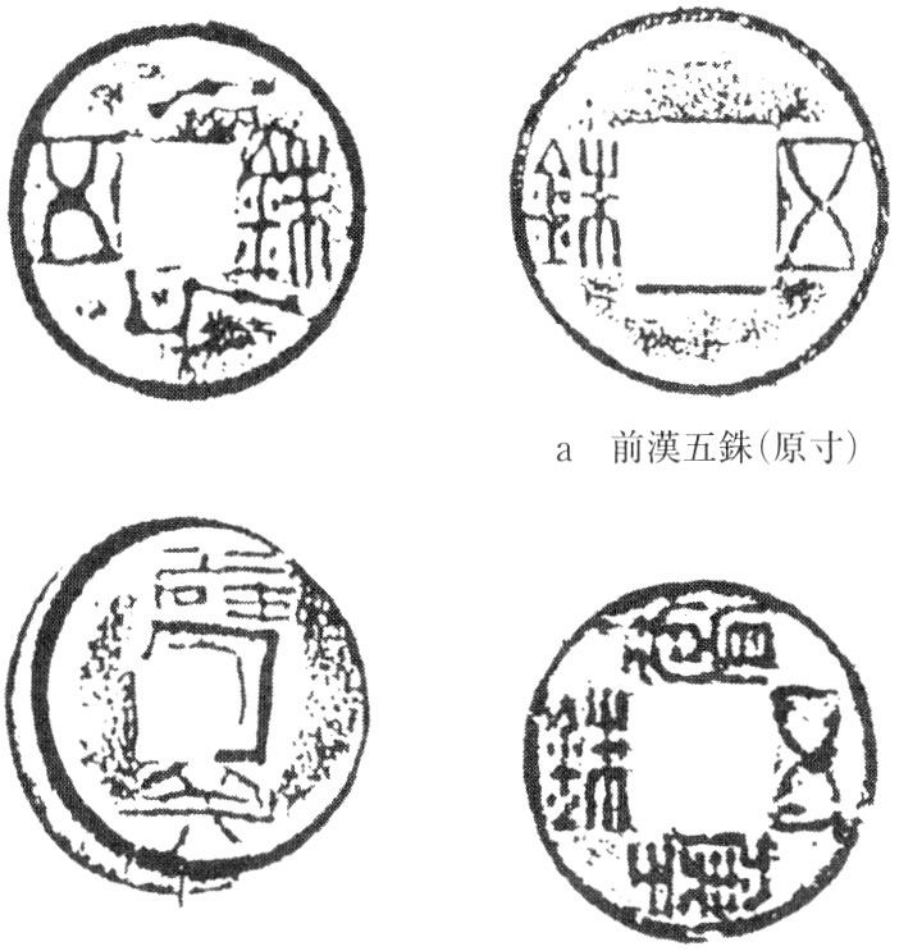

a　前漢五銖（原寸）

b　五銖（厭勝銭，原寸）

c　五銖（厭勝銭，原寸）
上：表，下：裏

図 30　五銖銭の通用銭と厭勝銭

次に、この七つの点の意味ですが、松村氏のいわれているように、七曜を表したものということでよいのではないかと思います。七曜とは、太陽と月と五つの惑星です。昔は今ほど観測技術がありませんので遠いところの惑星はわからず、五つまでしかつかんでいないのですが、その五つの惑星と太陽と月とで七つになります。

このように図を入れるというデザインは、中国で普通は流通貨幣にみられません。これは誰でも異論はないことだと思いますし、王勇氏も同意見です。それは中国の文化の中で常識としていえることで、必ずこれは厭勝銭に違いない、開元通宝以降の通貨なら、四文字が入って「通宝」や「元宝」になるべきだというわけです。これが日本に当てはまるかどうかということはありますが、やはり押さえておくべき点だと思います。

次に貨幣に図の入った例をみていただこうと思います。中国の厭勝銭にはいろいろな種類があり、たとえば図30－bはめでたい文字が入ったものです。五銖銭の上下に別の字が入っていて、「君宜侯王」(君、侯王に宜し)と読めます。それから、図30－cのように図入りのものがあります。五銖銭の「五銖」が左右入れ替わり、上下に星が入っているものです。上は三つ星が連なっている様子、下はおそらく南斗六星だと思いますが、星が六つ連なった星座が入っています。裏側にも漢代の隷書で「辟兵」とあり、「兵を辟《さ》く」と読みますが、これは武器を避けるという意味で、危ない目に遇わないという御守り的な意味です。こういう言葉や図が入ってきますと、まともな貨幣でないというのが、中国の考え方です。

図30－b・cは五銖銭に文字や図が加わっていますが、これらが一体いつ頃のものかというのは、なかなか難しい問題です。厭勝銭の場合、五銖銭を型取りして、それらしく文字や図を入れることはいつでもできるので、後世にも造られる可能性があります。だから多くの種類を集めた本はありますが、どういうものが古く、どのように展開したかという歴史はまだあまり明らかではありません。その中で図30－bは、「君宜侯王」という文字が、漢代の書風で書いてあります。こういう文句は漢代の鏡の銘にもよく出てきます。図30－cについては、裏側の「辟兵」という字が、漢代の隷書としてよさそうです。

これらが本当に漢代のものかどうかは不確かですが、このような厭勝銭があったことは、別の材料で確かめることができます。それが図31にみられるような鏡の文様です。図31は後漢か三国時代の鏡で、五銖銭が二つデザインされています。「銖」の文字は金偏だけで、旁の「朱」は省略されています。よく見ると、二つのうち一方は、文字のない上下の空白部にそれぞれ点が三つあります。もう一方は、やはり上下に菱形のようなものが入っています。おそらく三つの点は星と日月、つまり「三光」を表したものではないかと思います。菱形の方は、星と星とを線で結んだ星座を表しているのでしょう。はるかに後の例ですが、図32のようなものが参考になります。これは「崇寧通宝」とあり北宋末期の貨幣の模倣品で、裏側の左右に太陽と月、上下に星座が入れてあります。星座を表すのに点と線で結んだこういう表し方があるわけです。図31では点がはっきり表されていないものの、菱形は星座を表していると考えてよいのではないかと思います。五銖銭をデザインに使うことは、漢代から南北朝時代にかけて、いろいろなところに出てきますが、この鏡の場合、単なる五銖銭ではなくて厭勝銭としての五銖銭をデザインしているのだろうと思います。この鏡のできた二、三世紀頃には、五銖銭を基本にして、このような厭勝銭が中国では造られていたのでしょう。単に五銖銭を模しただけの厭勝銭なら、すでに紀元前二世紀の馬王堆《まおうたい》漢墓から、土製のもの(泥銭)が出土しています。「富本銭」は星・日・月を入れているということからいいますとやはり厭勝銭で、中国的な常識からいえば、それは

図 31　中国鏡にみえる厭勝銭

図 32　崇寧通宝(厭勝銭)

もう間違いないということになります。ですから、日本での問題としては、それがわかっていながら、これを造ったのかどうかということになります。

次に製作技法をみてみます。富本銭の造り方はずいぶん丁寧です。図29は一番残りの良いものですが、非常に分厚くて、一枚四・五 gぐらいもあります。この図29の右側には、はみ出た部分がありますが、これが「堰《せき》」と呼ばれている部分で、もとはここで幹から枝が出るようにつながっていたのですが、それを切り離したのです。切り離されたものを、もとの位置に近いように置いてみると、図33のようになります。中心の幹の部分を「鋳棹《いざお》」といっていますが、復元すると、鋳棹を持てば「富本」という字が正位置で見えるよう造られているのです。

今回出てきた鋳型は非常に小さいものばかりで、鋳棹と堰と、一枚ずつの貨幣の関係がはっきりわかるような鋳型は出ていません。ですから、その復元が鋳型の上で立証されるわけではないのですが、堰の位置からいいますと、枝状に分かれた貨幣は全部正位置に並ぶ形で造られたとみてよいと思います。これはなかなか丁寧な造りといえるでしょう。鋳型を造るには土で造った平面に、銭の原型を押しつけていくのですが、そのときに、正位置になるように押しつけていくという手間がかけられているようです。

しかし普通はそうはなりません。一枚ずつ銭を切り離す前の枝銭を見ると、はっきりそれがわかります。図34は大阪の細工谷遺跡から出土した枝銭です。和同開珎のものですが、文字の方向がばらばらなのがわかると思います。これが普通の銭の造り方なのです。たくさん造るなら、あまり神経を使っていると作業に手間がかかります。たくさん造る場合には文字の向きに頓着なく、とにかく型を押しつけていくという作業になっていくはずなのです。

ところが富本銭の場合は、厳密に正位置に置くようにされている気配があります。それは中国あるいは日本で、後世、枝銭として造られたものとよく似ています。貨幣ができるとき、普通は全部切り離してしまって鋳棹は再利用さ

図 33　富本銭とその鋳棹

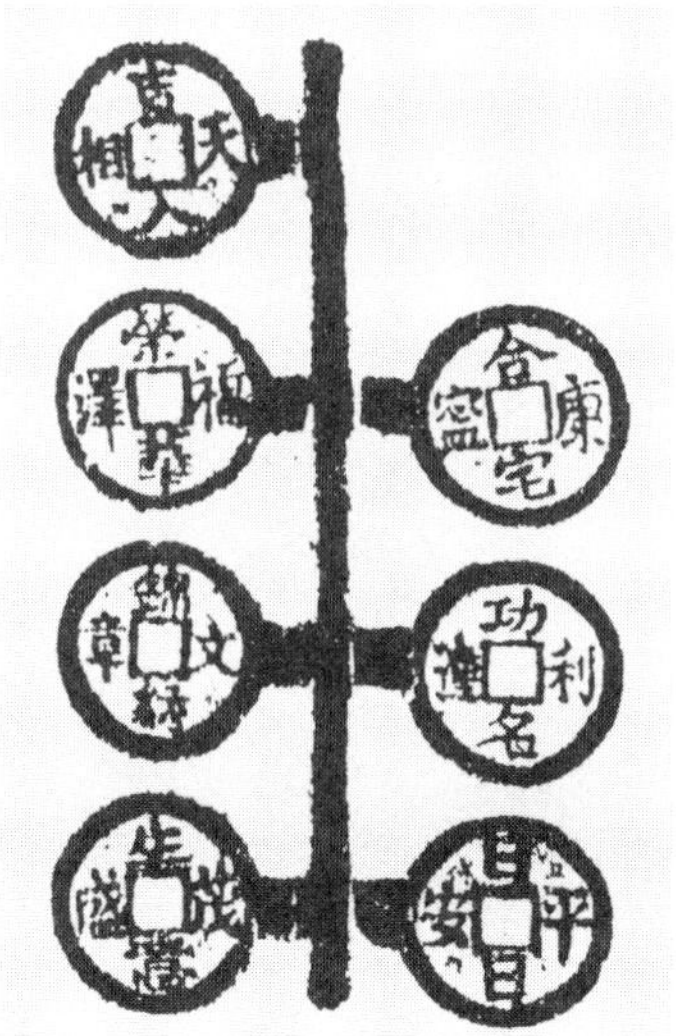

図 35　厭勝銭の枝銭

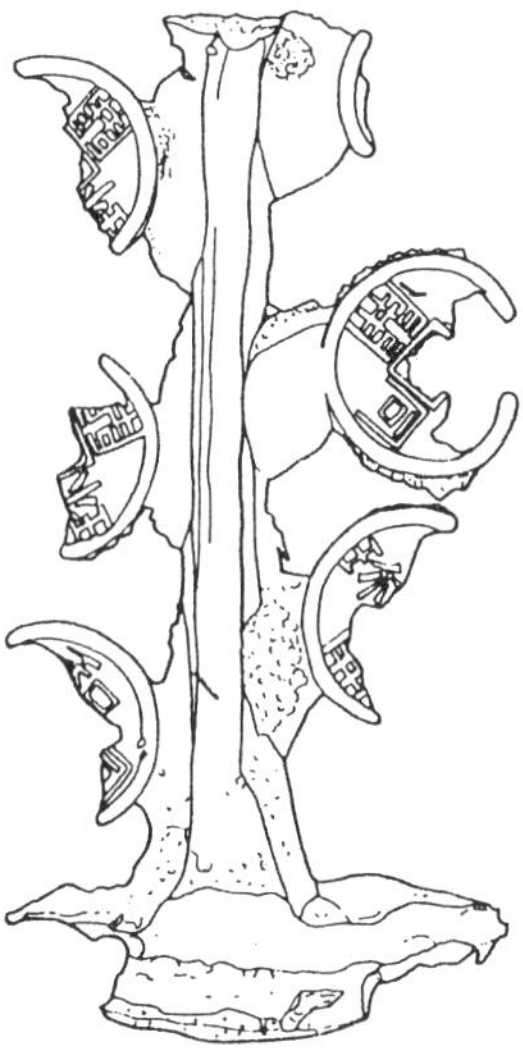

図 34　和同開珎の枝銭

れたりします。富本銭の製造作業の中でも、それをやっていたようですが、枝銭としての形を残す特殊な貨幣もあります。図35や図36がそれで、図35は中国の厭勝銭の枝銭です。一枚一枚にめでたい文句が入っています。時代はおそらく明、清と思いますが、こういう枝銭が造られていて、しかも文字が同じ方向に並んでいます。切り離せば、一枚ずつでも厭勝銭になりますが、このままつながった形で観賞するためのものです。図36は、光緒重宝という清朝末期に通用した貨幣の枝銭です。やはり文字が正位置に入っています。こういうものが残ったのは、この形を愛でるためで、それこそ金が木になるようにとという、縁起物として残されたのです。これはどちらも新しい例なのですが、中国ではもっと古い例もあります。「揺銭《ようせん》樹《じゅ》」と呼ばれる、後漢の時代のものです(図37)。青銅でできていて、先端に鳳凰がとまっていますが、その下は樹のような姿をしています。これにはいろいろなものに交じって銭がデザインされているのです。四角い孔のある丸い形が枝に沿って横方向に並んでいます。それが銭を表しています。隋代頃までの貨幣は唐以降の貨幣とは違い、真ん中の四角い孔が非常に大きいのですが、そういうタイプの銭がずっと連なっている様子を、この揺銭樹でみることができます。揺銭樹がどういうふうに使われたかはよくわかりませんが、四川省あたりの墓に副葬されている例が多いことがわかっています。これらはまさに枝銭に近いもので、貨幣を鋳造する過程でこういうものができますから、おそらくかなり古くからこのような形を観賞したり愛でたりすることは、あっただろうと思われます。

そうしますと、さきのような富本銭の造り方は、あるいは切り離す前の枝銭を意識しているのかもしれないと思います。それ以外に、こういう細かい神経を使う理由はあまりないように思うわけです。ばらばらにしてしまえば、なにも意味はないわけですから。初めから枝銭の形で観賞するために造られたものが、飛鳥池の富本銭の中にあるのではないでしょうか。中国の枝銭の歴史というものを考えてみますと、それは全然ありえないことではなさそうなのです。

このように文字・デザインのこと、それから今の枝銭との関わりということを考えてきますと、富本銭はやはり厭勝銭的な性格のものと考えるのがよいだろうと思います。ただ今回、かなりの枚数が造られていたことがわかりました。大量に造られたのだから通貨に違いない、という意見が出てきてもおかしくはありません。ですから、大量生産

図 37　揺銭樹

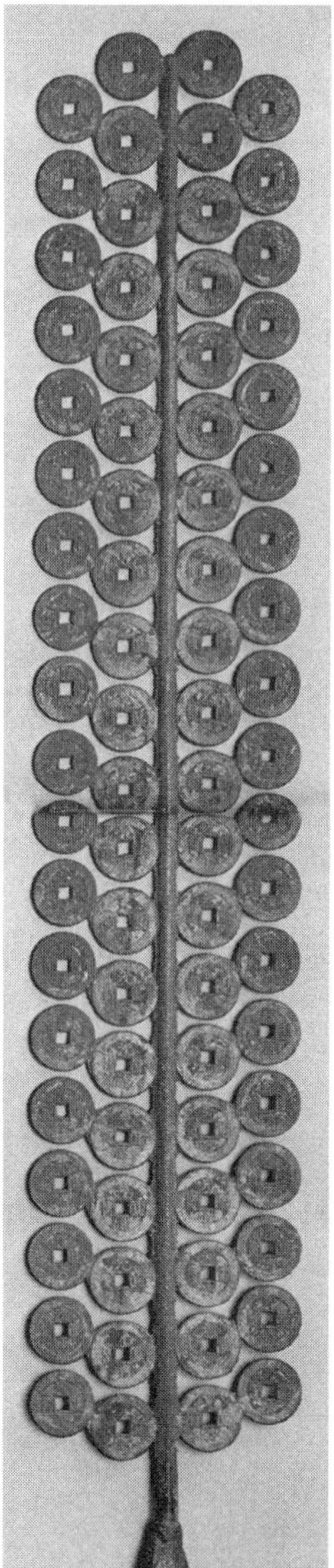

図 36　光緒重宝の枝銭

りましょう。

というのは、今までのことと矛盾するのかどうか、そのへんを考えてみる必要があると思います。次にその問題に移りましょう。

三　大量生産

これまでの富本銭の情報に加えて、今回の発表で重要なのは、飛鳥池遺跡で鋳造された富本銭の総数が、推計されて発表されたことです。どういうやり方で推計されたかというと、出土した富本銭はたまたま残ったものですから、本当はもっと多かったに違いありません。そこで手掛りになるのが、熔銅と銅滓です。熔銅の方は、飛び散ったり、あるいははみ出したりして残った銅、銅滓は、鋳造した後に出てくるカスの類です。その両方をあわせると、六kgぐらいという量が出ているのです。この量から、使われた銅はどのくらいだったかということが推計されたのです。その値は大体五〇kgぐらいになるようです。富本銭一枚あたりの重さを四・五ｇとすれば、一万枚というような数字が出てきます。一万か、それ以上かもしれません。それは大量生産であるということで、「富本銭は大量に造られていた証拠である」ということが発表されたわけです。この銅の成分は、後ほどまたとりあげますが、特殊なものなので、富本銭に使ったことは確かです。他の製品を造るのにも銅は使いますが、この熔銅と銅滓に関しては、成分を調べてみると富本銭に使ったものに違いないということがわかります。そういう意味では、推計は妥当なものであると思います。

ただ、問題は、大量生産は大量生産なのですが、それが流通貨幣の生産であるというふうにいってよいかどうかということでしょう。先ほど来、流通貨幣と厭勝銭を分けて話してきましたが、厭勝銭とはどういうものかということを改めて考えてみる必要があります。

厭勝銭というのは、「厭」(まじない)という字が入っていますから、簡単にいってしまえば、まじない用の貨幣になるのですが、使い道は様々です。むしろ儀礼用の貨幣というほうが、誤解がなくていいでしょう。とにかく経済活動、物資の流通に関わって使うものではない貨幣を昔から全体として厭勝銭といってきたと思います。それを持っていることによってよいことがあるというようなまじない用のものもそうですし、地鎮祭に使うもの、墓の中に死者のために入れるもの、結婚であるとか、子供が生まれたとかいうような祝い事のときに配り物にするものもあります。そういう、非常に広い用途をもつ、貨幣の形をしたもの、それらをすべてひっくるめて厭勝銭と呼んでいるわけです。

どんな使い方をしているか、少し事例を挙げてみましょう。

図38は武寧王陵の副葬銭です。韓国公州にある百済の武寧王の陵から、南北朝時代の梁の五銖銭が出ています。武寧王の王妃の墓誌の上に銭が束ねた形で置いてありました。これは鉄銭でして、五銖という字が入っています。これが中国から輸入されて百済で副葬用に使われたのです。枚数は九十枚程度といわれていますが、腐食したり、くっついたりして数えられないものもあって、ほぼ九十枚ぐらいということです。

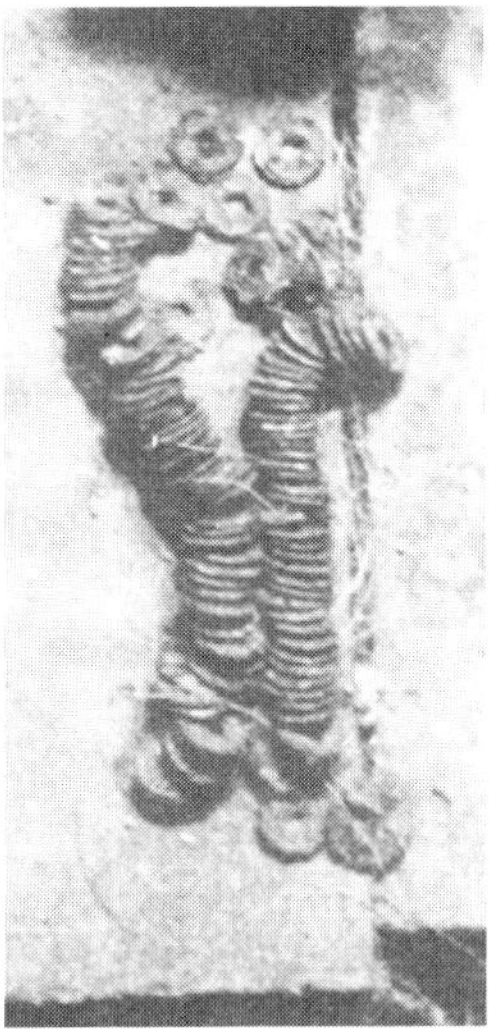

図38　武寧王陵の副葬銭

中国では、陝西省の法門寺の例を挙げなければなりません。唐代に建てられた法門寺の塔の下に地下宮殿(地宮)が造られていて、そこに舎利に対する豪華な供養の品々が埋もれていました。その地宮におりていく階段に銭が撒《ま》いてあります(図39)。祝い事では、部屋に銭を撒くとか、城壁の上から皇帝が銭を撒くこともありますが、厭勝銭には、こういう使い方もあるので

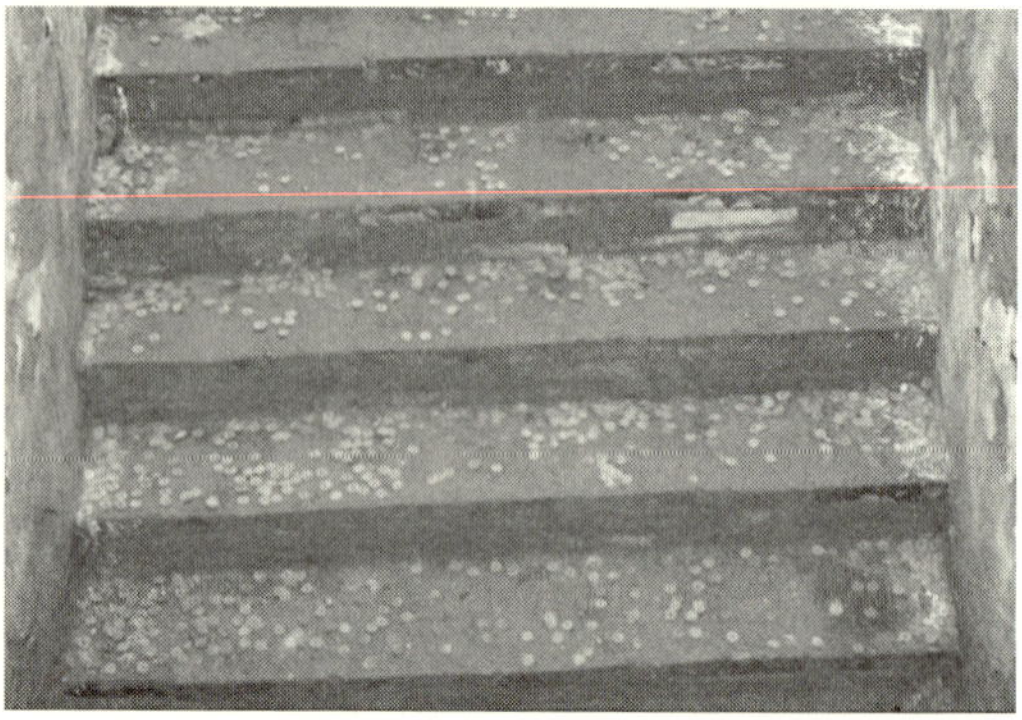

図39 法門寺地宮階段の撒銭

す。その総量は数えられないほどです。法門寺の出土銭には、特別に造られた玳瑁《たいまい》製の貨幣もあります(拙著『貨幣の日本史』一四頁図版参照)。玳瑁、つまり鼈甲製の開元通宝が二五枚あるのです。これは一枚ずつ手作りで彫刻されています。玳瑁はたいへんな貴重品でして、わざわざ手作りで厭勝銭として作ったわけです。

このように厭勝銭も、ある程度枚数を使うものだということは考えておかなければならないと思います。日本の場合も実はそうなのです。日本の場合、富本銭をたくさん使っているという例は、今のところないのですが、和銅以降になりますと、たとえば地鎮祭に使った和同銭では、こういう例があります。

奈良の興福寺の金堂が造られたときに、地鎮祭が行われ、金メッキをした器や黄金の薄板などのほか、和同開珎が現在確認できるだけでも一四五枚見つかっているのです。[4] 平城京遷都(七一〇年)の直後で、和同開珎が発行されてからそれほど経っていない時期です。実際はもっと多量に埋められただろうと思われます。

墓に埋められた例もあります。小治田安麻呂という貴族の墓が、明治の末頃に奈良市の東方の都祁《つげ》村から見つかり、ここから和同開珎の銀銭が出ています。現在、東京国立博物館に一〇枚あるのですが、これは戦後掘り直して調べたとき出てきたものです。最初明治の末にこの墓が見つかったときには、百枚ぐらい銀銭があったという話が聞き書きとして残っています。[5] たくさんあるので、人に売ったり、あげたりしてなくなってしまったようです。

このように銭貨を百枚、二百枚という単位で、副葬や地鎮祭に使う事実があり、中国と同じように、銭を束ねて厭勝銭として使うことが行われたものと思われます。これは流通銭の使い方と結局一緒だと思うのです。中国の銭貨は、一枚一枚を取ると価値は少ない。そこでまとめて使われるという性質をもっていますが、厭勝銭の場合でも流通面でのそういう使い方と同様だったということです。日本には、中国での使い方が、初めから影響しているといっていいと思います。

そこで以上のような事実をふまえて、一万枚という数がどれくらいの多さであるのか考えてみる必要があるのではないかと思います。

多いか少ないかということを判断する材料として、大宝元年（七〇一）三月の『続日本紀』の記事をみてみましょう。天皇が富本銭を造った場合、そういうものは当然配り物として分け与えたり、あるいは寺に寄進したりすることが考えられるわけですが、そのためどのくらい数が必要なのかを考えてみる必要があり、それにはこの記事が役立ちます。

左大臣正広弐《しょうこうに》多治比真人嶋に正正二位《しょうしょうにい》を授く。大納言正広参阿倍朝臣御主人に正従二位。中納言直大壱石上朝臣麻呂、直広壱藤原朝臣不比等に正正三位。直大壱大伴宿禰安麻呂、直広弐紀朝臣麻呂に正従三位。また、諸王十四人、諸臣百五人に、位号を改めて爵を進むること各差有り。（『続日本紀』大宝元年〔七〇一〕三月）

これは当時の貴族の数がわかる珍しい史料です。大宝元年というのは大宝律令ができて施行される直前で、全面施行に先立ち、位階の名を大宝令に従って改めたのが三月です。まず六人の貴族の名が挙がっており、その後に諸王、諸臣の人数がみえます。これを総計しますと、一二五人で、これが当時の五位以上の人数です。六位以下の官人は正史ではほぼ無視されていて、出てきません。そこでこの人たちに、新たにできた貨幣を配り物にして与えるとします。その額はどのくらいになるのでしょうか。それには、和銅四年（七一一）の記事が参考になります。

甲子、勅して品位《ほんい》に依りて始めて禄法を定む。職事の二品・二位には各絁《あしぎぬ》卅疋、糸一百絇、銭二千文。王の三位には絁廿疋、銭一千文。臣の三位には絁十疋、銭一千文。王の四位には絁六疋、銭三百文。五位には絁四疋、銭二百文。六位・七位には各絁二疋、銭卅文。八位・初位には絁一疋、銭廿文。番上の大舎人・帯剣《たちはき》舎人・兵衛・史生・省掌・召使・門部・物部・主帥等には、並に糸二絇、銭十文。女も亦、此に准ず。（『続日本紀』和銅四年〔七一一〕十月）

和同開珎が出てから三年ほど経っているわけですが、このとき新たに禄法を定めたという記事です。このとき限りの俸禄と思いますが(6)、位ごとに貰える銭の数が定められている。こういう例から、貴族たちの貰う量を考えることができます。下位の者になると非常に少なくなっているので、仮に銭を百文貰うというふうに大雑把に考えてみます。貴族の数は天武朝でしたら一二五人より少なかったでしょう。政府の規模は、やはりだんだん大きくなっていっていますので、減らさなければいけないと思いますが、仮に百人としますと、与える銭の総量は一万枚です。貴族たちに百枚ずつ配っても一万枚ぐらいいるということです。天武朝に実際に配ったという記事はありませんが、銭が造られると、平安時代などでもそうですが、最初に新銭を配り物にし、寺社に献上しています。天皇が造る以上、やはり富本銭の場合でも、そういうことは当然考えられるでしょう。そうなると、一万枚という数は決して多いとはいえないと思います。

今のは配り物の話ですが、古代の貨幣の鋳造量がわかる例もあります。和同開珎ではわからないのですが、平安時代になりますと年間の鋳造量が書かれている場合があります。たとえば九世紀の前半、承和昌宝という貨幣が発行されますが、この場合は具体的な数字が史料の中に出てきます。年間鋳造量が最初は三千五百貫、それが増産を命じられて、七千五百貫とか一万一千貫とされています（『類聚三代格』巻四、承和四年四月一日付太政官符）。三千五百貫といいますと、一貫は千枚ですから、三百五十万枚です。流通用の貨幣というのは、一年に百万単位で造られていて、場合によっては一千万枚ということもあるわけです。

先ほどいいましたように、銭貨の場合、一枚の価というのはそれほど大きくはありません。和同開珎の場合はかなり高い価が設定されていますから、最初の頃は少し違うケースもありえますが、少なくともやはり百万枚単位で造らないと、流通貨幣ということにはならないと思われます。和同開珎の場合、銭を貯めると位が貰えるという、有名な蓄銭叙位の法が、和銅四年十月に出されました。それによると、最低五貫貯めれば位が一階、十貫ですと二段階上がります。五貫は五千枚ですが、これが役人にとって全く手の届かない額では、いくら位が進むといわれましてもしょうがない。下級の役人であっても、五千枚という数はいろいろ財産を放出すれば、できる額なのだろうと思います。現に翌月には、この制度で叙位が行われています。和同開珎は発行当初から、かなりの量が流通面に投入されたということが、こういう法令からみてもわかるわけです。決して一万とか二万とかいう単位ではなく、百万単位の数が造られて投入されているということでしょう。

富本銭の場合、たしかに大量生産といってよいと思いますが、流通貨幣としての大量生産かといったら、そうではないでしょう。一万枚では百枚、二百枚ずつ貴族に分け与えたら、それで終わるという額なのです。その点、流通貨幣として大量生産とはいえないだろうと考えられます。先にいいましたように、一万枚というのは確定した数字ではありません。銅の原材料がどのくらいあったということからの推定ですから、一万枚というのは最低の数でこれより多くてももちろんよいのです。しかし、飛鳥池遺跡で百万単位の貨幣が鋳造されていたのだろうかというと、それはやはり疑問ではないでしょうか。他の工芸品を受注している工房ですので、貨幣だけに関係する所ではありません。何万と鋳造されたかもしれませんが、それだけではにわかに流通貨幣であるというところに結びついてはいかないだろうと思います。

それは、他の外部の諸状況からみても、実はいえることで、和同開珎が初めて出されたときの「八月己巳、始めて銅銭を行う」という記事と、たとえば隆平永宝が出されたときの記事を比べてみるとわかります。

是を以て、更に新銭を制し、仍《よ》りて其の直《あたい》を増す。文に隆平永宝と曰う。宜しく新銭一を以て旧銭十に当て、新旧両色《りょうしき》、兼ねて行用せしむべし。但し旧銭は、来歳より始めて、限るに四年を以てし、然る後に停廃せよ。

（『日本後紀』延暦十五年〔七九六〕十一月）

和同銭のときは「銅銭を行う」としかないのに対し、延暦十五年の記事では「新銭を制す」といっているわけです。新銭とあるのは、その前に貨幣がすでに流通していたからに他なりません。そして新銭一をもって、旧銭十に当てるという、新銭が古い銭に対して、どれだけの価値をもつのかが明示されています。そういうことが、和同開珎の発行されたときには全然書かれていなくて、「始めて銅銭を行う」としかありません。『続日本紀』の文字使いからすると、「始めて」とあっても、「初めて」と文字通りに取ることはできませんが、むしろそれよりも「銅銭を行う」といって、「新銭を行う」といっていないことに注目すべきです。

和同開珎が旧銭に対してどれだけの価値をもつかにふれていないのも注意されます。旧銭と同じ価値をもつ貨幣は非常に少なく、隆平永宝の前に出た神功開宝は、その前の貨幣と同じ価値で発行された珍しい例ですが、その場合は「並び行う」とあります。ですから、和同銭より前に流通貨幣があったら、何かそれにふれなければならないはずですが、それがありません。『続日本紀』やそれ以降の国史の中では、新しい貨幣が出たら必ず「新銭」といい、その価値に言及してあるのですが、和同開珎に限ってそれがないのは、やはり流通貨幣としてはこれが最初であるということを非常に強く印象づけます。現に和同開珎銀銭については、これと事情が違っています。銀銭は和銅元年に施行されましたが、そのことについて和銅二年正月の詔では、「向者《さき》に銀銭を頒ち、以て前銀に代う」とあります。和同銀銭より前に地金の銀が流通していたので(拙稿「古代銀銭の性格と重量」『出土銭貨』一〇号、一九九八年)、そのことにふれているわけです。富本銭が流通貨幣だとしたら、どこかにそれについて言及があって然るべきです。

ただ、厭勝銭が、通用貨幣ができる前にあるのは疑問だという意見もあるでしょう。松村氏もそういうことを書いておられ、そこのところは説明を要すると思います。また和同開珎以降に厭勝銭が造られていないということもあります。この点はすでに『貨幣の日本史』に書いたのですが、本来ならもちろん貨幣が流通して行き渡り、いろいろな力をもっていることが認識されて、流通用以外のものが独立に造られるということでしょう。ですが、こういう変化はすでに中国で起こっていて、日本は何もかも出そろったところを、後から追いかけていったわけです。日本の当局者が、朝鮮経由でもよいですが、中国の貨幣を知ったときには、通用銭もあれば厭勝銭もあるという段階なのです。ですから、今のところ通用銭を造る必要はないけれども、儀式用に配り物にしたり、寺に納めたり、副葬したりする銭が必要であるとなれば、厭勝銭を先に造るということがあってもおかしくはないだろうと思うのです。

そういう説明を先の著書でし、かつて新聞紙上でも行ったとき(『京都新聞』一九九九年二月五日)、引き合いに出したのが、中央アジアのトルファンから出てきた高昌吉利《こうしょうきつり》という貨幣です(図40)。墓に副葬されていた貨幣です。唐の文化が影響してトルファンでこういう中国式の貨幣が造られていました。高昌吉利という文面からみると、これはやはり厭勝銭です。「高昌」は地名ですが、「吉利」はめでたいの意味で、「高昌万歳」という感じの句を入れた厭勝銭です。発見例もたいへん稀で、流通用としては少なすぎます。[7] こういう貨幣が造られているけれども、高昌独自の通用貨幣が他に造られたかというと、それは見つかっていません。流通貨幣が

図40　高昌吉利銭(原寸)

造られず、厭勝銭だけ造ったということになるわけです。これは七世紀の中頃のことで、日本より年代的に古いわけですが、後進国が先進国から影響を受ける場合に、逆転現象が起こるということは考えておかねばならないと思います。

日本で流通貨幣が造られて通用していくと、そこで厭勝銭が出てきてもよさそうに思われるけれども、それがないというのは、通用銭が厭勝銭としても使われたからです。和同開珎が副葬されたり、地鎮祭に使われた例は少なくありません。通用銭が豊富に出回れば、それでもって厭勝銭的な用途が賄えるということなのだと思います。そこからかなり進んで、もっと貨幣経済が発展していれば、日本独自の厭勝銭が造られたかと思いますが、粗悪貨が出回ったり、貨幣の使用自身が尻すぼみになっていくわけで、それが厭勝銭の出てこない理由なのではないかと思います。江戸時代になると、貨幣経済が行き渡って日本独自の厭勝銭が造られています。

もう一つの問題として、成分の問題があります。これは、今回の富本銭の発表より前に発表があり[8]、富本銭に特殊な成分の含まれていることが明らかになっています。銅が主体ですがそこにアンチモンという金属が混ぜられているのです。奈良国立文化財研究所では「銅アンチモン合金」という言い方をしていますが、銅にアンチモンを加えた特殊な成分の材質で造られていることになります。これはどういうことでしょうか。この問題は貨幣の用途とは関係がないかもしれませんが、あるいはあるかもしれず、なかなか面白い問題ではないかと思います。

アンチモンは銅などに混ぜると、溶けた銅の廻りがよくなります。昔あった鉛の活字に、アンチモンを入れたのはそのためです。ほかにも錫や鉛には、似たような働きがあります。銅に混ぜると廻りがよくなったり、混ぜ方の度合いによっては硬さが出てきたり、銅製品の鋳造に使うと有益な材料だということがいえるのです。ただ、普通、銅に混ぜる金属といえば、古代でも錫か鉛が一般的です。なぜアンチモンを使わなければいけないのかということがわかりません。

アンチモンが古代にどう呼ばれていたかというと、注目されているのが、文武二年(六九八)の『続日本紀』の記事です。この年七月に伊予国から相次いで白鑞というものや鑞鉱が献じられています。白鑞の鉱石が鑞鉱なのでしょう。この伊予国は今の愛媛県で、市ノ川鉱山という、アンチモンの非常に良質の鉱山がありました。戦前に閉山してしまって、今は活動していないのですが、近世以来有名な産地で、世界的にも著名な鉱山でした。ですからこの白鑞あるいは鑞が、アンチモンだろうといわれています(9)。実は白鑞というのは非常に曖昧な言葉で、シロナマリと呼ぶこともありますが、錫や鉛などもさすようです。白鑞とあるから、アンチモンだとは断言はできません。今の化学の分類のように正確な概念ではありませんから、錫と鉛が自然に混ざり合った鉱石も白鑞です。そこから錫だけを取り出したら錫となり、鉛なら鉛という名前がつくのです。また錫を白鑞と呼ぶこともあります(岡西為人『重輯新修本草』学術図書刊行会、一九七八年、一三九頁)。それらは昔のことですから厳密ではありません。ともかくこの『続日本紀』の記録によると、伊予のアンチモンが中央に献上されていたのでしょう。アンチモンかどうかわかりませんが、『続日本紀』霊亀二年(七一六)五月丙申の記事によると、白鑞は鋳銭に使われることもあったようです。また奈良時代後半には、白鑞に似ているけれども白鑞ではないという品物が発掘され、それを大規模に採掘したらよいということを政府に勧めてやらせた人の話も同書に出てきます(天平神護二年七月条)。有名な考古学者の小林行雄氏は、これはアンチモンであろうとされています(10)。

富本銭の場合、このアンチモンがはっきりと意図して入れられています。含まれる率はいろいろですが、五%から二五%の割合で含まれていることが分析で明らかになっています。そういう入り方は、自然に混ざり込んだとしては考えられないことで、合金を造るときに、意図的に入れた結果です。

銅にそれだけの割合でアンチモンを混ぜたらどんなものができるのでしょうか。誰か、形はどうでもよいわけですから、成分だけ同じ割合のものをそろえてくださるとありがたいと思います。類推できるのは、混ぜ具合によって硬さだけでなく、色も変わってくるだろうということです。たとえば錫は混ぜ方の割合によって大きな変化があります。純銅は赤い色をしていますが、錫が入るとだんだん黄色くなっていきます。十数％ぐらいですと金色になります。正倉院などに佐波理《さはり》の器というのがありますが、金色に輝いて銅製品と思われないような色をしています。もっと多く混ぜていくと、今度は白銅といって、銀色になっていくのです。海獣葡萄鏡などは白銅で造られているのが多いですが、今も銀色に輝いているものが少なくありません。十数％以上二十％ぐらい入っています。赤から黄色、そして白銀色へという変化をたどるわけです。入れすぎると銅の粘り気がなくなってパリッと割れてしまいます。白銅鏡でも割れているのが結構あります。アンチモンの場合も、硬さと同時に、そういう色の変化は起こるだろうと思います。錫よりは、おそらくアンチモンの方が経済的には安上がりだったことでしょう。錫は中国から輸入されたほどで、古代ではわりと高級な金属です。それに対して、アンチモンの方が手軽に手に入るということはあっただろうと思いますから、錫の代わりにアンチモンを混ぜて、色の変化を狙った可能性を考える必要性があるかもしれません。(補注)

冒頭に引いた天武十二年四月の詔に「銅銭を用い、銀銭を用いること莫れ」とありますが、これを厭勝銭のことだと考えると、銀を地鎮や副葬に使えば、資源が無駄になってしまうので、できるだけ銅銭を使えという意味にも解釈できるわけです。その銅銭を、白銅色や金色に造るということが考えられはしなかったでしょうか。アンチモンを入れて銀銭や金銭の代用品にするというわけです。金・銀で配り物の厭勝銭を造るのは、唐代にはよく出てくることです。古くは、黄金で造られた漢代の五銖銭も中国で出土しています。そのようなことも、成分に絡めて考えてみる必要があるのではないでしょうか。それは、実験をすればわかることだと思いますし、やってみる価値もありそうだと思います。

そうすると、同じ詔に「銀を用いること、止むること莫れ」としているのは、銭を造る以外なら銀の使用を認めるというように理解できます。また持統紀や文武紀の記事の場合、銭を造る役人だけ任命して発行記事がないのも当然ということになるでしょう。銭は造られたのですが、施行は必要でないから、こういう形になったと思われるわけで、文献的には無理なく解釈できるだろうと思います。

そういう次第で、天武紀から文武紀に現れる「銭」については、やはり、以前私が書いた「厭勝銭ではないだろうか」という考えを残しておきたいと思っています。これから新しい展開があるとすると、生産地でない所で、富本銭がどんな出かたをするかにかかってくるでしょう。流通していたなら流通していたで、どこかで使われて出てくるはずでしょうし、厭勝銭であってもそれは同じです。あるいは出てこないかもしれませんが、それはそれで興味深いことです。富本銭が鋳潰されて、和同開珎になっていく可能性もないとはいえません。和同開珎の中に、実は、アンチモンを含んでいるものがあるというのも、最近注目されている事実です(11)。そういうものは、富本銭を鋳直した可能性がないとはいえないだろうと思います。いずれにせよ今後の展開に注目していきたいと思います。

(1)　この講演の直前に行われた、奈良国立文化財研究所による一九九九年七月二十三日の新聞記者発表をさす。
(2)　前注の発表に先だつ同年一月十九日の記者発表をさす。
(3)　王勇氏の講演内容は、その後、鈴木秋男「「富本」は銭なのか――東アジア貨幣交流異聞(王勇氏の講演を伺って)」(『貨幣』四三‐四、一九九九年)に紹介されている。
(4)　時枝務「興福寺金堂鎮壇具の発見――その経緯と史料」(『MUSEUM』五五五号、一九九八年)、藪中五百樹「興福寺金堂須弥壇下出土「和同開珎」の枚数」(『出土銭貨』一一号、一九九九年)参照。

(5) 田中啓文「現代の五大発掘銭」(『銭幣館』五一号、『ボナンザ』六‐六、一九七〇年に再録)。
(6) 拙稿「『続日本紀』管見二則」(『続日本紀研究』二〇〇号、一九七八年)参照。
(7) 《新疆銭幣》図冊編輯委員会編『新疆銭幣』(新疆美術摂影出版社・香港文化教育出版社、一九九一年)によれば、発見例は十枚余という。過去の出土例を含めても、極めて少ないことは確かであろう。楊文清「我所収蔵的〝高昌吉利〟銭」(『中国銭幣』八六号、二〇〇四年)は、同銭にみられる使用痕を根拠に、通用銭であったことを主張するが、その痕跡が古代のものとは証明されていない。高昌における銅銭の流通を考えるならば、むしろ前代以来、大量に生産された亀茲五銖や亀茲小五銖の継続使用を想定すべきであろう。
(8) 一九九九年六月二十六日開催の日本文化財科学会第十六回大会における村上隆・松村恵司・黒崎直の三氏による研究発表をさす。
(9) 成瀬正和「わが国上代の工芸材料としての錫」(『正倉院年報』一一、一九八九年)。
(10) 小林行雄『古代の技術』(塙選書、一九六二年)。
(11) 金子裕之『平城京の精神生活』(角川選書、一九九七年)一一二頁。

(**補注**) その後、同成分で鋳造復原された富本銭は、金色を帯びている。奈良文化財研究所『飛鳥・藤原京展』(朝日新聞社、二〇〇二年)図89‐6・9参照。

2　元正天皇と赤漆文欟木厨子

一　はじめに

正倉院に蔵される赤漆文欟木《せきしつぶんかんぼく》厨子（図41）は、数ある正倉院宝物の中でも、とりわけ重要なものである。厨子そのものは、蘇芳《すおう》に染めて透き漆をかけたケヤキの板を用いる古樸なもので、(1)工芸的にとくに目覚ましい効果をもつ品ではない。しかしその由緒において、この厨子は他に類をみない特徴を備えている。すなわち天平勝宝八歳（七五六）の東大寺献物帳（国家珍宝帳）によれば、同年、聖武天皇の七七忌に際し、孝謙女帝がこの品を東大寺大仏に献ずるまで、次のように伝領されてきたことが判明する。

> 厨子壹口赤漆文欟木、古様作、金銅作鉸具
> 右件厨子、是（イ）飛鳥浄御原宮御宇天皇、伝賜二（ロ）藤原宮御宇太上天皇一、天皇伝賜二（ハ）藤原宮御宇太行天皇一、天皇伝賜二（ニ）平城宮御宇中太上天皇一、天皇七月七日伝賜二（ホ）平城宮御宇後太上天皇一、天皇伝賜二（ヘ）今上一、今上謹献二盧舎那仏一

ここにみえる（イ）飛鳥浄御原宮御宇天皇は天武天皇、（ロ）藤原宮御宇太上天皇は持統天皇、（ハ）藤原宮御宇太行天皇は文武天皇、（ニ）平城宮御宇中太上天皇は元正天皇、(2)（ホ）平城宮御宇後太上天皇は聖武天皇、（ヘ）今上は孝謙天皇である。別掲の系図（図42）によっても明らかなとおり、天武天皇以来、元明天皇を除く歴代の天皇によって伝世され

図 41　赤漆文欟木厨子(正倉院宝物)

てきたことがわかる。現存すると否とを問わず、正倉院宝物中、他にこのような天皇ばかりの関係する伝来品はなく、その意味でも極めて特異な性格をもつ品であることは容易に推察できよう。そこでこの厨子については、その伝領経過に注目して、これを天武・持統系天皇の皇位継承の印しとする見解もすでに示されている(3)。しかしそれに関しては、歴代天皇のうち、元明天皇が介在していないことをめぐって、疑問も提起されている(4)。この問題は、単に厨子の宝物としての意義を考える上に看過できないだけでなく、七世紀末から八世紀前半の皇位継承を考えるにも重要な意味をもつ。この小稿では、厨子の伝領経過について、新たな視点から検討を加え、改めてその歴史的意義を評価してみたいと思う。

二　元正天皇の役割

この厨子が皇位に関わる品かどうかをめぐり、問題とされてきたのは、伝領から元明天皇が除外されている点である。皇位はいうまでもなく文武—元明—元正とうけつがれたのであって、元明天皇が介在しないのは確かに問題であろう。この点については、つとに天武・持統系の天皇に伝えられたのであるとして、天智の皇女で天武・持統とは血縁のない元明の脱落を当然視する解釈もある。(5) しかし直木孝次郎氏が指摘したように、もし天智の娘である持統が、天武の皇后であり文武の祖母である故に干与したとすれば、即位を予定されていた草壁皇子の妃であり、しかも文武の生母でもある元明が排除されるというのは道理に合わない。(6) このことを重視すれば、直木説のように、元来厨子は何ら皇位とは無関係の調度であったという見方もなり立とう。

　ただそのような結論に至る前に、もう少し検討しておくべき点があるように思う。それは元正天皇の役割である。近年、元正天皇の即位をめぐって、松尾光氏が興味ある説を発表している。(7) 松尾氏は、氷高《ひたか》皇女(のちの元正天皇)が、霊亀元年(七一五)の即位時に三十六歳でありながら、それまで独身であった点に注目する。松尾氏は、これを手掛りに、以下のような考察を展開している。すなわち当時の皇女たちは、通常十六—十八歳で結婚する場合が多く、三十六歳まで独身というのは異例である。特殊な個人的事情でもない限り、これは人為的な規制の働いた結果と考えるべきであろう。おそらくそれは、氷高皇女が将来即位する可能性を含んでの措置であったのではないか。氷高が結婚適齢期(十六—十八歳)にあった持統九年(六九五)から文武元年(六九七)ごろというのは、あたかも持統が孫の軽皇子(氷高の弟、のちの文武天皇。十三—十五歳)に譲位しようとしていたときであった。病弱な軽皇子が、即位後も長寿でなかった場合に備え、将来生まれてくる跡継ぎの後盾として即位させるべく、氷高皇女を確保

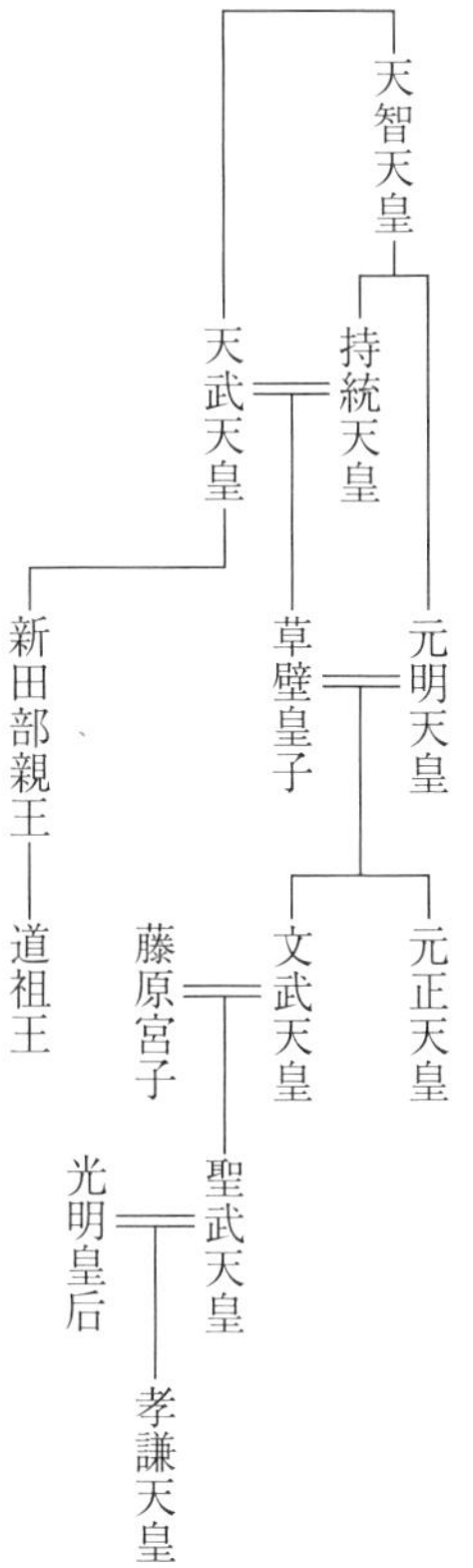

図 42　関連皇族系図

したというわけである。後日皇位につく女性に、もし夫があれば、その処遇が大きな問題となる。氷高皇女は、一種の皇太子的な立場に据えられた結果、独身であることを早くから要求された、というのが松尾氏の主張である。

この説についても、様々な評価がありえよう。確たる史料的裏づけがないといえばそれまでである。しかしこの説が、氷高皇女の独身という事実に、政治史的な解釈を試みた点はまず評価すべきである。従来この事実は全く検討の対象とはされてこなかった(8)。この独身という事実について、松尾氏が提示した解釈の内容も、極めて説得力に富むというべきではあるまいか。実際、当時天武系の皇親男性が少なくなかった中で、格別病身や不具とも考えられぬ氷高皇女が独身を守ったのは、やはり大きな政治的要請が働いていたからであり、具体的には軽皇子の即位と深く関わっていたとみるべきであろう。当時氷高皇女が、天武天皇の皇子や孫を結婚相手とすることは極めて自然であったはずであるが、もしそういうことになれば、その人物自身が軽皇子やその後嗣の競争者として、皇位をうかがうことにもなりかねない。このような観点に立つと、氷高皇女の即位は、たとえ元明天皇の譲りをうけ、聖武天皇の即位につなげる仲継ぎであったにせよ、もう少し積極的な意義が考えられてよい。赤漆文欟木厨子の伝領に、元明が関わらず元正天皇が干与していることも、単なる偶然ではない可能性を考えてみるべきであろう。

三　元正と聖武

以上のようにみてきて注意されるのは、文武天皇が首皇子(のちの聖武天皇)を残して早世したのち、松尾説によるといわば皇太子的な地位にいたはずの氷高皇女が即位せず、文武と氷高の生母、元明天皇が即位したことである。松尾氏もいうように、この時点では氷高の即位に反対が強かったのかもしれないが、元明天皇が譲位する段になると、すでに首皇子が十五歳となって元服しているにもかかわらず、今度は氷高皇女が即位している。元明の譲位詔に、聖武の若さを理由としているのは説得的とはいえず、氷高の即位はいささか不可解といわねばならない。もはや氷高の役割は終わり、その出番がなくても不思議はないと思われるからである。

ここに注目されるのが、氷高(元正)を聖武天皇の母とする史料の存在である。たとえば『興福寺流記』(10)には、左のような記事がみえる。

一、東金堂一宇、私云、北円堂建立之後第五年、神亀聖武天皇、奉為神母元正天皇造之

これは『興福寺流記』のうち、古史料を多く引く「山階流記《やましなるき》」の東金堂の項である。ここにみえる「私云」では、聖武天皇が元正天皇のために建立したことをいうのに、元正天皇を「神母」と称している。ただこれとほぼ同文を載せる護国寺本『諸寺縁起集』の興福寺縁起では、「神母」が「叔母」となっており(11)、これならば「おば」というにすぎない。しかし「神」と「叔」は草書では極めてよく似た字体となる文字である。「おば」ならば、今の場合「伯母」とあるのが正しく、「叔母」は誤りである。ここは「神母」の称がわかりにくいため、「叔母」に誤られたと解すべきであろう。もっとも『興福寺流記』のこの記事は、文中「聖武」「元正」といった漢風諡号が使われていることからも明らかなように、さほど古いものではない。従ってにわかに信が置けるとはいえないであろう。

しかし、奈良時代の宣命中に、聖武を元正の子と表現する例のあることは見逃せない。その例を左に列挙しよう。

(一)天《あま》つ日《ひ》嗣高御《つぎたかみ》座《くら》、食《お》す国天の下の業《わざ》を、吾子《あこ》みまし王《みこ》に授け賜い譲り賜う（神亀元年(七二四)二月甲午詔、第5詔）

(二)挂《かけ》まくも畏《かしこ》き新城《にいき》の大宮に天の下治め給いし中つ天皇の、臣等を召て後《のち》の御命《おおみこと》に勅《の》りたまいしく、「……貞《ただ》しく明《あきら》かに浄き心を以ちて、朕《あ》が子天皇に侍《つか》え奉り、護り助けまつれ。継ては是の太子を助け侍え奉れ」……（神護景雲三年十月乙未詔、第45詔）

これらの宣命については、すでに八重樫直比古氏の詳細な考察があるが(12)、改めて説明を加えれば、(一)は即位した聖武天皇の詔に引用された元正天皇の言葉である。「吾子みまし王」は、元正が皇位を譲ろうとする首皇子をさした語であることは間違いない。

(二)の「中つ天皇」は元正天皇であって、この部分は、天平二十年(七四八)、元正太上天皇が崩ずるに当たって出した「後の御命」(遺詔)を引用した箇所である。「朕が子天皇」は聖武、「太子」は皇太子阿倍内親王をさす。当時聖武天皇のもとには、娘の阿倍内親王が皇太子に立っていた。

宣命にみえるこのような表現は、単に親愛の情を示したものと理解する余地があるかもしれない。しかしたとえば文武天皇から元明天皇への継承に際して、元明天皇の詔にも次のような表現がみえる。

去年の十一月に、威《かしこ》きかも我が王、朕が子天皇の詔《の》りたまいつらく……　(慶雲四年七月壬子詔、第3詔)

この「朕が子天皇」は、元明の子、文武天皇をさすことはいうまでもない。先の(一)(二)の例は、この詔の表現と何ら変わるところがなく、こうした例をもってすれば、元正と聖武が母子の関係にあったことは、まず確かであるといってよかろう。

天平元年(七二九)八月戊辰の聖武天皇宣命(第7詔)に現れる次のような表現は、以上述べてきたことを、逆の方向から裏づけるものである。

かく宣《の》りたまうは、挂《か》けまくも畏き、此の宮に坐《ま》して現《あき》つ神と大八洲国《おおやしまぐに》知しめしし倭根子《やまとねこ》天皇、我が王《おおきみ》祖母《おや》天皇の、始め此の皇后を朕に賜える日に勅《の》りたまいつらく「(中略)我が児、我が王、過《あやま》ち無く罪無くあらば、捨てますな、忘れますな」と負せ賜い宣り賜いし大命に依りて、かにかくに年の六年を試み賜い使い賜いて、此の皇后の位を授け賜う。

右の「皇后」は、このときに立后された光明子で、かつて聖武と光明子が結婚した際に、「倭根子天皇、我が王祖母天皇」から聖武に賜わった言葉を、聖武が引用する形になっている。ここで問題は、この倭根子天皇が誰をさすかである。この天皇は、元明とする説が有力であるが、[13]早く本居宣長が説いたように元正と解すべきであろう。[14]元明説は「祖母天皇」を文字どおり聖武の祖母と解釈するところから来ているのであろうが、「祖母」は漢語ではなく、宣長のいうようにミオヤという和語を表記したものであることは明白である。「祖」といい「母」というのも、みな母親(オヤ)をさす表現であり、宣長もいうとおり、「皇祖母尊」(『日本書紀』皇極二年九月壬午条)や「大御祖」(『続日本紀』神亀元年二月甲午条)もまさにその意に他ならない。すなわち「祖母天皇」とは「母なる天皇」の意であり、後段の「我が児、我が王」も、まさにこれと対応する表現といえよう。光明子が皇太子時代の聖武に配せられたのは、宣命にもあるように、六年前、霊亀二年(七一六)のことであった。光明子の崩伝(『続日本紀』天平宝字四年六月乙丑条)にも、

　勝宝感神聖武皇帝儲弐之日、納以為レ妃。時年十六。

とあって、これを裏づける。[15]その霊亀二年の時点で「母なる天皇」と呼ばれるべきは、前年に即位した元正をおいてない。本居宣長は、元正がこのように呼ばれた理由について深くは立ち入っておらず、単に聖武が元正の「御禅《みゆづり》を受嗣」いだため、元正を母と呼んだのであるとしている。しかしそれのみならば、先帝を表す表現で充分足りたはずである。これは、先にみたような元正と聖武の母子関係からくる称呼と理解されるべきであろう。

同時代の史料からうかがわれるこうした状況を念頭に置くと、前述した『興福寺流記』の神母も、新たな意味づけを必要としよう。すなわちこれは、やはり「叔母」でなく「神母」であり、聖武の母の意であると考えられる。「神母」は、神である母という意味であろうが、あるいはこのような称呼には、則天武后が「聖母神皇」の尊号を有したことなどが影響しているかもしれない。[16]いずれにせよ首皇子は、いつの時点かで元正の養子とされたのであろう。

四　元正天皇即位の背景

元正が首皇子の養母となった時期については、手掛りとなる史料がなく、不明というほかないが、首皇子の生誕間もなくのことであって、おかしくないであろう。周知のとおり首皇子は、藤原宮子を母として、大宝元年(七〇一)に生まれている。まず注意されるのは、宮子が、首を生んで以来、その精神状態の故に聖武と会うこともなく、ようやく天平九年(七三七)十二月に至って、はじめて面会したという事実である。このことについて、『続日本紀』は次のように記す。

是日、皇太夫人藤原氏、就二皇后宮一、見二僧正玄昉法師一。天皇亦幸二皇后宮一。皇太夫人、為下沈二幽憂一、久廃中人事上。自レ誕二天皇一、未二曾相見一。法師一看、恵然開悟。至レ是、適与二天皇一相見。(天平九年十二月丙寅条)

こうした状況にあって、新しく生まれた皇子には、当初から、乳母などとは別に正式な母となるべき女性が必要とされたに違いない。

その場合、いま一つ留意しなければならないのは、文武天皇が皇后を置いていなかったことである。宮子は夫人の地位にあるにすぎず、たとえ皇子を出生したとしても、当時の慣例や制度からいって立后はありえない。聖武天皇の皇后として、光明子が立后するまで、皇后はいうまでもなく皇族出身でなければならなかった。現に『日本書紀』の伝えるところでも、崇神朝以降の皇后(大后)は、ほとんどみな皇族出身であるし、養老令でも、皇后の下の妃でさえ、内親王の地位と定めているほどである(後宮職員令)。文武に皇后や妃があれば、首皇子の養母にそれらの女性が擬されたであろうが、そうした立場の女性が存在しなかった。それが偶然であるのかどうかは定かでないが、首皇子の誕生後、元正は結果的に文武の后妃的立場に立たされたのであろう。おそらくそれは、元正と文武の母である元明女帝の意志より出たものと思われるが、宮子を文武の後宮に入れている藤原不比等にとっても、歓迎すべきことであったと推測される。直木孝次郎氏は、後年(天平十六年)、難波遷都をめぐって、元正太上天皇と光明皇后の間に対立が生じたことを論じ、元正と光明が、いわば姑と嫁の関係にあったとしたが、(17)それは決して根拠のない類推ではなかったといえる。

以上のようにみてくると、首皇子がすでに十五歳になっているにもかかわらず、元明が直接これに譲位せず、氷高皇女を立てたことも首肯できよう。首皇子の養母である氷高を即位させることによって、そのままでは権力基盤の弱い氷高に、譲位後の地位を保証し、首皇子(聖武)の強力な後盾とする意味があったとみられるからである。氷高皇女は、即位することによって、いわば名実ともに聖武の母になったといってもよいであろう。

五　赤漆文欟木厨子の意義

かくてはじめに取りあげた赤漆文欟木厨子に立ちかえるなら、どのような理解が可能となるであろうか。先に疑問とした元正の介在は、聖武の母として、まことに当然といえる。文武の所持していた厨子は、その后妃に擬された元正に伝えられ、それを父の調度として、母である元正が聖武に授けたとみられよう。(18)先にみたように、元正の即位が決して場当たりの策でないとすれば、このような伝領の形は極めて自然であり、逆に元明が干与しないこともよく理解できる。文武から元正への伝領に不可解さを覚えてのことであろう、この伝領は、間に藤原不比等を介した間接的なものであったとする説(19)も出されているが、以上のように考えると、献物帳の記載に抵触してまで、そうした無理な解釈を施す必然性はない。この厨子は、皇位の印しというような一般的意義はもたなかったかもしれないが、明らかに天武―文武―聖武という直系相続を念頭において伝領されてきたと考えられる。一見関係が希薄とみえる元正天皇が干与していることによって、かえってそれは明らかになるといわなければならない。その意味でこの厨子は、天武直系皇統のシンボルであったといって差支えないのではなかろうか。

なお厨子そのものでなく、その内容物に意味があったという見方もありえようが、天平勝宝八歳の時点で納められていた品が、

聖武天皇筆『雑集』

元正天皇筆『孝経』

光明皇后筆「頭陀寺碑文」『杜家立成』「楽毅論」

聖武天皇から光明皇后に贈った婚姻の品

そのほかの雑多な品であったことは、これを否定すると思われる。[20] もし内容物に意味があるならば、当然天武・持統の手沢品などがあって然るべきであろう。厨子自体の重要性はまた、献物帳におけるこの厨子の記載順序からも推し測れよう。この厨子は献物リストの冒頭近く、聖武天皇の身辺にあったとみられる袈裟九領に次いで掲げられている。[21] 厨子そのものが重大な由緒をもつことを、この記載順序が示しているとみるべきであろう。

こうした重要な厨子が、聖武天皇の七七忌とはいえ、大仏に献じられてしまったのは、シンボルとして不都合のように思われないこともない。この点について、大仏に対する厨子の奉献は、天武嫡系が孝謙天皇で断絶するのが明白なため、その永世保存を願って光明皇后が企てたとする意見がある。[22] 説得力のある解釈といえよう。ただ天武直系皇統の絶えることは、将来のことというよりも、すでに現実のものになっていたことを見落とすべきではない。すなわ

ち当時は、聖武天皇の遺詔によって、天武天皇の孫で新田部親王の子である道祖王が皇太子に立っていた[23](二六七頁の系図参照)。天武以来の直系皇統は、もはや絶えていると意識されていたはずである。光明皇后や孝謙天皇が、このとき厨子を手離す条件は、充分備わっていたといわなければならない。

以上、赤漆文欟木厨子が、天武直系皇統のシンボルとして伝えられてきたことを述べてきたが、最後に宝物としての厨子そのものについて一言しておきたい。この厨子は、現在に残る天武天皇の伝世遺品として、全く類をみない貴重さをもつ。ただ明治初年の時点では大破していて、正倉院御物整理掛による修理事業により、明治二十五年(一八九二)と二十九年に残材を集め、欠失部材を補って現在の姿に復原された[24]。これに当たったのは、名匠木内半古であった[25]。復原の結果できあがった厨子は、天井に葺返しをもつ古風なもので、献物帳の「古様作」にふさわしい姿をみせているが、木内半古の回想録にもあるように、欠失部分を補うに際して推定によったところがあり、とくに床脚の格狭間《こうざま》の復原には問題を残している。というのは、この厨子の格狭間部分は、全て下半部を欠失していたからである[26]。従って復原された形を、格狭間の様式変遷に関する資料として用いることはできない[27]。確実に七世紀と定められる格狭間の例はあまり多くはなく、当時としては、こうした形の復原になったのもやむをえないが、今日乏しい中から範となりそうな例を挙げるなら、大阪府太子町磯長にある御嶺山古墳の棺台に刻まれたそれがある[28](図43)。石田茂作氏の分類による肘木《ひじき》式の格狭間の一つである[29]。この棺台の格狭間は、刳り形の数において少ないものの、曲線の感覚はよく類似している。こうした気分の格狭間は、八世紀の感覚からすれば、やはり「古様」と写ったであろう。華やかな装飾があるわけではなく、正倉院宝物の中では、その由緒のわりに人気を呼ばない品ではあるが、この厨子の重要性はさらに高く評価されてよいと考えられる。

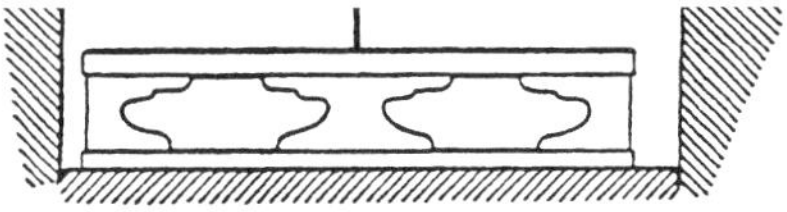

図 43　御嶺山古墳の棺台

(1) この厨子の素材や技法については、正倉院事務所編『正倉院の木工』(日本経済新聞社、一九七八年)参照。
(2) 田中卓「中天皇をめぐる諸問題」(『田中卓著作集』5、国書刊行会、一九八五年)。
(3) 後藤四郎「赤漆文欟木御厨子について」(奈良国立博物館『昭和六十一年　正倉院展』一九八六年)。
(4) 直木孝次郎「正倉院蔵赤漆文欟木厨子の伝来について」(『飛鳥奈良時代の考察』高科書店、一九九六年)。
(5) 後藤四郎注(3)前掲論文。吉川真司「天皇家と藤原氏」(『岩波講座日本通史』5、一九九五年)は全面的にこれを支持する。
(6) 直木孝次郎注(4)前掲論文。
(7) 松尾光「元正女帝の即位をめぐって」(『白鳳天平時代の研究』笠間書院、二〇〇四年、一九九六年初出)。
(8) わずかに水野柳太郎氏が、「幼時から特殊な人物とされていたようである」として、その履歴の特異さに注目している程度である。同氏「奈良時代の太上天皇と天皇」(『奈良史学』一三号、一九九五年)。ただ、天武十一年(六八二)、三歳のとき病いのため大赦が行われた事実は、必ずしも水野氏のように、特別なことと解しなくてもよいであろう。
(9) 氷高皇女への譲位を宣した元明天皇の詔では、「一品氷高内親王は、早く祥符に叶い、夙に徳音を彰せり。天の縦せる寛仁、沈静婉孌にして、華夏載せ佇り、謳訟帰するところを知る」と、その性格、容姿、能力などを称えている。
(10) 『大日本仏教全書』興福寺叢書1所収、一〇頁。
(11) 藤田経世編『校刊美術史料』寺院篇(上)(中央公論美術出版、一九七二年)二七〇頁。
(12) 八重樫直比古「宣命と仏教——『続日本紀』神護景雲三年十月乙未朔条の一考察」(『日本思想史学』二〇号、一九八八年)。
(13) たとえば青木和夫他校注『続日本紀』一(『新日本古典文学大系』岩波書店、一九八九年)の同条脚注。
(14) 本居宣長『続紀歴朝詔詞解』二巻、第七詔及び第五詔の注参照。
(15) 光明子は、聖武天皇と同じ大宝元年(七〇一)の生まれである。
(16) 聖母神皇の号については、拙稿「平城宮木簡にみえる『聖母神皇集』をめぐって」(『長屋王家木簡の研究』塙書房、一九九六年)参照。
(17) 直木孝次郎「天平十六年の難波遷都をめぐって——元正太上天皇と光明皇后」(『難波宮と難波津の研究』吉川弘文館、一九九四年)。

（18）　元正から聖武への伝授は「七月七日」に行われたと献物帳にみえるが、その年や理由は明らかでない。
（19）　関根真隆『万葉流転　寧楽史私考』（教育社、一九八二年）一〇三頁。
（20）　国家珍宝帳の記載のみでは、どの品までが厨子の納物であったか、いささか不明瞭のきらいがあるが、延暦十二年（七九三）六月の東大寺使解（曝涼目録）によって、『雑集』以下、刻彫尺八までの品が、その納物であったと確定できる。『大日古』二五、四〇―四一頁参照。
（21）　袈裟九領の内、「金剛智三蔵袈裟」とされる一領を除いた八領は、『日本書紀』持統元年八月己未条にみえる、天武天皇の御服を以て縫作された袈裟三百領の一部とみる説があるが（関根真隆注（19）前掲書、一八六頁）、確証はない。また金剛智三蔵の袈裟については、従来注目されていないようであるが、金剛智の来唐は開元八年（七二〇年〔養老四〕）、その逝去が同二十九年（七四一年、天平十三年）であること、天平勝宝八歳（七五六）までに日本に船載されていたことを考えると、玄昉（養老元年〔七一七〕入唐、天平七年〔七三五〕帰国）ないし菩提僊那（天平八年〔七三六〕来日）によって将来された可能性が大であろう。金剛智は唐への密教移植に大きな役割を果たしたインド僧の一人であるが、すでに石田茂作氏が論証したように、玄昉や菩提僊那は、善無畏や金剛智などによる新訳の秘密経典を多く将来している（石田茂作『写経より見たる奈良朝仏教の研究』東洋文庫、一九三〇年）。金剛智から玄昉ないし菩提への直接的な伝授を想定することも不可能ではなく、初期の密教受容を考える上に重要な文物である。
（22）　関根真隆「献物帳の諸問題」（『天平美術への招待　正倉院宝物考』吉川弘文館、一九八九年）。
（23）　道祖王の立太子は、『続日本紀』によると、聖武天皇崩御と同日の天平勝宝八歳五月乙卯（二日）のことである。
（24）　正倉院事務所編注（1）前掲書、二七頁、拙編『東京国立博物館蔵正倉院御物修繕還納目録――開題と翻刻』（奈良大学、二〇〇二年）九頁、三三頁。
（25）　木内半古「正倉院御物修繕の話」（『東洋美術』特輯「正倉院の研究」飛鳥園、一九二九年）。
（26）　注（24）に同じ。
（27）　この点、石田茂作氏が、「香様の起源とその変遷」（『考古学雑誌』二七‐七・八、一九三二年）において、これを白鳳時代の資料としてとりあげたのは不適切である。
（28）　梅原末治「聖徳太子磯長の御廟」（『日本考古学論攷』弘文堂、一九四〇年）九八頁。
（29）　石田茂作注（27）前掲論文。

3　正倉院宝物中の古代伝世品

正倉院宝物が、歴史学、美術史学、考古学などの各分野にまたがる貴重な文化財群であることは、いまさら言うまでもない事実である。しかし研究の実情をみると、典籍・古文書や銘識のある資料が主として日本史、国語・国文学の対象とされ、その他の文化財は美術史、考古学の対象というように、いわば住み分けがなされているようにみえる。しかし正倉院の宝物がもつ世界的な価値に注目するなら、歴史学の側からも、文献史料の検討をふまえた上で、文字のない宝物についてもさらに積極的な提言を行ってゆくべきであろうと考えられる。そこでここでは、そのような試みの一つとして、まずこの正倉院宝物をめぐる問題をとりあげてみよう。

歴史学からみた正倉院宝物研究の問題点として、古代における宝物の伝世、伝来の問題がある。正倉院宝物については、聖武天皇の遺品や東大寺の法会との関連が強調されるあまり、いわゆる「天平文化の精華」という視点でとらえられることが多い。確かにそれは大勢として認められるところであるが、奈良時代に作られたものばかりでなく、奈良時代まで伝世された文化財があったことも事実である。「天平文化」が喧伝される結果、こうした文化財が特殊なものとして軽視されるならば、正倉院宝物のもつ真価はかえって見失われるおそれがあろう。現在までのところ伝世された品として最も有名なものは、赤漆文欟木厨子(北倉)である。この厨子は天平勝宝八歳(七五六)の国家珍宝帳にも記されていて、天武天皇―草壁皇子―持統天皇―文武天皇―元正天皇―聖武天皇―孝謙天皇と伝領された調度である(第四章２参照)。そのほか国家珍宝帳には、草壁皇子―藤原不比等―文武天皇―不比等―聖武天皇と伝世した黒作懸佩刀《くろつくりのかけはきのたち》や、不比等邸の新室宴《にいむろうたげ》の日に、不比等が皇太子(のちの聖武天皇)に贈った横刀も載せられている。

これらの記事をもとに、厨子は皇位の象徴としての意味をもっていたとする説があり(1)、刀剣については、信任、忠誠の印しとしての意義を指摘する見解が出されている(2)。

またこの二点ほど著名ではないが、同じ国家珍宝帳にみえる別の赤漆欟木厨子、天平宝字二年(七五八)の藤公真跡屏風帳にみえる書屏風二帖(十二扇)の二件も、伝世した文化財として周知のものといってよいであろう。厨子は、

右、百済国王義慈、進㆓於内太臣(ママ)㆒。

とあり、内大臣、則ち中臣鎌足に、百済の義慈王(在位六四一―六六〇年)が進上した品であることがわかる。この厨子が天智朝以来伝来した品だったことは明らかであろう。書屏風に関しては、献物帳の本文に、

右件屏風書者、是先考正一位太政太臣藤原公之真跡也。妾之珍財、莫㆑過㆓於此㆒。

とあって、「妾」則ち光明皇太后が愛蔵する父不比等の書であったことが知られる。いうまでもなく不比等の没年、養老四年(七二〇)を降らない書蹟である。ただし黒作懸佩刀以下の四点は現存しない。

しかしこれらは、いわば重大な由緒のある品々であり、宝物中でも特例とする見方があるかもしれない。しかし献物帳等にそれと記されていない品でも、確かに七世紀代に遡る品がある。かつて論じたことのある箭などはその例である。詳しくは拙稿(3)に譲るが、正倉院中倉に現存する五〇本の箭には、左のような刻銘がある。

下毛野奈須評全二

かつてこの銘の「評」字は「郷」と読まれていたが、この字は書体からみて「評《こおり》」に相違なく、「奈須評」は大宝令制以降の下野国那須郡に相当するとみられる。下野が下毛野と表記されるのも、八世紀初頭以前のことである。天平勝宝八歳に大仏に献上された宝物中の武器類は、天平宝字八年(七六四)の恵美押勝の乱に際して出蔵されており、

この刻銘のある箭も、その後の施入品と考えられるが、そのような場合でも施入年時を遡る製品が混入する可能性があったことがわかるであろう。

また刻銘というような明証はないが、物自体の性格からみて、奈良時代以前に舶載されたことが推定できる品もある。一つは白瑠璃碗(中倉)である。この碗をめぐっては既に多くの言及がなされており、酷似する形、技法を備えた例が、イランのギーラーン州から多く出土していることが指摘されてきた。また安閑天皇陵出土と伝える類品が江戸時代に河内西琳寺に伝わり、現在東京国立博物館に蔵されていることもよく知られている。器自身は五—六世紀の製作とみられているが、河内の古墳からの出土ということを考えあわせれば、正倉院の碗も早く日本に舶載され、奈良時代まで伝世されていたとみてよいのではなかろうか(4)。

もう一つの例は、同じくガラス製品の紺瑠璃坏である。銀製の台脚をもつ酒坏風のものであるが、この台脚が漆による接着や文様の様式からみて、中国南北朝か朝鮮半島製であろうことは、かつて述べた(5)。現状のような製品としての形態は、七世紀代以前のものとみてよく、とすればこれまた舶載された後に長く伝世された可能性が考えられる。以上の二つのガラス器の場合、伝世場所が日本であったと明言はできないにせよ、正倉院宝物を単純に八世紀半ばころのものと考えてはならない適例といえる。

では、伝世された品を析出するには、いかなる方法があるであろうか。まず注目されるのは、赤漆文欟木厨子の注記にあった「古様作」という表現である。文献史料上、こうした表記があれば、一定の年代幅をもって考えるべき品であることはまず確かであろう。国家珍宝帳から、その種の注記がある品を検出すると次のようになる。

古様山水画屛風六扇

古様本草画屛風一具両畳十二扇

古様宮殿騎猟〔画屛風〕六扇

古様宮殿画屛風六扇

また天平宝字五年（七六一）の法隆寺東院資財帳には、

古様錫杖壱枝

　右、上宮聖徳法王御持物矣大僧都行信師推覓奉納

（右、上宮聖徳法王の御持物を大僧都行信師、推し覓《ま》ぎて奉納す）

という記載もある。ただこれらはいずれも相当する実物が現存せず、比較対照できないのが遺憾である。なお国家珍宝帳には他に、

　大唐古様宮殿画屛風六扇

という品が二つみえ、さきの屛風と合わせて「古様」を唐代の開元・天宝期を基準にした概念とする見解がある。(6) しかし必ずしも明証があるわけではなく、同じ国家珍宝帳中の赤漆文欟木厨子における「古様作」の表現を念頭におけば、さほど限定せずにとらえておくのが穏当であろう。

また国家珍宝帳の屛風中には、

　百済画屛風六扇

というものもあり、古様の語は使用されていないものの、伝世品の可能性は濃厚であろう。しかしこれも実物が現存しない。

文献史料と実物との照応という点で注意されるのは、さきにふれた百済義慈王進上の厨子に納められていたとされる銀平脱合子《ごうす》であろう。国家珍宝帳では、この厨子の納物として、

犀角一具
白犀角一枚
犀角一枚
斑犀角一枚
白石鎮子十六箇
銀平脱合子四合

が列挙されているが、その多くは該当品が現存しない中にあって、銀平脱合子四合のみは現在北倉に存するそれが実物と推定されている。いずれも黒漆地に銀平脱の技法で文様を表したもので、一合に象、三合には双鳥があしらわれている。もしこれが厨子の納物であるとすれば、天智朝以前の品という可能性を考えねばならないであろう。確かにこの合子の銀平脱文様における刻線は、毛彫りではなく蹴彫りであり、技法からみて舶載品であっておかしくはない[7]。ただ問題は、厨子が義慈王の進上品であるとはいっても、納物がただちにそれと同時のものとは断ぜられないことである。そもそもこれらの合子を厨子の納物と考えること自体、明治になって本格的な正倉院研究が始まってからの推定であるが[8]、それが正しいにせよ、納物が厨子と同年代の品かどうかは慎重に判断される必要がある。国家珍宝帳では、義慈王進上の由緒は厨子をあげた直後に記してあり、納物の記載はその後に続く。もし納物も義慈王の進上にかかるならば、由緒は厨子と納物をあげた後に来て然るべきであろう。合子の文様における植物や土坡の表現なども全く唐風(奈良朝風)であることよりすれば、納物は天平勝宝ごろにおける現状であって、天智朝以来の状況を保ったものとは考えない方がよいといえそうである。それは天武天皇ゆかりの赤漆文欟木厨子に、元正、聖武両天皇や光明皇后の書蹟が納められていた状況ともよく符合するといってよい。

では伝世品の検出は無理であるのかといえば、そうではないであろう。たとえばその品の文様等から判断することも不可能ではないと思われる。その例として、中倉の密陀彩絵箱をとりあげてみたい。

この箱は木製、長方形、印籠蓋造りで、下部に床脚が付く(図44・45参照)。表面は黒漆塗りとした上に朱と黄土で文様が描かれ、その文様部分に油がかけられている。法量は縦四四・八cm、横三〇cm、高さ二一・三cmである。(9)

納丁香、青木香会前東大寺

と読める墨書貼紙があり、東大寺の仏事に献納する丁香、青木香《しょうもくこう》を収納した箱と考えられ、いわゆる献物箱の一つといってよい。ただ通常の献物箱よりは身の立上がりが深く、これを密陀彩絵忍冬《にんどう》鳳文小櫃と称することがあるのもうなずける。

この箱の貼紙にみえる「会」が、よくいわれるように大仏開眼会であるという確証はないが、書風は奈良時代のものとみて間違いなく、八世紀の半ば以降、東大寺に入った品とみてよい。この経緯からすると、箱自身、奈良時代の製作と考えられそうであるが、そのようにみるには疑問がある。それはこの箱の文様が極めて古風な要素をもっているからである。この箱の文様が古様であり、法隆寺玉虫厨子の文様と類似することも、諸家によって言及されている。(10)確かにパルメット唐草やC字型を基本とする文様構成といい、赤白二色の単純な色彩といい、その躍動感と勢いに溢れた感覚といい、玉虫厨子装飾文様との類似は明らかであろう(図46参照)。問題はこの古さが製作年代の古さに結びつくかどうかである。これまでこの箱の文様の古風さに言及された諸家も、箱の年代についてあまり積極的な発言はされていない。わずかに亀田孜氏が、「様式の古意あるのと飛動の趣きはいはゆる天平の豊かに温雅な草花鳥獣文とは別手であり、箱の下台に刳った香狭間の低くして強い切れ込みのある形と共に、天平盛期よりは古く見られる」と鋭い指摘をされているぐらいである。(11)一方、これほど直接的ではないが林良一氏は、玉虫厨子との類似は認められな

図 44　密陀彩絵箱(蓋表，正倉院宝物)

図 45　密陀彩絵箱(側面)

図46　玉虫厨子文様

がら、箱のパルメット文様の扇形花先端に丸味があることを指摘して、玉虫厨子よりも新しいことを記されている。[12] また河田貞氏が、蓋表の鳥文が旋回式になっていることをとりあげて、天平工芸特有の意匠とされているのが注意される。[13] これら専門家の見解を参照すれば、この箱を玉虫厨子と同時代のものとするのは困難であり、古風ではあってもそれよりは降った時期の製作とみるべきであろう。

ただそれが八世紀まで降るかどうかは、なお問題であろうと思う。まず複雑に発展したパルメット唐草と異なり、このように緊密で均整な構成をもつパルメット文様が年代的にも古いものであることは何人も異論がなかろう。時代的に欠落が少なく例数も豊富な瓦当文においても、その傾向は顕著で、七世紀末以前といってよい。また旋回文は確かに奈良時代の工芸品に目立つが、それに先だって存在しなかったとはいえないであろう。たとえば百済武寧王陵出土の方格規矩神獣文鏡には四匹の獣と人物が鋳出されており、全体として旋回する形に展開されている。[14] また同陵出土の銀盞の蓋も、向かって左回りに文様が配されている。[15] これらの出土品は、武寧王妃が追葬された五二六年を降らず、かかる文様形式も古くからのものと考えられよう。

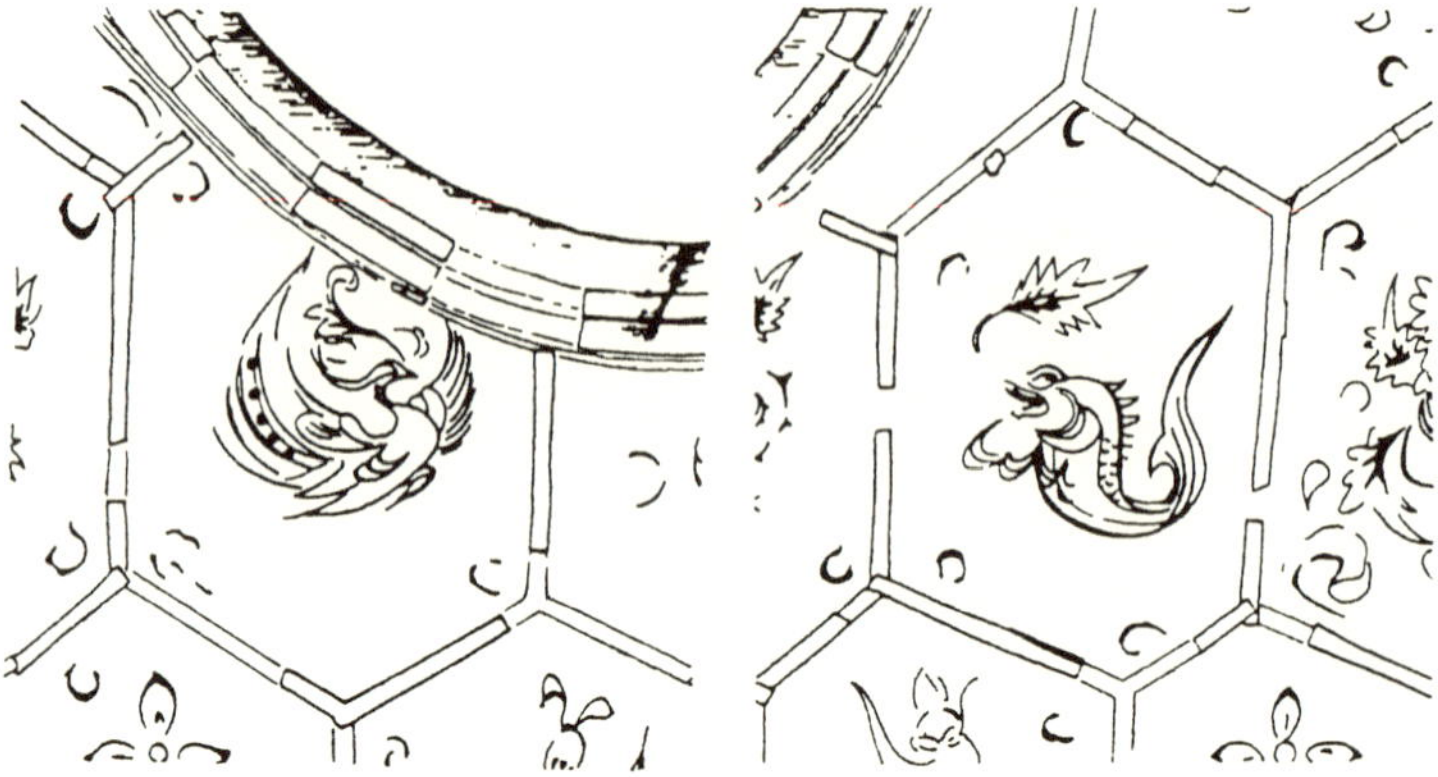

a　　　　　　　　　　b

図47　武寧王妃の枕の文様2種

また同じ武寧王陵から出土した王妃の枕に描かれた文様も、彩絵箱の文様の古様さを理解する上に重要である。この枕は木製で、朱漆を塗った上に金箔で亀甲文を表し、亀甲文の中には蓮花、魚竜、鳳凰、四弁花などが描かれている。必ずしも図様の残りはよくないが、そのうちの鳳凰(図47－a)を、彩絵箱の蓋表のそれと比較すれば、体軀や翼の表現に共通性のあることが容易にみてとれよう。彩絵箱の鳳凰は、頭頂の後に全パルメットをなびかせているが、枕の絵でも半パルメットという違いこそあれ、同様な表現のみられることは興味深い。また枕に描かれた魚竜(図47－b)も、彩絵箱の怪鳥や怪獣を考える上に参考となる。この魚竜は体軀が異なるものの、口を大きく開けてパルメットを吐き出している点では、彩絵箱側面の怪獣とよく似ている。蓋表の怪鳥が細い雲気のようなものを吐いているのも、その変型といってよかろう。怪獣が雲気を吐き出すモチーフは、四天王寺の七星剣や、法隆寺戊子年銘釈迦三尊光背の文様などにもあるが、この枕の例はそれらよりも彩絵箱の文様と近似性が強いといえよう。武寧王陵遺物とのこのような類似点は、彩絵箱の文様が百済、ひいてはその背景にある六朝の美術様式と深いつながりをもっていることを示すものである。日本における製作か、舶載品かは明らかでないが、こうした様式が行われた時代としては、まず七世紀までが考えられるべきで、日本における旧式の踏襲としても、八世紀初めを降るとは考えにくいであろう。こうしてみてくると、密陀彩絵箱は七世紀代の作品であり、それがおそらくは貴族などの家に伝世され、東大寺の仏事に際して献物箱に転用されたのではないかと考えられる。

その製作年代をこれ以上限定することは、専門家の手に委ねるべきであろうと思うが、いくつか手掛りとなりそうなことをあげて見通しを示してみると、第一に注意されるのは亀田孜氏も指摘された床脚の格狭間の形である[16]（図48）。用途や素材が異なる作品を簡単に比べることはできないが、天平宝字五年（七六一）の東院資財帳の記載によって天平十四年（七四二）ごろの施入とみられる法隆寺献納宝物の経台[17]（東京国立博物館蔵）に比較して、彩絵箱の格狭間はより力強く、古式であるといえよう。ただ玉虫厨子や法隆寺金堂釈迦三尊像、同薬師像等の台座、崇福寺跡出土舎利容器等の格狭間とは明らかに異質で、やや近いのは法隆寺橘夫人念持仏厨子のそれである（図49）。この厨子の製作年代は、七世紀末―八世紀初頭とする説が有力であるが[18]、その台座から「越前」と読める落書墨書が見出されていることからすると、八世紀初頭の可能性が強い[19]。

第二に想起されるのは、奈良県松山古墳出土の鉄鏡に象嵌されたパルメット文様である（図50参照）。この文様は相当に退化のあとが認められるものであるが、鉄鏡の製作技法や共伴した海獣葡萄鏡などから、七世紀後半から八世紀初頭の埋納と推定されている[20]。彩絵と象嵌という差があるとはいえ、彩絵箱の文様は崩れも少なく、はるかに六朝風の生気に満ちたものであり、やはり鉄鏡に先だつ製作とみるべきではなかろうか。今後、美術、考古等多方面からの検討に期待したい。

いずれにしても、この密陀彩絵箱の古様さは、製作年代の古さに結びつけて議論されることがほとんどなかった。これは正倉院宝物全体が漠然と八世紀の遺物とみられがちであることに加え、文献史学や考古学からは明らかに確認

図 48　密陀彩絵箱の格狭間

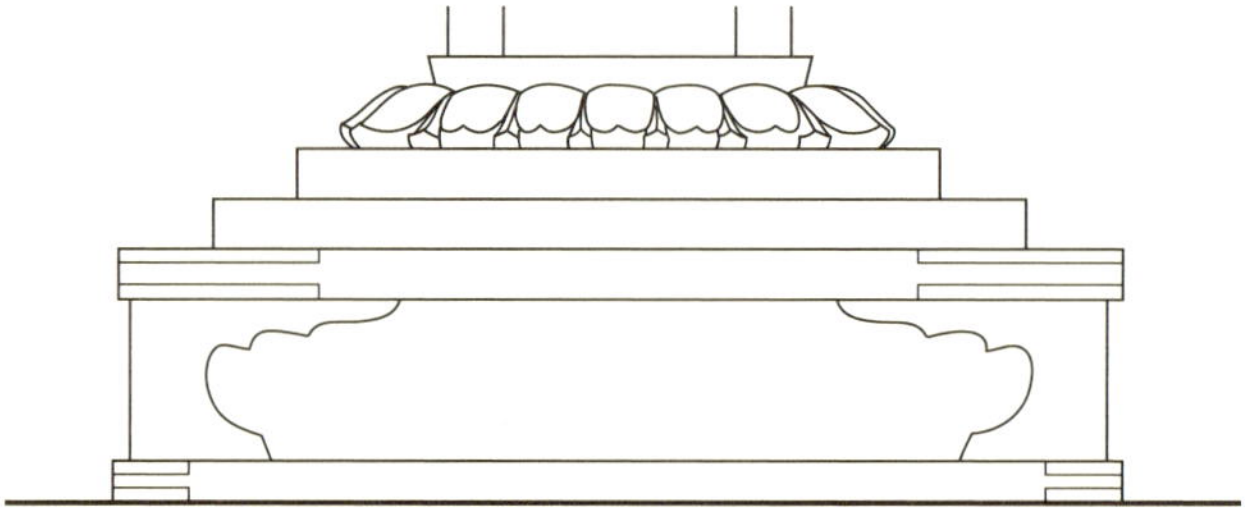

図 49　橘夫人厨子の格狭間

図 50　松山古墳鉄鏡の文様復原図

される正倉院宝物中の古い要素が、美術史学の研究に充分生かされてこなかったことに起因するといえるのではなかろうか。

（1）後藤四郎「正倉院の成立とその意義」（『国史学』一一二号、一九八〇年）、同「赤漆文欟木御厨子について」（奈良国立博物館『昭和六十一年 正倉院展』一九八六年）。なお、本書第四章2参照。
（2）薗田香融「護り刀考」（『日本古代の貴族と地方豪族』塙書房、一九九二年）、後藤四郎注（1）前掲論文。
（3）拙稿「正倉院武器中の下野国箭刻銘について――評制下における貢進物の一史料」（『日本古代木簡の研究』塙書房、一九八三年）。
（4）先行研究は多いが、とりあえず拙著『正倉院』（岩波新書、一九八八年）参照。
（5）同右。
（6）松下隆章「献物帳画屛風について」（正倉院事務所編『正倉院の絵画』日本経済新聞社、一九六八年）。
（7）正倉院南倉の金銀花盤にみられる二つの刻銘について、蹴彫りの銘は製作地の唐で入れられた銘、毛彫りの銘は日本舶載後の銘と考えられている。正倉院事務所編『正倉院の金工』（日本経済新聞社、一九七六年）四一―四二頁。
（8）黒川真頼「東大寺献物帳考証」（『黒川真頼全集』第五、国書刊行会、一九一一年）三一一頁。
（9）正倉院事務所編『正倉院の漆工』（平凡社、一九七五年）四一―四二頁。
（10）吉田包春「正倉院の密陀絵に就いて」（『佛教美術』八冊、一九二六年）、帝室博物館『正倉院御物図録』八輯（一九三五年）四六図解説、石田茂作・和田軍一編『正倉院』（毎日新聞社、一九五四年）一二一頁（溝口三郎氏執筆）、関根真隆『正倉院』（『名宝日本の美術』小学館、一九八二年）七三頁などの他、注（11）―（13）参照。
（11）亀田孜『正倉院御物展観の栞』（近畿日本鉄道株式会社、一九四六年）一七頁。昭和二十七年の『正倉院展観目録』（奈良国立博物館）にも同様な解説があるが、おそらく亀田氏の執筆になるものであろう。
（12）奈良六大寺大観刊行会『奈良六大寺大観』法隆寺(5)（岩波書店、一九七一年）四〇頁。
（13）田中一松他編『日本絵画館』(2)（講談社、一九七一年）一三八頁。
（14）大韓民国文化財管理局編『武寧王陵』（学生社、一九七四年）。
（15）同右。

(16)　注(11)に同じ。
(17)　資財帳との比定関係については、木内武男「法隆寺献納宝物銘文集成」(『東京国立博物館紀要』一三号、一九七八年)一九七頁参照。
(18)　秋山光和『玉虫厨子と橘夫人厨子』(「奈良の寺」六、岩波書店、一九七五年)。
(19)　本書二一六頁以下参照。
(20)　本村豪章「大和・高取町松山古墳出土の鉄鏡について」(『ＭＵＳＥＵＭ』一三〇号、一九七九年)。

4　新羅交易と正倉院宝物

一　正倉院の「新羅物」

正倉院といえば、唐やシルクロードの文化との関係が注目されやすいが、奈良時代半ばまで頻繁な交流のあった朝鮮半島の新羅との関係も見落とすことができない。正倉院宝物には、少なからぬ新羅の文物が含まれているとみられるからである。このことが注意され始めたのは、華厳経論の帙の裏貼りから新羅の文書が発見され、その研究が出て以来のことであろう。[1] この帙は新羅製で、製作の際、不要になった反故文書が転用されていたわけである。一方で正倉院文書や正倉院から流出した文書の中に、天平勝宝四年(七五二)の年紀をもつ買新羅物解《ばいしらぎぶつげ》(新羅舶載品の購入申請書、図51)のあることも早くから知られていた。かつて正倉院事務所におられた関根真隆氏は、これらが有名な鳥毛立女屏風の裏貼りから出たものであることを、いち早く指摘し、その検討に着手されたが、私もその内容を詳しく考証したことがある。[2] これらの文書は新羅のもたらした交易品を具体的に知らせてくれる珍しい史料であり、もの言わぬ宝物に対比すべきまことに貴重な史料といえる。私の考証がでてからほぼ三十年、時を経るにつれてこの史料の価値が日本や韓国で評価されるようになってきたのは、喜ばしいことである。

二〇〇二年の正倉院展は大仏開眼一二五〇年を意識した内容となったが、それに合わせて新羅関係の宝物が特集されたのは偶然ではない。先にも少しふれたように買新羅物解を残すことになった新羅使は、大仏開眼直後の天平勝宝四年閏三月に来日、六月に平城京に入った。このときの新羅との交流やその舶載品について、近年考えているところを述べてみようと思う。

二　大仏開眼と新羅使

天平勝宝四年の新羅使は、数多く来日した新羅の使節の中でも、ひときわ異彩を放っている。珍しく金泰廉という王子が大使となってやってきたこと、奈良時代になって新羅が日本との対等外交を主張する流れが加速する中、日本に臣下として朝貢する態度を示した唯一の使いだったこと、そのメンバーが総勢七百人にのぼる大編成であったことなどがそれである。そこから、この使節は完成したばかりの大仏に対する参拝団であって、その目的のため、外交上の紛争を避ける態度をとったのではないかとする見方も現れている[3]。しかしそれはやはり穿ちすぎというべきであろう。

というのは、この使節は日本に朝貢する旨を明らかにする国王からの上表文を携えていたが、その文面には一言も大仏のことがみえない。参拝が目的とすると、むしろ日本に迎合するような文言が含まれていてよいはずである。またこの使いが、大仏に供養するまとまった品を用意していなかったらしいことも気になる。実は正倉院文書の中に、大仏参拝を果たした新羅使が東大寺に納めた経典として、法華経八巻、梵網経一巻、頭陀《ずだ》経一巻がみえる。法華経は軸が紫檀製で彩色があり、帙で包まれていた。梵網経と頭陀経はともに象牙の軸で、見返しに銀泥で仏が描かれていたという(『大日本古文書』一二、二八八頁)。これは造東大寺司の写経所に残った記録なので、これら以外の奉献品があ

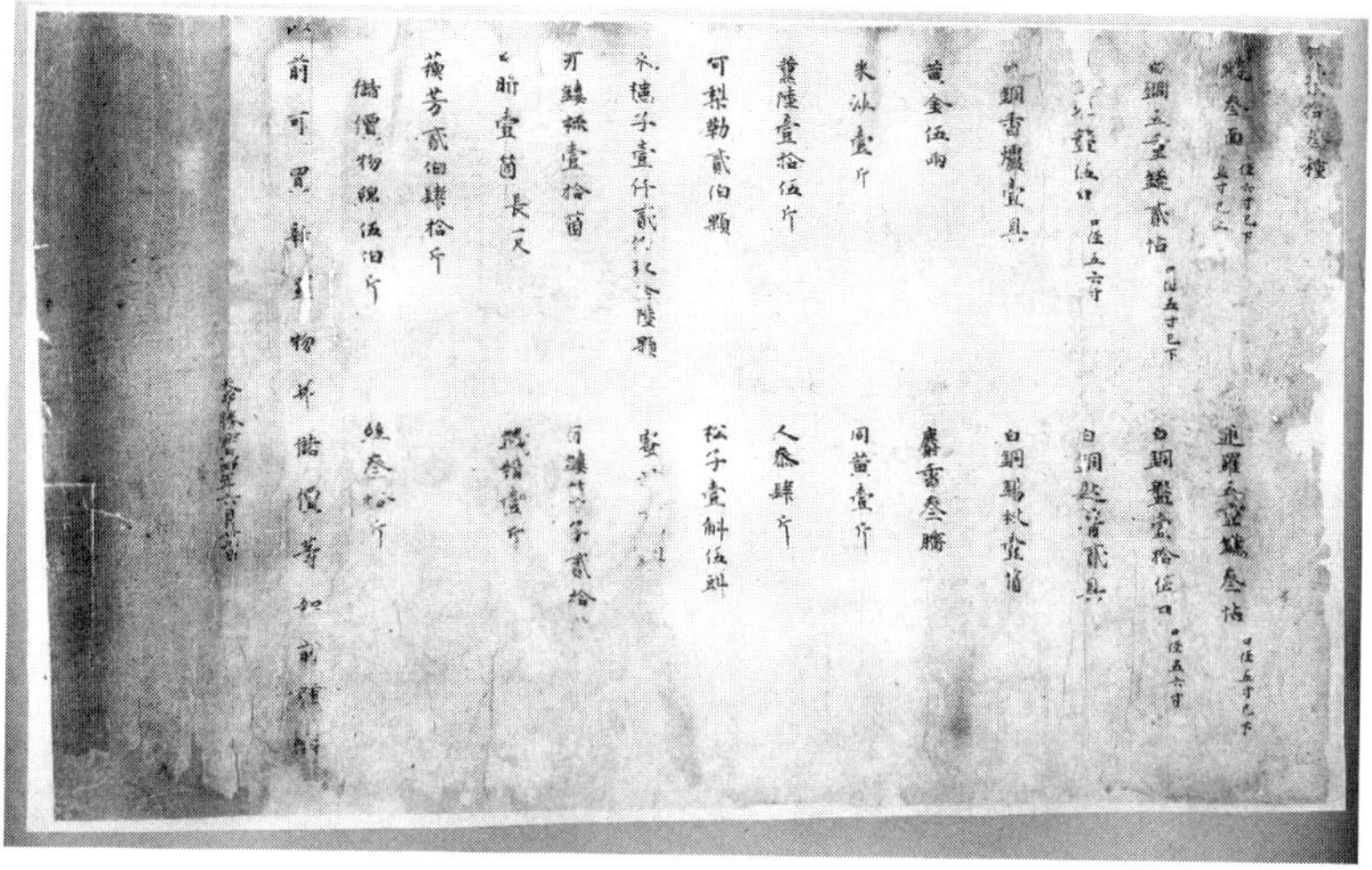

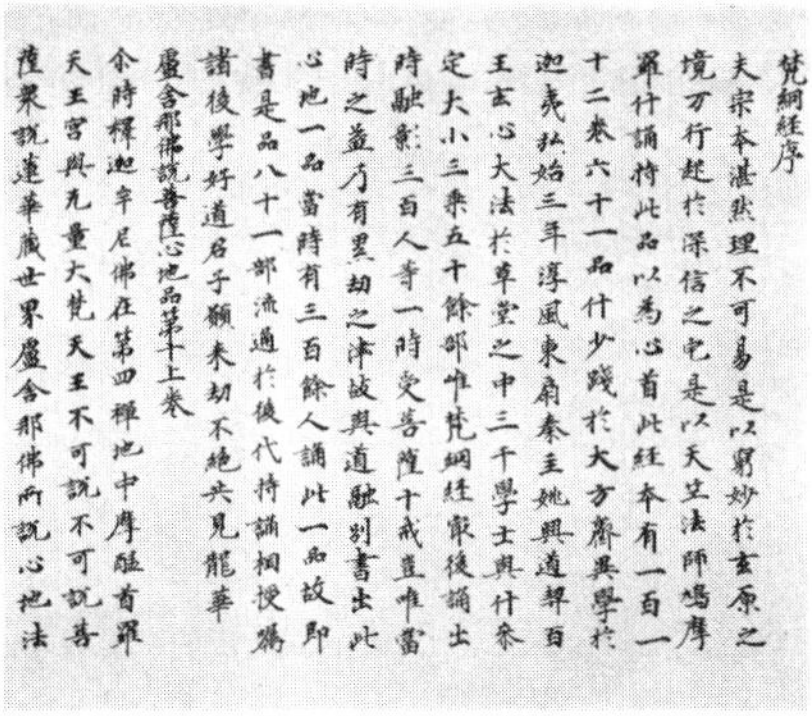
梵網經序
夫宗本湛然理不可易是以冥妙於玄原之
境万行起於深信之宅是以天竺法師鳩摩
羅什誦持此品以為心首此經本有一百一
十二巻六十一品什少踐於大方齋異學於
迦夷弘始三年淳風東扇秦主姚興道契百
王玄心大法於草堂之中三千學士與什參
定大小二乘五十餘部唯梵網經最後誦出
時融影三百人等一時受菩薩十戒豈唯當
時之益乃有累劫之津故與道融別書出此
心地一品當時有三百餘人誦此一品故即
書是品八十一部流通於後代持誦相授為
諸後學好道君子願未劫不絶共見龍華
盧舎那佛說菩薩心地品第十上巻
尒時釋迦牟尼佛在第四禪地中摩醯首羅
天王宮與无量大梵天王不可說不可說菩
薩衆說蓮華藏世界盧舎那佛所說心地法

▲図 51　買新羅物解(尊経閣文庫蔵)
◀図 52　梵網経(正倉院宝物)

ったかもしれない。しかし経典の種類だけみても、あらかじめ用意されていた献納品としては不審な点がある。それは大仏にふさわしい金光明最勝王経(あるいは金光明経)や華厳経が入っていないことである。梵網経があるのは納得できるが、巻数からしてもこれは携帯用で、主要な献物とはいえまい。これらのことを総合すると、この新羅使が大仏参拝団であったという見方は、やはり退けられねばならないであろう。

なお、これまであまり話題にならないが、このとき献じられた梵網経は、現在正倉院宝物中にある梵網経一巻(中倉34、図52)に当たる可能性がある。(4) この梵網経は、その用紙が流漉《ながしず》きという技術で漉かれており、これは日本独自の製紙技術であるとして、日本製とみる見解が有力であった。(5) しかし流漉きが日本独自とする根拠は、後世の大陸に例がないというだけであって、技術の断絶等を想定するなら、必ずしも万全の証拠とはいえない。この梵網経が、新羅写経に特徴的な白紙を用いていることや[6]、日本写経に不似合な精緻な書風を備えていることからすると、このとき献納された舶載経であった可能性は捨てがたいと思う。なお現存の梵網経には、金銀絵の表紙が付けられているが、これは明治の修理時に取り合わされたもので[7]、当初の装釘は失われていることも注意しておかねばならない。

三　交易の内容

さて天平勝宝の新羅使が大仏参拝の集団でなかったとなると、これほど大規模な使節の目的は何であったか。それはやはり通商とみるべきであろう。あるいは大仏開眼による需要を見越した貿易団であったかもしれない。このときの日羅間の交易の様子が、買新羅物解から詳しくわかることは冒頭にもふれた。現存する解は二十通余りあり、そこに記載された輸入品は、香料、薬物、顔料、染料、金属、器物、調度など、極めて多種多様である。これらを通じてみられる第一の特色は、新羅からの舶載品であるにもかかわらず、新羅には産しない品が少なくないことであろう。特に香料や薬物、顔料、染料の場合、新羅はおろか唐でも産出しないものが少なくなく、むしろ熱帯アジアでしか産出しない品が多く含まれている。つまり新羅の使節は、唐に集まっていた東南アジア、インド、西アジアの産品を輸入し、これらを日本に持ち込んでいたわけである。これはまさに仲継貿易活動といってよいであろう。古代から中世に行われた遠隔地間の貿易は、世界的にみて贅沢品を主とする仲継貿易であったが、新羅による日羅間の貿易もその例に漏れない。仲継貿易の常として、新羅はこの交易から莫大な利益を挙げたことであろう。

しかし新羅は他国産の品ばかりをもたらしたのではない。人参や松子(松の実)、蜜汁(蜂蜜)といった、現在の我々に身近かな特産品も含まれている。

このように多様な輸入が新羅からなされていたことは、正倉院宝物をはじめとする奈良朝の文物を考える上に見逃すことができない。こうした輸入の姿はこのときに限ったことではなく、広くみれば飛鳥時代以来変わらなかったと思われるからである。そう考えてみると、正倉院宝物の中には、新羅からの舶載品が少なくない。

先にふれた新羅文書を芯にした華厳経論の帙は直接的な例であり、おそらくこれに包まれた経巻そのものが輸入品であったろう。なお下貼文書の年代を九世紀半ばとみる説もあるが、正倉院宝物全般の傾向から考えて八世紀半ばごろまでのものと考えるのが自然である[8]。また「新羅楊家上墨」と銘のある墨も、もちろん舶載品の一つに違いない。

しかもこれらばかりでなく、先ほど述べた買新羅物解を介在させることで、新羅製と確かめられるものが少なくないのも注意される。佐波理加盤などは、その代表例といえよう。佐波理の語源は定かでなく、あるいはアラビア語のサファール（黄色の）と関係があるのかもしれないが、いずれにせよ買新羅物解にみえる「匝羅《さふら》」に当たり、現在の韓国語「サパル」（沙鉢）につながる言語の音訳であろう[9]。興味深いのは、今は失われて写しのみ伝わる買新羅物解[10]に、「匝羅鋺」と「白銅酒壺」が並んでみえることである。これは当時、匝羅と白銅が材質として区別されていたことを物語る。佐波理製品は新羅は舶載品の中でも注目される存在だったのであろう。なお、現に正倉院に残る加盤には、包装用の反故紙に新羅の地方文書が再利用されており、その産地を裏づけている。

同様に買新羅物解との関係で注意されるのが色氈、花氈などの絨毯類である。これらの品名は買物解にいくつかみえるが、正倉院には麻布の小片を縫いつけた二つの氈が残っている。この麻布には、「念物」という買新羅物解に現れる特殊な用語や、「韓舎」など新羅の官位名が記されていて、貿易に関わるタグであることが判明する[11]。これらの麻布は本来はずして捨てられるはずのものが残ったので、正倉院に多数蔵される他の氈にも、新羅からの舶載品は少

図 53　金銅燭鋏（正倉院宝物）

なくないであろう。

買新羅物解との関連では、宝物中の剪子も興味深い（図53）。これは灯火の芯切り用のハサミで、酷似する品が新羅の旧都、慶州の雁鴨池から出土して有名になった（韓国、国立慶州博物館所蔵）。正倉院のものは、はずれていた金具も発見されていて、新羅のハサミと同一用途であることは間違いない。このハサミは特異な形からすると、すでにいわれている通り蠟燭用であろう。買物解によると、新羅からは燭台も輸入されているが、朝鮮半島は古くから養蜂でも知られ、蜜蠟製の蠟燭もおそらく輸入されて、国産品と並び行われていたのではなかろうか。蜜蠟製の蠟燭は油製の灯火と違い煤が発生せず、貴重な調度や装飾に富む貴族の邸宅や寺院では打ってつけの灯火として尊重されたことであろう。

以上に取り上げたのはおもに新羅製の品々であるが、唐や唐経由の工芸品については、明確に特定できる実物を挙げるのはむずかしい。ただかなり多くの比重をそれらが占めたことは容易に推定できるが、その詳細は拙著『正倉院』や次節以下に譲ることとしよう。いずれにせよ当時の日本にとって、新羅からの使いは、唐とそれ以遠の世界とを物の上で結ぶ貴重な窓口であったことは疑いない。

なお、このような貿易を荷った新羅の人々に関しては、先にふれた氈のタグをもとに、荷主は新羅の貴族たちであり、集荷や舶載については新羅の倭典という役所の管理下に行われたとする見解がある。タグはその管理の必要上、倭典で作って付けられたというのである。(12) しかしそのような形で貿易管理が行われていたのなら、タグは大きさや筆致、追記の入れ方などに、統一性や規格性があって然るべきであろう。麻布の形やその記載を熟視すれば、そこにはもっと自由な貿易の姿が浮かんでくるように思われる。

四　特色のある輸入品

これまでに述べたところでも、買新羅物解が正倉院宝物を考える上に、なくてはならない史料であることは明らかと思うが、まだ充分に検討の加えられていない部分もある。それは前節でもふれた、写しだけ伝わる四通の新出文書である。ここで少しその内容を紹介し、宝物との関連をみておこう。

四通のうち、最も注目されるのは、池辺王と阿倍朝臣の家から差し出された申請書である。現存の買物解は申請者のわかるものが意外に少なく、わずかに藤原北家や采女など、二、三が特定できるにすぎない。それに対して写しの四通のうち、一通は「従五位下阿倍朝臣□麻呂」、もう一通は「従五位下池辺王」からの申請であることがはっきりしている。阿倍氏の男性貴族は名に欠落があるが、時代や位階からみて、これよりさき出雲守として史料にみえる阿倍綱麻呂(縄麻呂)に違いない。池辺王も同様にして、有名な文人淡海三船《おうみのふみね》の父で、天智天皇の曾孫である池辺王と推定できる。池辺王は朝廷の調度や美術工芸品の製作に当たる内匠寮の長官も務めたことがある人物であるから、その申請書にみえる「白銅」と「匝羅」の材質上の違いなども、正確に認識されていたとみてよいであろう。

池辺王の輸入品では、他の買新羅物解に出てこない白檀や風炉《ふろ》が興味を引く。正倉院に蘭奢待《らんじゃたい》と呼ばれる沈香の巨木があるのは周知のことであるが、このような香木は熱帯アジアから仲継を経て伝えられる貿易品の雄であった。それは産地が限定されている贅沢品として、仲介するものに巨利をもたらすドル箱商品でもある。申請書によると池辺

図 54　白檀香（法隆寺献納宝物）

図 55　釣篝（法隆寺献納宝物）

王は二百斤（約二三一kg）にものぼる白檀を輸入しているが、古代日本がこれらの珍奇な品にいかに財をつぎこんだかがわかるであろう。白檀は仏具・仏像の素材として、また法会での焚香《ふんこう》の料として欠かせないものであった。加工、消費される性質上、古代の現存例は少なく、正倉院にも原材のままでは残っていない。しかし奈良時代以来伝わった白檀の原材が、法隆寺旧蔵の文化財中にある（法隆寺献納宝物、東京国立博物館所蔵、図54）。丸太状で一本あたり五・五kgと二・八kgの二本であるが、池辺王の輸入したのも、こうした形態の品であろう。献納宝物の原材二本には、それぞれにソグド文字の焼印と、古代ペルシアのパフラヴィー文字の刻銘が入っており、私はかつてその発見のいきさつと、そこから浮かぶ古代の交易ルートを筆にしたことがあった（『正倉院』第V章）。池辺王の申請書は、それを肉づけしてくれる史料として、私にはことに印象深い。

池辺王の買物解には、「風炉」というものもみえる。この品も池辺王の申請書からしか知られない輸入品であるが、文化史的におろそかにできない意味がある。即ち風炉といえば、通常唐代に盛んになった喫茶の道具の名だからである。池辺王の買物解は、その風炉が奈良時代半ばに舶載されていたことを示す可能性がある。新羅には茶は七世紀前半に伝わっていた(『三国史記』興徳王三年十二月条)。しかしこの風炉が別の用途の道具であったことも考えておかねばならない。即ち『延喜式』(斎院司、内匠寮、造酒司)には酒壺や酒海などと一連の酒器としてみえ、しかも冬期の用であったことがわかる。これは酒を燗《かん》するための道具であろう(13)。通説では燗酒の飲用は平安中期ごろからとされるが(14)、確証があるわけでない。買物解に「白銅酒壺」と並んであげられていることに着目するなら、八世紀にはすでに燗酒飲用の風があり、その道具として風炉が輸入されたとみるのが穏当であろう。近年、出土品の風炉型緑釉陶器(八世紀末)を茶道具とする解釈もあるが(15)、同様な観点から再検討の余地がある。また従来釣篝《つりかがり》と名付けられてきた法隆寺献納宝物中の品(16)(図55)などは、この種の風炉と考えるべきであろう。

阿倍綱麻呂の申請書では、わずか一文字であるが「銜《くつわ》」という輸入品が注意される。員数や値段が記されていないのは、もとの文字に欠損があったためであろう。これを含む四通の申請書を初めて紹介された皆川完一氏は、この「銜」を品名とは見なされなかったらしく、輸入品の一覧(17)に加えておられないが、これはクツワと読める。朝鮮半島はもともと馬の文化の発達したところであったし、古代日本がその影響を大きく蒙ったことはよく知られているが、この史料から奈良時代にも馬具の輸入のあったことがわかる。正倉院に多数残る馬具を考える上にも、この事実は見落とすことができない。

五　多様な物流

最後にやや専門的になるが、先の四通の申請書にみえる新出のおもな輸入品について、簡単にふれておくこととしよう（品名の次の番号は、皆川完一氏の論文における文書番号である）。

〔香薬〕

犀角（一）

熱帯アジアに棲む一角サイの角。薬用や工芸素材として有名であり、正倉院宝物にも犀角製のものがあるが、新羅経由の舶載が確かめられる。

鶏舌香（一）

熱帯アジアにしか生育しない丁字《ちょうじ》（丁香）の一種。

欝金香（一）

北宋の『大観本草』によると、大秦国（東ローマ）に生育する花を香として用いるものであるが、初唐の『新修本草』（六五九年成立）には採録されておらず、陳蔵器『本草拾遺』（七三九年撰）に至って取り上げられたらしい。このような比較的新来の香が、いち早く舶載されているのは、当代の文化受容を考える上に興味深い。

石脳（一）

鉱物性の薬物で、鍾乳石の一種。文書では「脳」が異体字「腦」で表されていたようである。

羊膏（二一）

種々薬帳にみえる新羅羊脂と同一物であろう。同帳では斤両単位で計られているから、ある程度固形のものであり、現在でも保革剤や化粧品・膏薬の材料となっている羊毛の油脂分（ラノリン）と推定できる。当時も口脂（口紅）や沢（ポマード）の材とされた可能性がある[18]。なお高麗から宋への朝貢品にも、斤単位の「香油」があるが[19]、ラノリンに香を混じた品かもしれない。

〔顔料〕

曾青（一）

青色系顔料の一つで、唐の『歴代名画記』に蔚（山西省）の産としてみえるものの、従来、日本の八世紀の史料には所見がなかった。その色相は明確でないが、鉱物性の高級色料である。

青胎（一）

眉を描いたり画に用いる青黛のことであろう。「黛」はしばしば宛字で書かれるので、「胎」もその一種とみてよい。藍の花に石灰を加えて粉状にしたもので、中国産もあるが波斯（イラン）産のいわゆるペルシアンブルーが最上とされた。[20] 新羅のもたらしたのも、このような高級品であろう。

図56　十二支八卦背の鏡（正倉院宝物）

〔器物・調度〕

八卦背鏡（二）

八卦文様のある鏡である。他に「方鏡」「花鏡」（いずれも二）など形態を示す例があるが、具体的に文様に言及するのは珍しい。正倉院蔵の十二支八卦背の鏡（南倉70－13、図56）は、その厚手の作りや文様の調子から本邦製とする意見が強いが、あるいはそれに別の可能性を加える史料ともなろうか。

水瓶（一）

これには「四口、之中《このうち》揮持一」と注記がある。揮持は通常「軍持《ぐんじ》」と書かれ、梵語クンディカーの音訳字で水瓶の意であるが、玄応の

『一切経音義』(『大正蔵』54、五九八頁他)には双口のものとしている。いわゆる王子形《おうじがた》の水瓶ではなく、注口の付いた水瓶である。正倉院や法隆寺には、注口に胡人の顔をデザインしたものがあるが、それらとの関連をも想起させる史料である。

鈚(一)

鋺とともに使う匙で、これには「十四枚。坎鈚五、大葉鈚七」と内訳が記されている。員数が合わないのは誤字か欠落があるのであろう。坎は穴、くぼみの意で深さのある匙、大葉の方は平たい匙であろう。両種とも正倉院に実例が残り、その中に新羅の反故紙で包まれたものがある。

水精《すいしょう》念数(二)**誦数**(三)

いずれもジュズであるが、この種の品がこれ以前から輸入されていたことは、天平十九年(七四七)の大安寺資財帳に「新羅」の「誦数」二貫がみえることから知られる(『大日本古文書』二、六三五頁)。

黄鉢(三)

材質は不明であるが、あるいは黄釉ないし褐釉の陶磁器であろうか。唐からの仲継品である可能性もある。

口脂壺(四)

口紅を入れる小壺であろう。一字目の明らかでない「□脂」(二)も口紅と考えられる。

牙量(四)

量はハカリという訓もあるので、象牙製の尺と推定される。これも正倉院の実例を想起させる史料といえよう。

丁梳(二)

他の買物解に象牙製の梳や笄子がみえるので、「丁」は「牙」の誤字であろう。

〔その他〕

金（一）

金は「黄金」として既存の買物解にもみえていたが、「十両」と輸入量がわかる初めての例で、現在の量目に直して約三・六kgになる。新羅は神功皇后の説話からも知られる通り、産金国として聞こえていた。陸奥からの産金が知られたとはいえ、まだ本格的量産には至っていなかったとみられる天平勝宝当時、新羅からの輸入が重要な入手ルートであったことをうかがわせる。

漆子（一）

漆の木の実である。薬効については知られないので、輸入の目的は、実生から木を育て漆を採ることにあったとみる他ないであろう。中国や朝鮮産の貴重な樹種のものであった可能性がある。これを購入したのが、もと内匠頭の池辺王であるのも興味深い。

このようにみてくると、新羅との貿易が、いかに広がりをもつ世界であるかを実感することができる。単に美術工芸品にとどまらず、正倉院宝物やその他の古代文物と、その文化的背景を考える上に、新羅交易のもつ意味は極めて大きいといわねばならない。

（1）　野村忠夫「正倉院より発見された新羅の民政文書について」（『史学雑誌』六二―四、一九五三年）。
（2）　関根真隆『奈良朝食生活の研究』（吉川弘文館、一九六九年）、同「大陸と日本との文明の交流はどのようであったか」（岩生成一監修『海外交渉史の視点』一九七五年）、拙稿「鳥毛立女屛風下貼文書の研究」（『正倉院文書と木簡の研究』塙書房、一九七七年所収、一九七四年初出）。
（3）　田村円澄『古代日本の国家と仏教』（吉川弘文館、一九九九年）三九〇頁以下。

(４)　堀池春峰「正倉院御物・梵網経と十八種物」(『南都仏教史の研究　上』法蔵館、一九八〇年)。ただ堀池氏は、本文後述の理由で断定を避けておられる。
(５)　正倉院事務所編『正倉院の紙』(日本経済新聞社、一九七〇年)。
(６)　拙稿「正倉院文書からみた新羅文物」(『遣唐使と正倉院』岩波書店、一九九二年)。
(７)　拙編『東京国立博物館蔵正倉院御物修繕還納目録——開題と翻刻』(奈良大学、二〇〇二年)。
(８)　研究史については、宋浣範「正倉院蔵「華厳経論帙内貼文書」(いわゆる新羅村落文書)について」(『東京大学日本史学研究室紀要』七号、二〇〇三年)参照。内容面からも七世紀末の作成とする説に、尹善泰氏の説がある。
(９)　拙著『正倉院』(岩波新書、一九八八年)四〇頁。
(10)　皆川完一「買新羅物解　拾遺」(『正倉院文書研究』二号、一九九四年)、なお注(17)参照。
(11)　拙稿「正倉院氈の墨書と新羅の対外交易」(注(６)前掲書)。
(12)　李成市『東アジアの王権と交易』(青木書店、一九九七年)。
(13)　小松大秀『酒器』(『日本の美術』二六六号、至文堂、一九八八年)は、『延喜式』にみえる鐺子を解説する中で、同書の鐺子、火炉、風炉が酒を煖めるためのものであることを述べているが、風炉について特に取り上げてはいない。
(14)　和歌森太郎『酒が語る日本史』(河出文庫、一九八七年)九八頁。
(15)　京都国立博物館『日本人と茶』(二〇〇二年)。
(16)　東京国立博物館『法隆寺献納宝物』(二〇〇〇年)一八一頁。
(17)　皆川完一注(10)前掲論文所収。なお皆川氏紹介の文書一のうち、八行目の不明の二字は、残画から「人参」と読めるので、これを補う必要がある。文書の閲覧に便宜を図ってくださった京都大学の吉川真司氏に感謝したい。
(18)　原田淑人『古代人の化粧と装身具』(刀水書房、一九八六年)一四七頁。
(19)　池田温『東アジアの文化交流史』(吉川弘文館、二〇〇二年)三六〇頁など。
(20)　渡辺明義「古代の彩画材料と技術——奈良時代を中心として」(鈴木敬先生還暦記念会『中国絵画史論集』吉川弘文館、一九八一年)。

5　天平美人の装身具

一　はじめに

日本の装身具の歴史をふりかえって、しばしば問題とされるのは、六―七世紀の大きな変化である。それまで古墳からの出土品によくみられた頸飾り、腕輪、耳輪などが急激に影をひそめ、飛鳥・奈良時代にはほとんど実例がみられなくなる。この変化がどのような文化的背景から生じたのかについては、まだ明確な答えが出されていないといってよいであろう。

従来示されている有力な解釈は、この頃を境に装身具に対する好みが変化したか、あるいは権威や身分を表す指標として重視されなくなり、装身具を多用する習慣が衰えたとするものである。このように考えると、『万葉集』に詠まれた釧《くしろ》、手玉、足玉などは、前代の名残りをうけた文学上の修辞ということになる。こうした考えは、細部に違いこそあれ、考古学や美術史、服飾史などの専門家が説いていて、極めて一般的な見方といってよいであろう(1)。確かに奈良時代の風俗を示すといわれる鳥毛立女屛風(正倉院)の美女たちも、装身具は全く着けていない。

しかし上のように言い切るには疑念もある。というのは、上記の変化が墓葬の変化とほぼ連動しているからである。古墳が盛んに営まれた時代には、その副葬品として装身具が埋納された。古墳時代の装身具が目立つのは、それらが

図 57　吉祥天女画像(部分，薬師寺蔵)

出土して存在するからである。

しかしながら古墳の造営が衰退するとともに、副葬品の埋納もまた質量ともに下降線をたどる。装身具そのものは使われ続けたが、それを副葬することが稀になったため、あたかも装身具をつける習慣自体が衰えたようにみえることも考えられないことはない。古墳の副葬品にかわって、七世紀以降の生活文化をみせてくれるのは、主として寺院などに伝世してきた文化財であるが、その中に装身具があまりみられないのは当然ともいえよう。鳥毛立女屛風のような女性風俗も、寛いだ女性の姿を表しているので、仰々しい装いはしていないとも解釈できる。即ち現在残っている資料がたまたま偏っているだけであって、実際は装身具が使われていた可能性も否定はできないということである。

こうした見方にとって支えとなるのが、薬師寺の吉祥天女画像である(図57)。麻布に彩色された数少ない奈良時代絵画の実例であるが、この絵の吉祥天は、正装した貴族女性をモデルにしているといわれ、その服は律令に定める礼《らい》服《ふく》ではないかという解釈がある。そうなると、ここに宝石入りの金の頸飾りや、金の腕輪の画かれているのが注意されよう。貴族の女性が正装するときには、このような装身具を身につけたということになるからである。

こうみてくると、七世紀以降、装身具の使用が衰えたとは、にわかに言えなくなってくる。ただ積極的に使われたといえる証拠も、さほど確かなわけではない。薬師寺の吉祥天女像も、所詮仏画の一種であり、どこまで実際の女性風俗を伝えているかは疑問といえばいえよう。そこでまず、この画像の服装がどういう性格のものかを、他の資料と比較しながら検討してみよう。

二　吉祥天女の服装と装身具

吉祥天画像の装身具を考える場合、避けて通れないのは、その服装である。装身具と衣服は一体のものとして考えねばならない。この女神は、上半身に衫(単《ひと》え)あるいは襦(袷《あわ》せ)を着け、その上に半臂《はんぴ》のような衣、さらにその上に背子《はいし》(袖なし)を着ている。半臂の袖口には、別裂をつけて広がるように工夫されている。また下半身は、背子の下に裙(裳)をはき、膝前に前かけ(蔽膝《へいしつ》)を着ける。この前かけには、先端がヒレ状に分かれた華やかな縁飾りがある。体の前面や腕に掛かるのは、薄物のショール(領布)である。

かつて原田淑人氏は、この吉祥天の服装をめぐって興味深い事実を指摘された[2]。即ち永青文庫に蔵される唐代の加彩女子俑《よう》の服飾に吉祥天のそれと似通う点があることである。原田氏が言及されたのは前かけの特殊な形式のみであったが、実はそのほかの点でも、この二つは服装が酷似している。吉祥天は豊満な盛唐風の美女、加彩俑は初唐風の細身の美女という違いがあるだけである。しかもこの加彩女子俑も、腕輪こそしていないが、金の頸飾りをつけている。一般に俑の服飾は、その製作当時の現実を写しているとみてよいから、こうした服装は七—八世紀ごろ実際に行われたものであり、決して空想上のものではなかったと考えてよいであろう(図58)。

ただこの服装が、どのような性格をもつかは、なお明らかでない。加彩女子俑は霓裳羽衣《げいしょううい》の曲を舞う姿とする解釈があるが、これが全く根拠を欠いた想像にすぎないことは、すでに原田氏も言及しておられる。この点について考え

図 58 加彩女子俑(永青文庫蔵)

合わすべきは、時代を遡った絵画資料にも同様な姿がみえることであろう。その一つは過去現在絵因果経である。この経は巻子の紙面の上半部を使って経本文に関わる絵を展開していることで名高いが、その写本の一つである醍醐寺報恩院本に、よく似た服装の魔女が描かれている(図59)。背子や装身具はつけておらず、髪を垂髪にしている点などは異なるが、服装は明らかに同系のものである。[3] 過去現在絵因果経は奈良朝の写経であり、絵もまた同時期のものであるが、これまでの研究によって、その絵は一時代古い中国の隋から初唐の図様を引き写したものとされている。従ってこのような服装は、すでに七世紀以前から存在したとみられるが、それを裏づけるのが、顧愷之筆と伝える『洛神賦図巻』に描かれた仙女である(図60)。現在伝わる図(中国、故宮博物院蔵)が四世紀、顧愷之の画いた原本ではない

図 59　過去現在絵因果経(部分，醍醐寺報恩院本)

図 60　伝顧愷之筆『洛神賦図巻』(部分，故宮博物院蔵)

図 61　唐墓石槨線刻画の仕女(部分)

図 62　敦煌第 98 窟　于闐国王后曹氏供養像(五代)模写

にせよ、この図巻が六朝の画巻に基づく模写であることは認めてよいと思われ、中国に古くからこの種の服制があったことがわかる。この服装が古い歴史をもつこと、また魔女や仙女のものとして画かれていることなどから考えると、唐代には伝統的でフォーマルな衣裳とされていたとみてよいのではなかろうか。これが礼服であったかどうかは確かめられないにしても、女子の正装であったことは間違いないであろう。永青文庫のものと同様な加彩女子俑は、中国でも出土例があるが決して数は多くない。ありふれた仕女俑でなかったのはほぼ確かと思われ、これも先に推定したような服装の性格と矛盾しないと考えられる。西安の唐墓出土の石槨線刻画に、頸飾りをつけた仕女が表され(4)(図61)、トルファン出土の絹画に画かれた碁を打つ婦人が、腕輪をしているのも(5)、当時の風俗の一端を画きとどめたものであろう。

　こうみてくると、少なくとも唐代の貴族女性は、正装した場合、頸飾り、腕輪などの装身具をつけていたと考えてよい。隋の皇室の女児、李静訓の墓から出土したラピスラズリ入りの頸飾りや色ガラスをはめた金釧《きんせん》、西安何家村《かかそん》出土の玉釧、咸陽出土の銀鎖のネックレス等は、その実例といえそうである。[6] 中国敦煌の壁画に画かれた于闐《うてん》国《こく》の王妃が、イヤリングや何重もの頸飾りで身を飾っているのも(図62)、あながち異民族の蛮風とはいえないであろう。

三　『遊仙窟』の女性風俗

しかし絵画資料や俑だけでは、なお心もとないところがある。これら以外に傍証はないであろうか。実はこれまで利用されていないが、文学作品の中にも史料はある。初唐の伝奇小説として有名な『遊仙窟』の記述がそれである。この小説は、唐の官人張文成が、七世紀末ごろ、仙境での仙女姉妹との交渉を自らを主人公に描いたものである。その中に姉妹の屋敷に導かれた文成が、出迎えた妹の五嫂《ごそう》と対面するくだりがある。

須臾之間、五嫂則至(中略)、珠縄絡翠衫、金薄塗丹履

五嫂は緑色の衫(上着)を着て、真珠の頸飾りをつけ、金薄押しの赤い履をはいて登場する。「珠縄」云々は、「真珠の編みぎぬでからげた」などと解釈されているが、[7] 真珠を織り込むことは技法上ありえないであろうし、真珠を通した紐でからげるというのも、どのようにするのか明らかでない。衫は単なる着物ではなく上着であるから、素直に衫の上に頸飾りをまとう様子と解すべきであろう。一方、五嫂に従う侍女は次のようであった。

傍人一一丹羅襪、侍婢三三緑線鞋、黄龍透入黄金釧、白燕飛来白玉釵

侍女たちは、あるいは赤色の薄物の襪《べつ》(靴下)をつけ、あるいは緑色の線鞋《せんがい》(くつ)をはく。さらに龍を透彫りした金

の腕輪や、飛翔する白燕をデザインした玉の釵《さ》（簪《かんざし》）をさしていたわけである。

これと同様な風俗は、一夜を仙境に過ごした張文成が、姉妹に別れを告げて出立する場面にも現れる。

桂心已下《いか》、或脱銀釵、落金釧、解帛子、施羅巾、皆送張郎曰(下略)

桂心というのは侍女の名である。彼女たちは身につけていた簪、腕輪、ハンカチなどを文成に贈って名残りを惜しんだ。主人の五嫂については頸飾り、侍女たちについては簪と腕輪が現れるが、叙述の性格からいっても彼女たちのつけていた装身具が、その都度悉く説明されるとは考えられない。皆それぞれにこうした装身具をつけていたであろう。『遊仙窟』からすると、姉妹は張文成をもてなすのに最上級の調度や食事を以てしている。衣服や装身具もそれと釣り合うほどのものであったはずで、正装した女性の装身具が、ここからもうかがえるであろう。『遊仙窟』は、仙境に名を借りた遊里小説であるといわれるが、そうであるとすれば、長安の伎女たちも、貴族女性と同じく、こうした身なりで着飾っていたことになる。あるいは先の加彩女子俑は仙女の扮装をした伎女なのかもしれない。

ひるがえって薬師寺の吉祥天画像をみると、そこには先に述べたように、珠のネックレスと金の腕輪が画かれている。女子俑の場合から類推しても、これらは現実の装身具をモデルにしていると考えなければならない。正倉院の鳥毛立女屏風や、刻石尺八にみえる女性たちがこうした装身具をつけていないのは、唐の多くの仕女俑や石刻画と同様、やはりより寛いだ姿を表現しているためと理解すべきである。

四　中国風から国風へ

ただ最後に問題として残るのは、吉祥天画像が本邦製であることは間違いないにせよ、それが奈良朝の現実生活の中でも行われた風俗であったのかどうかである。七―八世紀には、上半身の肌をあらわし、華やかな頸飾りや腕釧、臂釧をつけた仏像が多く作られたが、それらが現実の風俗を反映したものでないことは、改めていうまでもないと思われる。吉祥天画像についても、同じことが当てはまるかどうかは微妙なところであろう。

しかし奈良朝の上流社会に、唐の風俗が入っていたことは疑いない。それは服装や髪型の面で一進一退を繰り返しながら確実に進行していった[8]。天皇の礼服のように、一部特殊なものに例外は残ったにせよ、絵画に表れた唐風の女装が全くの絵空事であったと考える余地は、むしろ少ないのではないであろうか。現に男性官人の服装については、近年平城京跡などから出土している落書によって、確実に唐風化していたことが判明する[9]。女装についてそうした確証がないのは残念であるが、当然男性と同じ変化が起こっていたとみるべきであろう。

はじめにも述べたように、七―八世紀の装身具は、男女を問わず実例に乏しい。女性に関しては、法隆寺献納宝物中の銀製簪が思い浮かぶ程度である[10]。しかし天平勝宝八歳(七五六)の東大寺献物帳や十世紀の『仁和寺御室御物実録』にみえる贅を凝らした念珠や、高野山竜光院蔵の純金念珠などを想起すると、同様な頸飾りの存在も推定してよいであろう[11]。それらは水精《すいしょう》、琥珀、瑪瑙、金など多彩な材料と加工技術が使われていた。今後の発掘調査などによって、天平の婦人たちが身につけた装身具が、さらに例を増すことを期待したい。

最後にその後の変化について展望するなら、平安時代になって貴族女性の服装から、華やかな装身具が消えていったことは疑いない。これにはやはり、服飾の国風化が注目されよう。唐風の服装が、具体的にどのような経過をたどって国風化したかについては不明の点が多いが、装身具の衰退は、九―十世紀に進行したこの変化と一連の動きとして理解すべきように思う。

（１）野間清六『装身具』（『日本の美術』１、至文堂、一九六六年）、関根真隆『奈良朝服飾の研究』（吉川弘文館、一九七四年）、佐原真「着る飾るの過去・現在・将来」（国立歴史民俗博物館『よそおいの民俗誌』慶友社、二〇〇〇年）など。
（２）原田淑人「細川家蔵 加彩立女俑について」（『東亜古文化説苑』一九七三年）。
（３）五味充子「絵因果経の服飾」（『新修 日本絵巻物全集』１、角川書店、一九七七年）。
（４）王子雲編『中国古代石刻画選集』（中国古典芸術出版社、一九五七年）図版二〇の五、二〇の十一。
（５）新疆ウイグル自治区博物館編『新疆出土文物』（文物出版社、一九七五年）一一二図。この画は国内でもしばしば展示されている。
（６）兵庫県立歴史博物館編『大唐王朝の華――都・長安の女性たち』（一九九六年）、陝西省展準備委員会編『大唐文明展』（一九九八年）、北海道立近代美術館編『シルクロードの煌めき』（一九九九年）など参照。
（７）今村与志雄訳『遊仙窟』（岩波文庫、一九九〇年）二八―二九頁。
（８）石田尚豊「高松塚古墳壁画考」（『日本美術史論集』中央公論美術出版、一九八八年）参照。
（９）奈良国立文化財研究所編『平城京 長屋王邸宅と木簡』（吉川弘文館、一九九一年）三一頁。
（10）実物は残っていないが、天平勝宝四年（七五二）六月の買新羅物解に「笄子」「髪刺」がみえる。拙稿「鳥毛立女屏風下貼文書の研究」（『正倉院文書と木簡の研究』塙書房、一九七七年）三一五頁参照。
（11）国宝弘法大師空海展実行委員会編『国宝弘法大師空海展』（一九九九年）参照。

（**付記**）本論文の初校出来後、田中陽子「薬師寺吉祥天女像の服飾に関する一考察」（『国際服飾学会誌』一六号、一九九九年）の存在を知った。あわせて参照されたい。

初出一覧

本書各章のもとになった文章は次の通りである。

史料学の概念と目的　新稿

聖徳太子の時代
　東京都美術館他『聖徳太子展』ＮＨＫ、二〇〇一年

文献史料からみた法隆寺の火災年代
　『文化財学報』(奈良大学)一七集、一九九九年

太子信仰の系譜
　朝日百科・日本の国宝別冊『国宝と歴史の旅』一、朝日新聞社、一九九九年、原題「聖徳太子から光明皇后へ――太子信仰の系譜」

『令集解』に引かれた奈良時代の請事・起請
　『史学雑誌』八三編三号、一九七四年

律令と孝子伝
　――漢籍の直接引用と間接引用――
　伊藤博・稲岡耕二編『万葉集研究』二四集、塙書房、二〇〇〇年

野馬台讖の延暦九年注
　『大阪大学教養部研究集録』四二輯、一九九四年

秦王国と徐福
　『季刊　古代史の海』六号、一九九六年

『訪書余録』所載の写経生試字

初出一覧

写経生試字紙背の食口案断簡
――正倉院流出文書の一例――
『古代文化』四一巻一号、一九八九年
東大寺封戸処分勅書と御筆勅書文書箱
『日本歴史』五〇〇号、一九九〇年
南都所伝宮城図残欠について
続日本紀研究会編『続日本紀の諸相』塙書房、二〇〇四年
大和文華館所蔵の延暦二十四年太政官符
『古文書研究』二〇号、一九八三年
木簡が語る古代の文化・生活
『大和文華』一〇四号、二〇〇〇年
近年出土の飛鳥京と韓国の木簡
平野邦雄・鈴木靖民編『木簡が語る古代史』上、吉川弘文館、一九九六年
長屋王家木簡の「御六世」
『国文学 解釈と教材の研究』四七巻四号、二〇〇二年
長屋王家木簡管見
『古事記年報』四五号、二〇〇三年
木簡研究の近状
奈良国立文化財研究所『長屋王家・二条大路木簡を読む』吉川弘文館、二〇〇一年
橘夫人厨子と橘三千代の浄土信仰
『木簡研究』二四号、二〇〇二年、原題「巻頭言――情報化と松と檜」

『MUSEUM』五六五号、二〇〇〇年

光覚知識経の「皇帝后」

『続日本紀研究』二三七号、二三九号、一九八五年二月、六月

東アジアの中の富本銭

『文化財学報』(奈良大学)一九集、二〇〇一年

元正天皇と赤漆文欟木厨子

橿原考古学研究所『橿原考古学研究所論集』第一三、吉川弘文館、一九九八年

正倉院宝物中の古代伝世品

『ヒストリア』一五〇号、一九九六年、原題「歴史学と学際的研究」の前半

新羅交易と正倉院宝物

奈良国立博物館『平成十四年 正倉院展』二〇〇二年

天平美人の装身具

『文明のクロスロード Museum Kyushu』六八号、二〇〇一年

再録した論文には、程度の差はあるが、全てについて訂正、補筆、筆削を加えた。論文末尾の「付記」「追記」は初出時のもの、「補注」は本書で新たに付加したものである。終わりに本書編集の労をとられた小島潔氏に、末筆ながら謝意を表したいと思う。

二〇〇五年二月七日

東野治之

事項索引

凡例

1　本書中の書名・人名・地名その他で，本書の利用に資すると思われるものを選び，五十音順に提出した．
2　ある項目を主題とする章・節がある場合は，その標題の箇所のみを示した．
3　→は参照項目を示す．

ア 行

カ 行

サ 行

タ 行

ナ 行

ハ 行

マ 行

ヤ 行

ラ，ワ 行

引用文献索引

凡例

1　本文中に引用した文献を，執筆者・編者の五十音順に掲げた(敬称略).
2『　』内の文献は単行本である．単行本を先に，論文を後に五十音順に掲出する.
3　掲出は網羅を旨としたが，本書の記述に関係の薄い文献や史料集などには省略したものがある.

ア 行

カ 行

サ 行

タ 行

ナ 行

ハ 行

マ 行

ヤ 行

律令における雑徭の規定とその解釈　59
類聚三代格　55
米田雄介　東大寺封戸処分勅書と藤原仲麻呂　117

ラ，ワ 行

李成市　『東アジアの王権と交易』　304
韓国出土の木簡について　214
若井敏明　法隆寺と古代寺院政策　229
和歌森太郎　『酒が語る日本史』　304
近世弥勒信仰の一面　197
和田維四郎　『訪書余録』本文篇　97, 109
和田英松　『国書逸文』　61
『本朝書籍目録考証』　61
渡辺明義　古代の彩画材料と技術――奈良時代を中心として　304
渡辺直彦　「庚午年籍」覚え書　36

展覧会図録

国宝弘法大師空海展実行委員会　『国宝弘法大師空海展』　314
陝西省展準備委員会　『大唐文明展』　314
東京都美術館他　『聖徳太子展』　20
兵庫県立歴史博物館　『大唐王朝の華――都・長安の女性たち』　314
北海道立近代美術館　『シルクロードの煌めき』　314

東野治之
1946年生まれ．大阪市立大大学院修士課程修了．奈良国立文化財研究所文部技官，大阪大学教授，奈良大学教授などを歴任．現在，奈良大学・大阪大学名誉教授．日本学士院会員．杏雨書屋館長．
おもな著書に，『正倉院文書と木簡の研究』(塙書房)，『日本古代木簡の研究』(塙書房)，『長屋王家木簡の研究』(塙書房)，『遣唐使と正倉院』(岩波書店)，『日本古代金石文の研究』(岩波書店)，『木簡が語る日本の古代』(岩波書店)，『正倉院』(岩波新書)，『書の古代史』(岩波書店)，『貨幣の日本史』(朝日選書)，『遣唐使船』(朝日選書)，『史料学遍歴』(雄山閣)，『史料学散策』(雄山閣)，『法隆寺と聖徳太子』(岩波書店)などがある．

日本古代史料学

2005年3月24日　第1刷発行
2025年3月5日　第16刷発行

著　者　東野《とうの》治之《はるゆき》

発行者　坂本政謙

発行所　株式会社 岩波書店
〒101-8002 東京都千代田区一ツ橋2-5-5
電話案内 03-5210-4000
https://www.iwanami.co.jp/

印刷・理想社　カバー・半七印刷　製本・松岳社

ISBN 978-4-00-024235-6　　Printed in Japan